Peter A. Henning/Helmut Hoyer (Hrsg.)
eLearning in Deutschland

Peter A. Henning
Helmut Hoyer

eLearning in Deutschland

uni-edition

Bibliografische Information Der Deutschen Bibliothek
Die Deutsche Bibliothek verzeichnet diese Publikation in der Deutschen Nationalbibliografie; detaillierte bibliografische Daten sind im Internet über http://dnb.ddb.de abrufbar.
Autor: Peter A. Henning
Herausgeber: Peter A. Henning, Helmut Hoyer
eLearning in Deutschland
Peter A. Henning - Berlin: uni-edition, 2006
ISBN 3-937151-49-4

Informationen über den Verlag und das aktuelle Buchangebot finden Sie im Internet unter www.uni-edition.de

Gedruckt auf holz- und säurefreiem Papier, 100% chlorfrei gebleicht.

Herstellung: Schaltungsdienst Lange, Berlin
Printed in Germany
ISBN 3-937151-49-4

Inhaltsverzeichnis

1 eLearning in Deutschland

Vom Stand der Dinge zu einer Vision der Zukunft

Prof. Dr. Peter A. Henning
Institute for Computers in Education
I.C.E Karlsruhe

eLearning, das Lernen mit Hilfe von Computern, gehört zum Alltag der Menschen in Deutschland. Die Vielfalt seiner Nutzung reicht von den ersten, teilweise interaktiven Lernsendungen für die Kleinsten bis zum *Computer Based Training* in Firmen und Hochschulen; vom amateurhaft anmutenden Erstlingswerk bis zu ausgefeilten Lernumgebungen. Vielfach ist gar nicht auf den ersten Blick ersichtlich, dass die moderne Datenverarbeitung in einem bestimmten Lernprozess eine Rolle spielt.

Es ist aber keineswegs so, dass eLearning auch zum Alltag der Bildungsstätten und Bildungsträger in Deutschland gehört. Während sich in vielen großen Unternehmen langsam die Auffassung durchsetzt, dass betriebliche Anforderungen an die Aus- und Weiterbildung damit besser erfüllt werden können, als mit traditionellen Lernmethoden, gilt dies für den öffentlichen Bildungssektor noch ebensowenig, wie für kleine und mittlere Unternehmen.

Diese Diskrepanz beim Einsatz elektronischer Lehr- und Lernmethoden wirft darum Fragen auf, denen wir uns sowohl in der praktischen Anwendung, als auch bezüglich der weiteren Entwicklung unserer Gesellschaft stellen müssen.

Eher praktische Fragen sind

- Wo wir in verschiedenen Lernbereichen mit dem eLearning stehen,
- Was die Möglichkeiten (und Risiken) des eLearning in verschiedenen Bereichen sind,
- Wie wir aus bereits gemachten Fehlern lernen können.

Diesen praktischen Fragen widmen sich in dem vorliegenden Band eine ganze Reihe renommierter Fachleute, die sich mit den Bereichen Industrie, Berufsbildung, Schule und Hochschule auseinandersetzen.

Diese praktischen Fragen machen aber gleichzeitig die erwähnte Diskrepanz noch deutlicher, denn sie befassen sich weder mit dem

Sinn, noch dem Ziel der Einführung von eLearning in eine beliebige Organisationsstruktur. Damit gleicht die Diskussion sehr stark der Diskussion von Computernetzwerken, ja des Internet überhaupt: Ein kleiner Teil der Betroffenen diskutiert Sinn und Ziel der Vernetzung – während die Mehrheit darüber diskutiert, wie schnellere Netzwerkkomponenten geschaffen werden können und wo man die entsprechenden Kabel verlegt.

Während eLearning also auf Ebene der Institutionen eher als fragwürdig gilt – welcher Lehrer glaubt schon, seine Schüler würden Englisch besser am Computer lernen? - hat es sich auf der persönlichen Ebene bis in die letzten Winkel der Nation ausgebreitet.

In diesem einführenden Text soll versucht werden, diese unterschiedlichen Standpunkte zusammenzufügen und eine Zielvorstellung für die Bildung der Zukunft zu entwickeln. Klar ist, dass man dazu ein wenig weiter ausholen muss.

1.1 Daten - Information – Wissen

Während es eigentlich schon Allgemeingut ist, dass die Datenflut immer weiter ansteigt, existieren nur wenig verlässliche Untersuchungen darüber. Diese kommen zu dem Schluss, dass sich die Menge der *neuen Originaldaten*, die 2003 weltweit produziert wurden, auf 5,7 Exabyte ($5{,}7 \times 10^{18}$ Byte) beläuft [1]. In etwas humanerer Form ausgedrückt: Die Menge der im Jahr 2003 erstellten Originaldaten beläuft sich – ohne Mehrfachkopien - auf ungefähr 500 Billionen (5×10^{14}) DIN A4-Seiten oder eine Million Tonnen bedrucktes Papier (entsprechend etwa der Weltproduktion von Druckpapier in 2003). Der Großteil dieser Information wird aber nicht auf Papier festgehalten, sondern auf Festplatten oder Magnetbändern (vgl. Tabelle 1).

Beachtenswert ist, dass die im Jahr 2003 erstellte Datenmenge ungefähr viermal so groß war, wie die von 1999. Vor 1990 sah die Welt ganz anders aus: Die Festplatten der Computer waren damals um den Faktor 1000 kleiner und optische Speichermedien - außer Filmen - existierten praktisch nicht. Diese drei Datenpunkte für 2003, 1999 und 1990 erlauben also, die insgesamt bisher auf der Welt gesammelte Datenmenge abzuschätzen – und damit die gesicherte Aussage:

In den vergangenen 5 Jahren haben wir mehr Daten produziert, als in den 5000 Jahren davor - und das Wachstum dieser Datenmenge beschleunigt sich mehr und mehr.

Tabelle 1: Weltweite Datenproduktion 2003. Angaben entnommen aus [1]

Menge	***Beschreibung***
33 Terabyte = 33×10^{12} Byte	gedruckter Originaltext, ohne eingescannte Seiten
420 Petabyte = 420×10^{15} Byte	Originaldaten auf Film, einschließlich hochaufgelöster medizinischer Bilder
5187 Petabyte = $5{,}1 \times 10^{18}$ Byte	auf magnetischen Medien gespeicherte Originaldaten, z.B. auf Festplatten und Videobändern
102 Terabyte = 102×10^{12} Byte	auf optischen Medien gespeicherte Originaldaten, einschließlich CD und DVD

Natürlich ist ein großer Teil dieser Daten vollkommen nutzlos und wird niemals mehr benötigt – und dennoch archiviert und teilweise für lange Zeit gespeichert.

Informationen unterscheiden sich von Daten dadurch, dass sie in einen Bezugsrahmen eingeordnet werden können – also in weitestem Sinne Bedeutung tragen. Informationstheoretisch ist dieser Unterschied gar nicht so einfach zu fassen, ist sogar Gegenstand aktueller Forschung und teilweise heftiger Diskussionen [2]. Doch ist immerhin klar, dass auch die Menge der **Informationen** als Bestandteil der weltweiten Datenflut enorm angewachsen ist und weiter anwachsen wird.

1.2 Zugang zu Informationen

Im Jahre 2003 wurden in den USA – wo ein erheblicher Teil der weltweit tätigen Fachverlage beheimatet ist - an jedem Tag neue Fachartikel mit durchschnittlich *13,7 Millionen Wörtern* publiziert [1,3]. Ein Mensch, der schnell Texte durchstöbern (browsen) kann, ist in der Lage, 1000 Wörter pro Minute zu lesen (nicht zu studieren). Wenn er oder sie 8 Stunden am Tag Texte durchsieht, hätte es 2003 mehr als 30 Tage gedauert, um die intellektuelle Produktion eines einzigen Tages zu verarbeiten.

Die Vorstellung, sich auch nur in einem begrenzten Bereich der heutigen Welt durch das *Lesen* von Fachzeitschriften auf dem Laufenden zu halten, ist deshalb reichlich absurd geworden. Damit aber stellt sich eine ganz konkrete Frage:

Wie kann aus der Datenflut die Information herausgefiltert werden – und mehr noch, wie können diejenigen Informationen herausgefiltert werden, die für uns relevant sind, die wir also in Wissen umsetzen können ?

Offensichtlich geht dies nur noch mit Hilfe von Maschinen, die entsprechend kategorisierte Daten vorsortieren und ausdünnen. Kurz und knapp heißt dies: Der Zugang zu aktuellen Informationen – die, wie oben gesehen, zu einem großen Teil in Computern abgelegt sind – setzt nicht nur den Zugang zu dem weltweiten Datenspeicher voraus, sondern auch eine aktive Rolle der informationsverarbeitenden Maschinen. A priori gilt dies für alle Fachgebiete, auf denen sich in irgendeiner Form eine Weiterentwicklung des weltweiten Wissens (mindestens der vorhandenen Informationsmenge) ergibt.

Eine Konsequenz ist, dass in vielen Bereichen die traditionelle Recherche durch „googlen" ersetzt worden ist. Unter Schülern und Studierenden gilt es inzwischen als ganz normal, zunächst im Internet nach Lösungen für Hausarbeiten oder gar nach ganzen Seminarvorträgen zu suchen.

Eine Studie australischer Universitätsbibliotheken aus dem Jahr 2002 zeigte, dass 8,8% der 1770 untersuchten studentischen Arbeiten mehr als 25% nicht gekennzeichneten Materials aus dem Internet enthielten, und zwei der Arbeiten sogar 75% [4]. In vielen Bereichen muss ein Forscher heute mehr Aufwand treiben, um festzustellen, ob ein Resultat bereits publiziert wurde, als für die Forschungsarbeit selbst.

Diese Entwicklung muss im Auge behalten werden, weil in den meisten Fällen für diese Suche im Internet keine exhaustive Strategie verwendet wird. Vielmehr erfolgt die Auswahl von Informationen aus einem Überangebot in der Regel nach der Strategie des „Satisficing": Der Lernende ist mit dem ersten Angebot zufrieden, welches ungefähr seinen Bedürfnissen entspricht – statt ein optimales Resultat seiner Suche oder gar Forschungsarbeit anzustreben [5,6]. In vielen Fällen ist das Resultat der Informationsüberflutung deshalb eine Verringerung der Informationsqualität.

Werden dann gar noch die Suchmaschinen manipuliert, etwa wie im Falle „Google China", stellt sich die Verlässlichkeit der maschinenbasierten Informationsfilterung als äußerst zweifelhaft dar.

1.3 Werden wir nur noch mit Computern lernen ?

Hier ist etwas Vorsicht geboten, denn Computer sehen eben nicht immer wie solche aus. Das Telefon der Zukunft ist ebenso ein programmierbares digitales Endgerät mit Bildschirm und Tasten, wie dies der Fernseher sein wird – beide sind Computer. Damit ist schon offensichtlich, dass wir von immer mehr Computern umgeben sein werden. Diese regeln – und filtern – unseren Zugang zu Daten aller

Art, meist ohne dass wir diese Regelung kontrollieren können. Damit ist absehbar, dass sich die Methoden des beruflichen Arbeitens weiter stark verändern werden.

Bereits seit Mitte der 1980er Jahre hat sich die Arbeitsweise im naturwissenschaftlichen und technischen Bereich grundlegend gewandelt. Physiker etwa publizieren ihre Aufsätze seit dieser Zeit zunächst im Internet, und dann erst in Fachzeitschriften [7]. Ein Studium ohne Computer gibt es also bereits heute in den naturwissenschaftlichen oder technischen Fächern nicht mehr.

Auch in den Geisteswissenschaften wird das „enorme Potenzial“ [8] des netzbasierten Lernens erkannt. Ein entsprechender Paradigmenwechsel steht hier mit ziemlicher Sicherheit bevor. Getrieben wird dieser auch dadurch, dass immer mehr Archive ihre historischen Datenbestände digitalisieren.

Nun mag man noch einwenden, dass ein Lernen mit Computern für grundlegende Fähigkeiten – etwa das Schreiben – weder notwendig, noch sinnvoll, noch erwünscht ist. Doch auch hier trügt der Schein: Die Mängel unseres Schulsystems sind zu einem großen Teil darin begründet, dass wir uns einen individualisierten Unterricht, der gezielt auf Schwächen jedes Schülers eingeht, eigentlich nicht leisten können.

Es gilt deshalb als modern, die Behebung von Lerndefiziten auf bestimmte Personengruppen oder Fächer einzuschränken – in vollkommener Verneinung der Tatsache, dass auch gute Schüler eine Förderung verdient hätten und damit sogar zu Spitzenschülern werden könnten.

Genau hier aber bietet das technologiebasierte Lernen Abhilfe. Beispielsweise wurde 2006 mit der Anwendung „Ich-will-schreiben-lernen“ [9] eine Internetplattform mit dem European E-Learning Award [10-13] ausgezeichnet, die gezielt auf Schreibschwächen eingeht und interaktiv das Schreiben auch komplizierter Begriffe trainiert. Die Zielgruppe war dabei zwar die der erwachsenen Illiteraten, doch zeigt sich, dass die Programmbedienung so einfach und der Nutzen so hoch sind, dass auch begabte Vorschulkinder sehr gut damit zurecht kommen und das Schreiben sogar vor Schulbeginn erlernen können. Das Programm kann auf individuelle Anforderungen so gut eingehen, wie ein Privatlehrer – und damit in der Regel sehr viel besser, als ein Grundschullehrer.

Somit bleibt eigentlich nur noch ein Gebiet, auf dem wir die Computer beim Lernen überflüssig wähnen könnten: Das zwischenmenschliche, das soziale Lernen sollte eigentlich des Computers nicht bedürfen. Das ist zwar richtig, doch bietet der Computer auch hier so viele Möglichkeiten, dass es „mit“ einfach besser funktioniert als „ohne“.

Diese Möglichkeiten sind in der Regel Kommunikationswege, so wie von Licklider vor fast 40 Jahren vorhergesagt [14]. Mobile Kommunikation mit Handys ist aus der heutigen Jugendkultur nicht mehr wegzudenken, Chaträume und Instant Messaging haben ihren festen Platz bei der Interaktion mit Gleichaltrigen.

Computer sind also unter Jugendlichen zur Leittechnologie geworden [15]. Damit spielt sich also auch ein wichtiger Teil des sozialen und informellen Lernens [16] nur noch mit Hilfe von Computern ab.

Die Antwort lautet also:

Nicht ausschließlich – doch wir werden künftig in allen Lebensbereichen bereits von Kindesbeinen an darauf „getrimmt“ sein, auch mit Hilfe von Computern zu lernen.

Das mag zwar auch zu negativen Effekten führen – doch es ist mit Sicherheit nicht zu ignorieren.

1.4 Zwang zum besseren Lernen ?

Es gibt natürlich so genannte „Lernprogramme“, bei denen sich ein Benutzer an eine schlecht programmierte Maschine anpassen soll. Genauso aber gibt es schlechte Bücher, sogar schlechte Schulbücher: Erst die Vielfalt ermöglicht die Auswahl geeigneter Lernmaterialien.

Diese Auswahl ist nötig, weil alle Lernenden unterschiedliche Anforderungen stellen. Für erfahrene Lehrende ist dies eine Binsenweisheit – doch im computerunterstützten Lernen setzt sie sich erst langsam durch [17]. Diese Verschiedenheit sorgt dafür, dass es auf Dauer eine Minderheit geben wird, die mit Computern nicht lernen kann oder will. Es sei deutlich gesagt, dass wir es uns nicht leisten können, diese Mitmenschen ohne Bildung zu lassen oder von einem einigermaßen selbstbestimmten Leben auszuschließen.

Es wird daher auf Dauer in allen Bereichen auch traditionelle Lernmethoden geben müssen – und einen Zwang, bestimmte Lernmethoden zu durchlaufen, darf es nicht geben.

Die Zukunft wird demnach denjenigen eLearning-Anwendungen gehören, die sich am besten auf ganz unterschiedliche Benutzer einstellen. Kommt dazu noch eine tutorielle Betreuung, besteht eigentlich kein Zweifel daran, dass in dieser Umgebung mehr und schneller gelernt werden kann, als in einem traditionellen Unterricht.

Oder bestehen doch Zweifel? Resultate, die eine Antwort mit wissenschaftlicher Genauigkeit geben, liegen jedenfalls nicht vor. Nur mehr oder weniger eindeutige Hinweise auf ein besseres Lernen mit Computern [18]. Beides, der Trend der Ergebnisse ebenso wie ihre Unschärfe, passt zur Verschiedenartigkeit der Lernenden. Denn mit guter Lernsoftware, die auf die Leistungsfähigkeit der Lernenden eingeht, sind kaum zwei Lernpfade gleich.

1.5 eLearning im Berufsleben

Ein weiterer Allgemeinplatz der Moderne ist die "verringerte Halbwertszeit des Wissens". Dieser Begriff beinhaltet recht zutreffend, dass eine einmal genossene Ausbildung künftig in der Regel nicht mehr ausreichen wird, um über vierzig Jahre hinweg eine Berufstätigkeit auszuüben. Der Begriff verschleiert aber, dass dies eine unmittelbare Folge des Wachstums der Informationsmenge ist – von der wir nur einen jeweils kleinen, aktuellen Ausschnitt für die gegenwärtige Tätigkeit benötigen. Denn das Wissen „zerfällt" ja nicht, wie dies bei einem radioaktiven Element der Fall ist – es veraltet nur.

Der Futurologe Alvin Toffler hat schon vor 30 Jahren postuliert [19]:

> *Die Illiteraten des 21. Jahrhunderts werden nicht diejenigen sein, die nicht schreiben oder lesen können, sondern diejenigen, die nicht lernen, entlernen und umlernen können.*

Künftig wird also ein Berufsleben aus mehreren Arbeitsphasen bestehen, die von kurzen Lernphasen getrennt sind. Sicher zwar in unterschiedlichem Maße, doch ebenso sicher auch in fast allen Berufen.

Doch wie muss ein Bildungssystem beschaffen sein, das von Personen auch jenseits des dritten Lebensjahrzehnts genutzt werden kann ? Die vielen möglichen Antworten auf diese Frage haben eines gemeinsam: Ein solches Bildungssystem muss größtmögliche Flexibilität (im Sinne von Modularität) und Unabhängigkeit von Zeit und Raum bieten. Weder ist es einem erwachsenen Familienvater zuzumuten, seine Familie während einer Weiterbildungsphase ohne Einkommen zu belassen, noch können Unternehmen oder gar der Staat eine „Auszeit" produktiver Erwachsener im Sinne einer traditionellen Bildungsmaßnahme finanzieren.

Der Einsatz von elektronischen Lehr- und Lernmedien ist also prädestiniert für die künftige Arbeits- und Berufswelt – und es verwundert nicht, dass hier die meisten Fortschritte des eLearning zu verzeichnen sind.

Den Stand der Dinge in Unternehmen diskutieren im vorliegenden Band die Autorinnen und Autoren Astrid Tietgens (Kapitel 2), Prof. Dr. Bettina Reuter (Kapitel 3), Dipl.-Ing. Rainer Illing (Kapitel 4), Dipl.-BW. Sünne Eichler (Kapitel 7) und Gise Ruprecht (Kapitel 8). Konkrete Projektbeispiele finden sich in den Kapiteln 5 und 6 - ausgezeichnet durch bzw. nominiert für den European E-Learning Award [11,12].

Die übergreifende Sicht auf den Entwicklungsstand und die strategische Entwicklung des eLearning in der beruflichen Bildung wird von Dr. Peter Littig (Kapitel 9), ergänzt um zwei Projektbeispiele in den Kapiteln 10 und 11. Auch diese beiden Projektbeispiele wurden mit dem European E-Learning Award [13] ausgezeichnet. Insbesondere das Projektbeispiel von Uwe Seidel in Kapitel 11 zeigt, welche Bedeutung eLearning für den Bereich des Öffentlichen Dienstes haben kann.

1.6 eLearning an Schulen

Welche Ansprüche an das schulische Lernen stellt eine Informationsgesellschaft, in der Computer ubiquitäre Zugangsgeräte zum Informationsspeicher sind ? Die Diskussion dieser Frage wird noch eine Weile andauern, ersichtlich ist aber schon, dass die Schule das Thema Computer nicht ignorieren kann und darf. Das ist keineswegs eine Trivialität – denn immerhin hat „die Schule" auch die mediale Wirklichkeit des fernsehenden Kindes fast 40 Jahre lang weitgehend ignoriert. Mit der einfachen Folge, dass ein hinreichend begabtes Grundschulkind aus einem Jahr „Sendung mit der Maus" mehr Nutzen ziehen kann, als aus einem Jahr Sachkundeunterricht in der Grundschule.

Die Art und Weise des Informationszugangs in der Schule muss sich also dramatisch wandeln – und das ist nicht damit getan, dass jede Schule einen Computerraum bekommt. Schule muss vielmehr die neue Lebenswirklichkeit der Kinder und Jugendlichen aufnehmen und in den Unterricht integrieren. Lehrer können darin nicht mehr die Überlegenen, die Wissenden sein – sie können nur noch als Moderatoren erfolgreich sein.

Nun mag man einwenden, dass in Schulen ja schon Vieles geschieht: Seit dem ersten Bekanntwerden des PISA-Debakels ist im öffentlichen Bereich durchaus investiert worden.

Das ist aber noch längst nicht genug, besagen die Studien der OECD [20,21]. Regelmäßig, jüngst im September 2006, werden wir darin als Nation „abgewatscht" - weil wir, allen unternommenen Anstrengungen zum Trotz, im Bildungssektor weiter zurückfallen. Mehr noch, man kann daraus auch ablesen, dass die bei uns in jüngster Zeit getätigten Bildungsinvestitionen offenbar zum Teil vollkommen fehlgeleitet worden sind. Durch mehr Testverfahren und Überprüfungen ist nämlich noch nichts verbessert – durch Einführung neuer Lehr- und Lernformen, die einer Informationsgesellschaft angemessen sind, hingegen schon.

Es kursieren derzeit zwei Gruppen von Studien, die negative Effekte des Computers auf die Lernfähigkeit von Jugendlichen behaupten. Sehr stark vereinfacht ausgedrückt: In der ersten Gruppe wird argumentiert, dass Computernutzung den Geist überanstrenge und somit zum sinnvollen Lernen untauglich mache. Im Endeffekt also: „Computernutzung mache dumm" – und genau so plakativ wurden diese Ergebnisse des „gesunden Menschenverstandes" auch präsentiert [22].

In der zweiten Gruppe wird argumentiert, dass Computernutzung nur sehr wenige Hirnregionen aktiviere. „Lernen" hingegen würde hirnphysiologisch ganz anders ablaufen, Computer seien also zum Lernen ungeeignet [23]. Im Endeffekt: Computernutzung könne nicht klüger machen.

Diese Sichtweisen widersprechen einander bei genauem Hinsehen – was in beiden Fällen gewisse Zweifel an der Methodik aufkommen lässt. Eine genauere Analyse ist nicht Ziel dieses Artikels, insofern sei nur kurz angemerkt, dass selbstverständlich die anstrengende Arbeit am Computer genauso erschöpft wie diejenige am Montageband – und dass die Qualität des Denkens eben nicht direkt aus dem Volumen der beteiligten Hirnregionen ableitbar ist.

Tatsache ist, dass Jugendliche ihre Computer zu einem hohen Prozentsatz für schöpferische und intellektuell anspruchsvolle Arbeiten verwenden [12]. Die Nationen, die uns inzwischen im Bildungsbereich weit überflügeln, haben in der Tat auch eine wesentlich höhere „Computer Literacy" zu verzeichnen, und setzen Computer in der Bildung viel unbefangener ein, als wir dies in Deutschland gewohnt sind. Die genannten negativen Wertungen werden durch diese Fakten eindeutig widerlegt, und es kann deshalb sowohl im Ländervergleich, als auch national festgestellt werden [24]:

Schulischer Bildungserfolg und Computernutzung gehen offenbar Hand in Hand.

Hierbei kann man zwar noch diskutieren, ob verborgene Variablen – wie etwa der Bildungsstand des Eltenhauses – eine Rolle spielen [25]. Doch werden solche verborgenen Zusammenhänge aus den führenden Ländern *eben nicht* gemeldet – sondern ein Kausalzusammenhang zwischen Computernutzung und daraus folgender besserer Bildung.

Dabei sei nicht verschwiegen, dass Gefahren der Computernutzung natürlich existieren – diese liegen aber in den Exzessen, nicht in der Nutzung an sich.

Wie jede Kulturtechnologie birgt auch das technologiegestützte Lernen ein Suchtpotenzial, das nur in Ansätzen erforscht ist – vor allem wegen der dazu notwendigen interdisziplinären Methoden [26]. Wir haben uns eine Kultur geschaffen, die neue Bildungsparadigmen erfordert – und können uns diesen nun nicht mehr verweigern. Dass dabei ethische und soziale Gesichtspunkte ebenfalls zu berücksichtigen sind, liegt auf der Hand. Zentrale Voraussetzung für den Bildungserfolg durch Computernutzung ist insbesondere der Aufbau einer ethisch-moralischen parallel zur technischen Medienkompetenz bereits bei Jugendlichen.

Eigentlich sollte man hier noch früher ansetzen: Vorschulkinder bereits haben Medienkontakte, sehen fern und sind der Informationsflut ausgesetzt. Im vorliegenden Band beschränken wir uns jedoch auf die Betrachtung späterer Schuljahre. Den Grenzbereich zwischen der beruflichen Bildung und der Schule behandelt Helmut Poppe (Kapitel 12). Im Folgenden sind die Überlegungen von Uwe Schöpe abgedruckt (Kapitel 13), gefolgt von zwei Projektbeispielen in Kapitel 14 und 15.

1.7 eLearning an Hochschulen

Die deutschen Hochschulen sind in den letzten Jahren rigoros umgebaut worden. Stichworte wie Bachelor-Master, Besoldungsreform, Elitehochschule und Solidarpakt haben dazu geführt, dass die Grenzen der Belastbarkeit dieses über Jahrhunderte bewährten Systems erreicht oder gar überschritten worden sind. Insofern mag man zweifeln, dass sich in Hochschulen derzeit mit eLearning als weiterer Neuerung noch „Blumentöpfe gewinnen lassen". Tatsächlich wird eLearning von der Mehrheit der Professoren immer noch als optionale, leicht überflüssige Verschnörkelung moderner Lehre gesehen

Doch lassen uns die Studierenden keine Chance zum Atemholen: Heutige Studienanfänger sind in der Regel bereits intensive Computernutzer, bevor sie die Hochschule von innen sehen [12]. Sie sind das informelle Lernen aus dem Netz gewohnt und setzen es auch ein, um sich Vorteile zu verschaffen - wie die oben zitierten Plagiatshäufigkeiten zeigen [4].

Für Hochschullehrer bieten sich damit zwei Alternativen: Entweder sie akzeptieren, dass ihre Studierenden sich einen erheblichen Teil ihrer Informationen aus dem Internet beschaffen – mit den geschilderten Risiken, auch für die Forschung, durch unzureichende Suchstrategien und Informationsfilterung. Oder sie setzen dem etwas entgegen, das mindestens konkurrenzfähig ist: Ein eigenes Informations- und Lernangebot, das flexibel – unabhängig von Zeit und Raum - zu studieren ist.

Die zweite Alternative wird zu bevorzugen sein, weil eine Akzeptanz des informellen Lernens der Studierenden dem Verzicht auf einen inhaltlichen Qualitätsanspruch gleich kommt. Die Schaffung von eLearning-Angeboten in bestimmten Bereichen wird also für Hochschulen künftig nicht optionale Verschnörkelung sein, sondern zwingende Voraussetzung einer durchgehend qualitätsgesicherten Lehre und Forschung.

Nun könnte man spekulieren, dass dies zwar wahrscheinliches Szenario ist, doch weit in der Zukunft liegt. Dem widersprechen allerdings die Daten heutiger Studienanfänger. An der Hochschule Karlsruhe etwa wurde 2005 festgestellt, dass – gemittelt über alle Fakultäten - 71% der Studienanfänger entweder bereits ein eigenes Notebook haben, oder den Kauf eines solchen anstreben [28]. Andere Hochschulen berichten Ähnliches [29].

Wir haben es also bereits jetzt mit einer Studierendengeneration zu tun, für die Computer nicht etwa Dateneingabegeräte für Bibliotheken und Großrechner sind – sondern Lern- und Arbeitsmaschinen. Damit wird auch ein Paradigmenwechsel in der Hochschullehre notwendig sein.

Dieser aber ist Chance, nicht nur Pflicht. Die Erfahrung zeigt nämlich, dass Lehrveranstaltungen *besser* werden, wenn sie für die Aufnahme in elektronische Lernplattformen aufbereitet werden. Die Verantwortlichen sind bei einer solchen Aufbereitung gezwungen, die Lernprozesse der Studierenden klarer zu überlegen und in das Lernmaterial abzubilden. Anders gesagt: Während eine „normale" Präsenzlehrveranstaltung leider auch ohne jede didaktische Überlegung abgehalten werden kann, trifft dies für eLearning-Kurse nicht mehr zu.

Die Autoren Prof. Dr. Dittler, Dr. Jechle, und Karen Markowski stellen im vorliegenden Band den gegenwärtigen Stand des eLearnings an Hochschulen dar (Kapitel 16), und Prof. Dr. Hoyer und Thomas Berkel die wesentlichen Erfolgsfaktoren (Kapitel 19). Auch dieser Bereich wird um zwei Praxisbeispiele über erfolgreiches eLearning an Hochschulen ergänzt (Kapitel 17 und 18).

1.8 Ausblick

Die in diesem Band versammelten Expertenbeiträge geben Antworten auf die Eingangs erwähnten „praktischen Fragen", doch ebenso strategische Hinweise für die Einführung von eLearning. Aus den Fachartikeln ist ebenfalls ersichtlich, dass Fehler gemacht worden sind, auch noch gemacht werden – Automatismen zur Verbesserung der Bildung gibt es eben nicht.

So vielfältig diese Fachartikel sind (ganz bewusst wurde z.B. auf eine einheitliche Schreibweise des Begriffs eLearning verzichtet), so sehr gleichen sie sich doch in der Beschreibung der ungeheuren Anstrengungen, die in allen Bildungssektoren mit der Einführung elektronischer Lehr- und Lernformen unternommen wurden. Sie lassen demnach einen gemeinsamen, einen übergreifenden Schluss zu:

eLearning in Deutschland bedeutet nicht nur bessere, sondern auch ein Mehr an Bildung.

Ohne dieses „Mehr" an Bildung, auch ohne mehr Ausgaben für Bildung – so die OECD [21] – werden wir unsere Rolle und unseren Anspruch in der Welt nicht halten können. Alle Neuentwicklungen und Kursänderungen, die dem nicht Rechnung tragen, sägen an dem Ast, auf dem wir sitzen.

1.9 Links und Literatur

[1] Lyman, P., Varian, H.: *How much Information*? http://www.sims.berkeley.edu/research/projects/how-much-info-2003/.

[2] Henning, P. A.: *Zum Informationsbegriff der Physik.* Informatik Spektrum 27 Nr. 2 (2004), 202-207.

[3] World Association of Newspapers http://www.wan-press.org/.

[4] CAVAL Collaborative Solutions: *Victorian Vice-Chancellors' Electronic Plagiarism Detection Pilot Project* – PDP Project Report CAVAL, Australien, September 2002

[5] Iyengar, S., Lepper, M.: *When choice is demotivating. Can one desire too much of a good thing ?* Journal of Personality and Social Psychology, 79 (2000) 995

[6] Schwartz, B.: *Maximizing vs. Satisficing. Happiness is a matter of choice.* Journal of Personality and Social Psychology, 83 (2002) 1178

[7] Los Alamos Preprint Server http://xxx.lanl.gov/.

[8] Mößner, N.: *Integrated learning in Humanities and Social Sciences,* http://www.elearningeuropa.info/index.php?page=doc&doc_id=5090&doclng=2

[9] Portal Zweite Chance Online http://www.ich-will-schreiben-lernen.de

[10] European E-Learning Award http://www.eurelea.de

[11] Henning, P.A., Lampi, F. (Hg.): *eureleA 2004 - Best Practice in E-Learning. Finalisten und Preisträger des European E-Learning Award 2004* (uni-edition Berlin, 2004).

[12] Henning, P.A., Brandner, T., Lehr A: (Hrsg.): *eureleA 2005 - Best Practice in E-Learning. Finalisten und Preisträger des European E-Learning Award 2005.* (uni-edition Berlin, 2006)

[13] Henning, P.A., Lehr A: (Hrsg.): *eureleA 2006 - Best Practice in E-Learning. Finalisten und Preisträger des European E-Learning Award 2006.* (uni-edition Berlin, 2006)

[14] Licklider, J.C.R.; Taylor, R.W.: *The Computer as a Communication Device,* Science and Technology (1968)

[15] *JIM – Jugend, Information, Medien.* Studien des Medienpädagogischen Forschungsverbundes Südwest, 1998 – 2004, http://www.mpfs.de/studien/jim/.

[16] Livingstone, D. W.: *Informal Learning: Conceptual Distinctions and Preliminary Findings.* In: Bekerman, Z./ Burbules, N.C./ Silberman-Keller, D. (2006): Learning in Places. The Informal Education Reader. New York

[17] Schulmeister, R.: *Diversität von Studierenden und die Konsequenzen für eLearning.* in: Carstensen, Doris / Barrios, Beate (Hrsg.): Campus 2004. Kommen die digitalen Medien in die Jahre? (Medien in der Wissenschaft; 29). Münster/New York : Waxmann. S. 133-144.

[18] Kiepke, A., Uhl, A.: *Präsenztraining versus WBT.* Personalwirtschaft 11/2003 (2003) 40-43.

[19] Toffler, A.: *Future Shock* (1970, Neuauflage 1991 von Bantam Books).

[20] *Education at a Glance 2005*, OECD September 2005, http://www.oecd.org/edu/eag2005

[21] *Education at a Glance 2006*, OECD September 2006, http://www.oecd.org/edu/eag2006.

[22] Pfeiffer, C., vertreten in mehreren Medienauftritten, u.a. http://bildungsklick.de/didacta/einzelansicht/20

[23] Spitzer, M.: *Vorsicht, Bildschirm !* (dtv, 2006)

[24] Prenzel, M., et.al: *Pisa 2003. Ergebnisse des zweiten internationalen Vergleichs. Zusammenfassung.* http://pisa.ipn.uni-kiel.de/Ergebnisse_PISA_2003.pdf

[25] Fuchs, T., Wößmann, L.: *Computer bergen negatives Potential für Schüler*, Ifo-Institut 2005

[26] Hand, I., Henning, P.A.: *Glücksspielen an der Börse. Eine verhaltenspsychologisch-mathematische Analyse.* Sucht 50 Nr. 3 (2004) p. 172 - 186

[27] Henning, P.A.: *Netzwelten. Zur Notwendigkeit einer Internetkultur.* Reihe Herrenalber Forum Nr. 33 (Evangelische Akademie Baden 2003).

[28] Henning, P. A., Lehr, A.: *Studentische Notebooks statt Poolräumen. Ein Beitrag zur Kostensenkung der Hochschulen?* In: v. Knop, J., Haverkamp, W., Jessen, E. (Hrsg.): Heute schon das Morgen sehen? Proceedings der 19. DFN-Arbeitstagung über Kommunikationsnetze, GI Lecture Notes in Informatics,Nr. P-73 (2005) p.307 – 320

[29] Haneke, U., Henning, P.A. (Hrsg): Proceedings der Tagung *IT-Unterstützung von Veränderungsprozessen. Hochschulen und ihre Steuerung im Digitalen Zeitalter.* Gummersbach, 25.-26.September 2006 (in Vorbereitung)

2 Perspektiven von eLearning in Großunternehmen

Astrid Tietgens
perspektive3 GmbH

Learning muss die Trends des Marktes vorwegnehmen.

Learning findet überall und ständig statt - eine Trennung von Learning und anderen Aufgaben im Job wird immer weniger sinnvoll.

2.1 Einleitung

Warum bietet Porsche neben dem 911 auch den Boxster, den Cayenne und nun auch den Cayman an? Warum erlaubt BMW bis wenige Tage vor Auslieferung des Neuwagens die Möglichkeit, Farbe und Ausstattung zu ändern - obwohl dies in der Produktion mehr kostet? Wieso gibt es plötzlich wieder Tankwarte? Wieso stellen Menschen ihre Tagebücher, Fotos und Videos ins Netz? Warum ist das Thema Web 2.0 ein Thema in „Der Zeit", der „Süddeutschen" und der „Frankfurter Allgemeinen"?

Und was hat das Ganze mit eLearning zu tun?

Trotz knapper Budgets haben Großunternehmen im Schnitt mehr Ressourcen für das Thema eLearning als KMUs. Dabei profitieren sie in besonderem Maße davon, dass sich viele Abteilungen in verschiedenen Bereichen mit dem Thema eLearning befassen. Diese unterschiedlichen Perspektiven erlauben ein flexibles und individuelles Vorgehen und die Umsetzung einer großen Bandbreite von Lernformen. Es entstanden unternehmenseigene Akademien vor allem für das Kerngeschäft und die Basisqualifizierung.

Durch die Investitionen der Großunternehmen sanken die Preise und eröffneten damit die Verbreitung von eLearning auch für KMUs. Großunternehmen sind aufgrund der vielfältigen Aufgabenstellungen, der Beschäftigtenzahl und ihrer Investitionskraft am ehesten in der Lage Trends aufzugreifen und neue Lernformen zu realisieren.

2.2 Megatrends in der Gesellschaft und im Markt - Impulsgeber für (e)Learning

Der Kunde bestimmt die Marschrichtung. Er will immer individuellere Produkte, Dienstleistungen und Services. Gleichzeitig eine hohe Qualität und kompetente Ansprechpartner bei fairen Preisen. Wann haben Sie Ihr letztes Auto bestellt? Wann waren Sie sich wegen der Außenfarbe wirklich sicher, wann mit Blick auf die Innenausstattung? Um eine Eingangsfrage aufzugreifen: BMW bietet die kurzfristige Möglichkeit zur Änderung von Farben oder Ausstattungen ua. deshalb, um flexibler auf den Kundengeschmack eingehen zu können, natürlich um sich einen Wettbewerbsvorteil zu sichern. Mehr Individualität und Flexibilität für den Kunden - aber auch für den Anbieter. Die Produktion folgt hier dem Kundennutzen. In den vergangenen Jahrzehnten sind Trends vielfach durch neue Technologien gesetzt worden. In Zukunft werden Technologien vielfach Lösungen für Trends eröffnen.

Die Zukunftsforscher sprechen von Megatrends wie Individualisierung und Flexibilisierung.

Die Unternehmen müssen schnell sein. Das wird als Forderung in die Unternehmen hineingetragen, um diese umzusetzen, verlagert sich mehr Verantwortung auf Mitarbeiter aller Stufen.

Zu Recht fragen Sie sich immer noch: Was hat das mit Learning oder eLearning zu tun?

Der erste Schritt zur Beantwortung: Wie können Sie die Herausforderungen von Kunden, im Unternehmen und die Perspektiven für eLearning im Unternehmen abgleichen?

These: Learning muss Megatrends aufgreifen und damit Marktentwicklungen antizipieren. Learning muss auf der ersten Welle der Megatrends schwimmen. Nur so bereiten wir heute darauf vor, die Herausforderungen von morgen zu lösen.

2.3 Markt & Unternehmen

eLearning steht nicht alleine, sondern im Kontext der für das Unternehmen relevanten Trends und Herausforderungen.

Die Trends und Marktentwicklungen spiegeln sich in der Arbeitsumgebung wider. Greifen wir das Beispiel Porsche auf: Noch vor wenigen Jahren vermeldete Porsche einen Gewinnrekord nach dem anderen mit nur einer Baureihe. Mittlerweile reicht das Angebot vom SUV bis zum Cayman. Porsche sieht in diesen individuelleren

Angeboten lukrative Nischen für die ureigene Klientel, die bisherigen Verkaufszahlen bestätigen diese Sicht (von 19.219 im Jahre 1996 über 48.797 im Jahre 1999/2000 auf 88.379 im Geschäftsjahr 2004/05). Allerdings hat Porsche nicht etwa die Mitarbeiterzahl mit der Anzahl der Baureihen verdoppelt oder verdreifacht, sondern durch eine deutliche Flexibilisierung in der Entwicklung diese zusätzlichen Aufgaben gestemmt. Der 911er und der Boxster teilen sich ebenso Komponenten wie die Hersteller Porsche und Volkswagen gemeinsam in die Entwicklung des Cayenne involviert sind. Dies wäre vor einiger Zeit undenkbar gewesen und erfordert natürlich eine andere - flexiblere - Herangehensweise der Ingenieure. Vor zehn Jahren musste der Porsche-Verkäufer kompetent in einer Baureihe sein, heute müssen Porsche-Verkäuferinnen und Verkäufer eine deutlich gestiegene Anzahl von Modellen und Käufergruppen betreuen können.

Mitarbeiterinnen und Mitarbeiter müssen schneller mehr und unterschiedlichere Aufgaben bewältigen. Die Komplexität der Problemstellungen nimmt zu, die Eigenverantwortung diese zu lösen ebenso. Sie finden sicher aus Ihrer Branche entsprechende, vielleicht sogar noch prägnantere Beispiele.

These: Damit Mitarbeiter ihre Aufgaben erfolgreich bewältigen können, brauchen sie schnelleren Zugriff auf die richtigen Informationen aus einem größeren Informationsangebot.

2.4 Wissen, Können & Sein

Neben Wissen und der Fähigkeit es anzuwenden, spielen Kompetenzen und Einstellungen eine wichtige Rolle im Job. Die Auswahl der „richtigen“ Mitarbeiter auf Basis von Kompetenzprofilen ist eine wesentliche Voraussetzung für den Qualifizierungserfolg. Von Seiten der Mitarbeiterinnen und Mitarbeiter ist spürbar, dass sie mehr und Neues lernen wollen, um auf Dauer für den Arbeitsmarkt attraktiv zu sein. Und wenn diese Bereitschaft bei dem einen oder anderen nicht so ausgeprägt ist, muss Qualifizierung dann nicht erst recht auch die Motivation für die Zukunft vermitteln?

These: Wissen und Können müssen dem Markt weit vorweg laufen, damit die Menschen vorbereitet sind. Unternehmen müssen deshalb die organisatorische und ethische Größe haben, breiter – und damit auch für potentielle Wettbewerber - zu qualifizieren.

2.5 Qualifizierung, Learning & Knowlegde Management

Qualifizierung, Learning und Knowledge Management unterstützen Unternehmen bei der Umsetzung ihrer Strategie und sichern die Innovationsfähigkeit. Damit Menschen schneller produktiv sein können und es länger bleiben, bedarf es strategischer Kompetenzentwicklung. Dies wird umgesetzt in einem Mix verschiedener Qualifizierungsformen. Mit zunehmender Flexibilisierung und Individualisierung müssen wir uns von bewährten Methoden der Erfolgskontrolle trennen.

These: Wir haben zu wenig Zeit. Wir haben zu wenig Budget. Wir müssen die Akzeptanz von (e)Learning weiter steigern. Dabei helfen kollaborativ-dialogische Lernformen, die schnell zunehmen und klassische Lehr-/Lernformen zurückdrängen, da sie stärker den Grundbedürfnissen menschlichen Verhaltens entsprechen.

2.6 (e)Learning Trends und Entwicklungen

Wie kann Qualifizierung und Learning auf die weitere Flexibilisierung der Märkte und der Arbeitswelt vorbereiten? Wie können individuellere Kundenlösungen durch Learning gestützt werden? Und wie bilden wir diese Megatrends in den Lernprozessen ab? Welche Entwicklungen erlauben es, flexiblere und individuellere Lernangebote zu schaffen die stärker auf menschliches Verhalten referenzieren?

Derzeit gibt es eine Fülle von zum Teil Epoche machenden Entwicklungen im eLearning. Manche sprechen sogar von einem Paradigmenwechsel. Dabei geht es nicht um Technologiesprünge, sondern um neue Perspektiven für Learning.

- **Learning ohne „e“**

  Der augenfälligste Trend vorweg: eLearning Gurus wie Jay Cross und Elliott Masie lassen das „e“ weg und sprechen ganz einfach von Learning (www.learning2006.com). Learning es endlich geschafft, sich von seinem technischen Über-Ich zu trennen.

- **Das Wissen aller formiert sich -** Demokratisierung vs. Expertentum.

  Was ist da passiert? Jahrelang wird mit mäßigem Erfolg versucht, das Wissen der Mitarbeiter zu sammeln und strukturiert aufbereitet anderen zur Verfügung zu stellen und plötzlich geht es wie von selbst: In Weblogs und Wikipedias veröffentlichen Menschen ihr Wissen und kommentieren die

Beiträge anderer. Über gemeinsame Themen, Interessen und Wissen wachsen sie zusammen und verbinden sich zu einem Social Network. Ca. 75.000 neue Blogs gibt es weltweit jeden Tag. Davon aktuell mehr als 100.000 eduBlogs (www.technorati.com). Auch in Unternehmen entstehen Corporate Blogs und Wikipedias mit allen damit verbunden Chancen und Risiken.

- **Neue Lernformen und Modelle**

  Lernen und Arbeiten gehen ineinander über. Die künstliche Trennung wird aufgehoben. Lernen wird Teil der normalen Arbeit.

  Learning on Demand, Workflow Learning bis hin zum Just-in-time-Learning haben eines gemeinsam, kein Lernen auf Vorrat mehr, Informationen und Lerninhalte werden prozess- und problemorientiert am Arbeitsplatz angeboten und berücksichtigen idealerweise den individuellen Bedarf.

  Kollaboratives Lernen, das gemeinsame Lernen und Arbeiten im Team erleichtert z.B. die Projektarbeit, vor allem für virtuelle Teams. Die Kommunikation über Virtual Classrooms, eMail, Telefon, Voice over IP und Instant Messaging Tools ersetzt Meetings und kann so spontan stattfinden wie bisher der Gang zum Schreibtisch des Kollegen.

- **Informelles Lernen**

  Mehr als 70 % des Wissens im Unternehmen sind informell. Grund genug sich mit diesem Potential zu beschäftigen. Wie schon erwähnt steigt die Bereitschaft der Mitarbeiter ihr Wissen weiterzugeben. Als Tauschgeschäft innerhalb ihres „Social Networks" und auf freiwilliger Basis. Noch einmal Jay Cross: In einem Interview mit „Global Learning" bewertet er informelles Wissen im Unternehmen als Grundlage für Veränderungsfähigkeit und Überlebensfähigkeit von Unternehmen (Jay Cross, 21.12.2005)

- **Wissensmanagement und Learning wachsen zusammen**

  Wikipedias und Blogs funktionieren nach dem Prinzip des Wachsens und der ständigen Erneuerung. Podcasts sind eine schnelle und kostengünstige Möglichkeit Video- und Tonbotschaften auch an Zielgruppen mit wenig Zeit zu vermitteln. So unterstützen die neuen, netzgestützten Lern- und Wissensmanagementformen die Informations- und Wissensvermittlung auf effektive und effiziente Weise.

- **Der Lerner übernimmt mehr Verantwortung und wird Kunde**

  In der Vergangenheit war Learning vor allem ein „Push-Geschäft“. Nun fragen die Mitarbeiter nach und definieren ihren Bedarf. Sie sind eher bereit in der Freizeit zu lernen und einen Teil der Kosten selbst zu tragen, wenn es ihren Marktwert, ihre Employability, erhält oder steigert.

  Der Lerner der Zukunft wählt seine Lerneinheiten je nach Bedarf selbst aus. Er achtet dabei auf Inhalte, die für ihn wichtig sind, um seine Arbeit gut zu machen, kompetent zu sein und Fehler zu vermeiden. Lernformat und -methode sind dabei nachrangig. Relevanz und Schnelligkeit siegen über Perfektionismus und die das ständige Bemühen um „die letzten 2% Methodentreue“.

- **Flexibilität, die Kosten reduziert: Webtechnologie und Standards**

  Die Standardisierung schreitet voran. Eine Technologie wie XML sorgte für Flexibilität und Unabhängigkeit der Unternehmen von den Content Produzenten. Hier hat noch eine Technologie für einen Learning-Trend gesorgt, dies ändert sich in Zukunft. Webservices folgen den Anforderungen der Lerner und Wissensarbeiter. Werden als Betaversion mit ihnen zusammen weiter entwickelt.

  Auch die Integration in die bestehende IT-Infrastruktur des Unternehmens nimmt zu. Immer mehr Lernapplikationen werden in bestehende Managementsysteme und Portale integriert.

- **Lernen muss nicht wie Lernen aussehen**

  Schon durch die Integration von Learning in die Arbeitsprozesse, verändert sich die Wahrnehmung von Lernen. Erfolge sind direkt spürbar.

  Die rasche Verbreitung moderner Lernformen wie z. B. Simulationen, Gaming und Storytelling sind unterhaltend und praxisnah. Der Lerner kann die Lernsituationen mitgestalten und so die Relevanz für seine tägliche Arbeit erhöhen.

2.7 Perspektiven durch (e)Learning im Großunternehmen

Der Begriff Perspektive erlaubt drei Bedeutungen: Zum einen nehmen wir mit einer neuen Perspektive einen anderen Blickwinkel ein. Zum zweiten eröffnen sich durch neue Perspektiven Chancen. Und zum dritten geben wir mit der Perspektive Zukunft.

Mehr Ressourcen eröffnen bei entsprechender Planung mehr Möglichkeiten. Mehr Ressourcen erlauben ein kontrolliertes, aber größeres Risiko. Größeres Risiko erlaubt das Gehen neuer Wege. Innovative Wege und Ideen sichern die Zukunftsfähigkeit von Unternehmen.

- **Die Bedeutung von Learning wächst**

  Es geht um die Sicherung der Innovationsfähigkeit des Unternehmens. Wissen muss dauerhaft schnell aufgenommen und in Handeln umgesetzt werden, um flexibel und erfolgreich agieren zu können. Damit steigt das Interesse der Führungskräfte und des Managements an effizienten Lernmodellen. Umgekehrt sind sie aufgerufen, den Change Prozess im betrieblichen Lernen zu unterstützen.

- **Integration von Learning in die Kernprozesse**

  Learning muss dem Arbeiten vorausgehen und die Qualität der Leistungserbringung steigern. Voraussetzung dafür ist die Integration von Lernen in bestehende Systeme und Prozesse. Lernen wird Teil der Kernprozesse des Unternehmens. Organisationsentwicklung und Personalentwicklung werden eng verzahnt.

- **Kontinuierliche Kompetenzentwicklung**

  Kompetenzmanagement, bisher die Basis formaler Qualifizierung wird ergänzt um informelle Bestandteile. Formales und informelles Lernen verschmelzen im Sinne einer kontinuierlichen Kompetenzentwicklung.

  Alte Lernmethoden sind endgültig passé. Die neuen Lernmöglichkeiten verändern die Lehr-/Lernkultur und definieren auch Kompetenzmanagement neu.

2.7.1 Die Rolle des „Bildungsverantwortlichen“

Mit den zunehmenden Veränderungen und den Anforderungen an Learning im Unternehmen verändert sich auch die Rolle des Bildungsverantwortlichen. Er bekommt neue Ziele und Aufgaben. Daraus ergeben sich auch neue Anforderungen und Herausforderungen.

Wichtig ist die Orientierung am Markt und damit am externen Kunden. Die Frage ist zu klären, wie Ingenieure, Forscher,

Verkäufer, Servicepersonal und die Verwaltung auf Aufgaben vorbereitet werden, die 5 bis 10 Jahre in der Zukunft liegen.

Dann die Orientierung am Bedarf des internen Kunden. Die Frage, wie Lernen sich stärker in den täglichen Arbeitsablauf integrieren lässt und gleichzeitig internes Wissen besser zu nutzen ist muss beantwortet werden.

Dann kommen noch neue Zielgruppen dazu, externe Partner und Kunden, die geschult werden wollen und müssen, um die Produkte besser entwickeln, verkaufen oder anwenden zu können.

Um den Beitrag von Learning zum Unternehmenserfolg zu messen werden multidimensionale Performance Messinstrumente benötigt. Sie erlauben eine Ausrichtung an den Marktzielen des Unternehmens.

Learning ist so in die Unternehmensprozesse zu integrieren, dass die richtigen Inhalte im richtigen Moment zur Verfügung stehen. Der Trainingsmanager und sein Team werden Mittelpunkt vieler unterschiedlicher Netzwerke quer durch alle Unternehmensbereiche. Bei ihm laufen die Fäden zusammen. Er hat die Aufgabe, eine Strategie zu entwickeln, die formales und informelles Lernen verknüpft. Der moderne Trainingsmanager überprüft die Zielerreichung, nicht das Wissen. Er stellt Wissen über die eigentliche Lernerzielgruppe hinaus auch anderen Zielgruppen zur Verfügung und vergrößert so den Unternehmenserfolg. Insgesamt erhält der Bildungsmanager mehr unternehmerische Verantwortung.

2.7.2 Output-Orientierung vs. Lernkontrolle

Mit der Frage wie der Lernerfolg zu messen ist und welchen Beitrag Learning zum Unternehmenserfolg beiträgt, beschäftigen sich Wissenschaft und Unternehmen seit langem. Das SCIL in St. Gallen hat dazu die Learning Balanced Scorecard entwickelt (Leithner/Back 2004).

Die vorgenannten Trends, wie die Verschmelzung von Lernen und Arbeiten, Lernen zur Erweiterung des eigenen Portfolios und die freiwillige Weitergabe von Wissen führen dazu, dass bestehende Messgrößen kritisch überdacht werden müssen. Es werden erweiterte Verfahren benötigt, die quantitative und qualitative Faktoren aufgreifen und auch ein höheres Risiko zulassen, um neue Lernformen auszuprobieren.

Wenn Unternehmen von ihren Mitarbeitern mehr Eigenverantwortung erwarten, erfordert dies umgekehrt mehr Vertrauen und weniger Kontrolle. Wissenstests im herkömmlichen Sinne sind ohnehin auf informelles Lernen nicht anwendbar. Die Motivation muss stärker über Ziele vermittelt werden, persönliche und Unternehmensziele. Als unnötig empfundene Kontrollen bzw. Kontrollkriterien, die nicht zu eigenverantwortlichen Mitarbeitern passen werden auf Dauer nicht mehr funktionieren.

2.7.3 Ausweitung auf Zielgruppen außerhalb des Unternehmens

Immer mehr Unternehmen beziehen Zulieferer, Vertriebsgesellschaften und Endkunden in ihre Lern- und Wissensmanagementstrategie mit ein und bauen so einen zusätzlichen Dialogkanal auf. Durch Customer Education können Unternehmen eine schnellere Produkteinführung und zufriedenere Geschäftspartner und Kunden erreichen. Nebenbei sammeln sie Imagepunkte und sparen Kosten im Customer Support.

2.8 Fazit

Learning ist besondere Chance, aber auch Verantwortung von Großunternehmen. Learning kann den Erfolg eines Unternehmens nachhaltig steigern, wenn es gelingt, eine Lernkultur aufzubauen, die Innovationen unterstützt und in der selbstorganisiertes Lernen in kleinen Netzwerken zulässig ist.

Das erfordert flexible Strukturen und (dezentrale) Prozesse sowie Technologien, die Eigeninitiativen fördern, integrieren und für den Erfolg des Unternehmens nutzen. Insbesondere Teamwork und interkulturelles Lernen profitieren von temporären und dezentralen Lernmöglichkeiten. Dies wird möglich mit einem funktionierenden – und formalisierterem - informellen Netzwerk. Ein Widerspruch in sich? Das informelle greift das menschliche Verhalten auf und bewirkt damit Motivation, das formale bringt eine deutlichere Zielorientierung in Zeiten der knappen Ressourcen Zeit und Budget.

Die Aufgabe der Bildungsverantwortlichen ist die Schaffung eines Rahmens, der neues Lerndesign schneller, fokussierter, kostengünstiger möglich macht. Aber auch das Aufstellen klarer Effizienzkriterien und die Überprüfung des Outputs.

Learning kann Unternehmen rechtzeitig auf wirtschaftliche und gesellschaftliche Trends vorbereiten und sie erfolgreich für das Unternehmen nutzen. Großunternehmen tragen dabei eine besondere Verantwortung als Innovatoren.

2.9 Links und Literatur

[1] Bersin, J.: http://www.bersin.com, Video-Podcast über aktuelle Entwicklungen im eLearning mit Josh Bersin und Elliott Masie

[2] Cross, J.: 21.12.05 in http://www.global-learning.de/g-learn/cgi-bin/gl_userpage.cgi?StructuredContent=2109_informelles_lernen_02_de

[3] Erpenbeck, J.: Über lebenslange Kompetenzentwicklung, via. http://www.bibb.de

[4] Fank, M.: 2004 in http://www.robertfreund.de/kompetenzmanagement/kompetenzmanagement.htm

[5] Fogolin, A.., Hahne, K. und Zinke, G.: zur Bedeutung informellen Lernens, http://www.bibb.de/de/19100.htm

[6] Brandon Hall 02.08.2006 in http://www.global-learning.de/g-learn/cgi-bin/gl_userpage.cgi?StructuredContent=2102060704

[7] Leithner, B., Back, A.: Beiträge der Balanced Scorecard für ein nachhaltiges E-Learning im Unternehmen, 2004. http://www.elearning-reviews.org/organizations/learning-center/

[8] Masie, E.: http://www.learning2006.com

[9] Paine, N.: Head of BBC Learning and Development, http://www.datarchive.co.uk/dpx_demo2/dpx.php?cmd=autoplay&type=autofocus&pres=2255&media=real&dpxuser=ambient

[10] Robes, J.: eLearning 2.0 http://www.weiterbildungsblog.de/archives/cat_web_20.html, eingesehen am 19. August 2006

[11] Seitzinger, J.: über Blogs, Podcasts and Wikis as contructivist Learning Tools, via Lore Ress: http://www.dd-learn.de/wordpress/?p=63 eingesehen, 20. August 2006

[12] Seuffert, S.: http://www.scil.ch/seufert/docs/virtuelle-lerngemeinschaften.pdf

3 e-learning in global vernetzten Unternehmen

Prof. Dr. Bettina Reuter
Institut ed-media e.V. an der Fachhochschule Kaiserslautern

3.1 Einleitung

Moderne Lernformen wie e-learning oder Blended-Learning wurden in der Vergangenheit hauptsächlich in den Bereich der Aus- und Weiterbildung eingeordnet. Dort werden die Vor- und Nachteile gegenüber traditionellen Lernformen diskutiert und gegenüber möglichen Kosten- und Zeitersparnissen abgewogen. Die neuen Lernformen gehören aber vielmehr als integraler Bestandteil in Managementkonzepte wie z.B. Supply Chain Management (SCM).

Durch die globale Vernetzung von Unternehmen werden die Kommunikation, der Informationsaustausch und die Qualifizierung aller Beteiligten immer mehr zum Garant einer erfolgreichen Konzeptumsetzung. Somit wandert das Thema e-learning von der Personalabteilung in die Managementebene und die betrieblichen und überbetrieblichen Wertschöpfungsprozesse. Als ein Hauptproblem bei SCM-Konzepten wird häufig die mangelhafte Schnittstellenkoordination zwischen allen Unternehmen einer Wertschöpfungskette dargestellt. Dies verhindert oft das Ausschöpfen der vorhandenen Effizienzpotenziale. Ein zentrales Hemmnis hinsichtlich der Erreichung einer permanent optimierten Supply Chain stellt der Bullwhip-Effekt dar, von dem vor allem hochdynamische Märkte im Hightech- Bereich, aber auch klassische Branchen wie die Automobilindustrie betroffen sind. Ursache für diesen ist die Bündelung von Aufträgen (vgl. Alicke, Knut: Unternehmensübergreifendes Supply Chain Management, 2003. S. 1).

Der Erfolg der SCM-Konzepte hängt zunehmend von einer perfekten Steuerung der benötigten Materialmengen sowie der zugehörigen Informationsflüsse ab. Die erforderlichen IT-Systeme wurden in den letzten Jahren erfolgreich weiterentwickelt und bilden mittlerweile ein solides Fundament für die SCM-Steuerung (vgl. Marktstudie SCM-Systeme, Frauenhofer ALB, 2002, S. 8). Der durch neue Informationstechnologien induzierte Wandel in der Wirtschaft führt seit einigen Jahren zur Entstehung neuer Geschäftsmodelle, die den Informations- und Kommunikationsaustausch zwischen Unternehmen in globalen Netzwerken sowie Unternehmen und Endkunden effizient gestalten.Neben der Technik bleibt der Mensch als Prozessbeteiligter ein wichtiger Bestandteil der Wertschöpfungskette. Nur wenn alle an dem Prozess beteiligten Personen informiert, geschult und von dem Konzept überzeugt sind, gelingt es, die kompletten Benefits eines SCM-Konzeptes umzusetzen. Das stellt besondere Anforderungen an das Informations- und Schulungssystem. E-learning bzw. web-basiertes Lernen gehören seit einiger Zeit zum Standard in der Aus- und Weiterbildung. Jetzt ist der Zeitpunkt diese Lernformen in Managementkonzepte wie SCM zu integrieren und ein Supply-Chain-Communication-Modell aufzubauen, das nicht nur die notwendigen Informationen verteilt und steuert, sondern auch die Prozessbeteiligten weiterqualifiziert und sie dadurch Einsparpotentiale erkennen und effizienter umsetzen lässt.

Wichtig sind hier Inhalt, Vermittlung und Anwendbarkeit. Die Verbesserung der Kommunikation, der Informationsweitergabe und der logistischen Kette zwischen den betroffenen Abteilungen, Zulieferern und Kunden müssen als Kernaufgaben wahrgenommen werden (vgl. Busch, Axel/Dangelmaier, Wilhelm u. a.: Marktspiegel Supply Chain Management Systeme, 2003, S. 29).

3.2 Projektbeispiel

Nachfolgend wird in einem Projektbeispiel die Einbindung von e-learning-Komponenten in die unternehmensübergreifende Logistikstrategie eines Automobilherstellers und seiner Zulieferer dargestellt.

3.2.1 Long Range SILS (Supply-In-Line-Sequence)

Die gesamte produzierende Industrie steht mehr denn je vor der Aufgabe, immer schneller auf immer individueller werdende Kundenwünsche reagieren zu müssen. Klassische Methoden der Steuerung von Produktion und Logistikketten stoßen dabei zunehmend an ihre Grenzen. Es müssen neue Konzepte zur Verbesserung der Produktionssteuerung und der Zusammenarbeit in der Supply Chain (Wertschöpfungskette) entwickelt und umgesetzt werden.

Ein neuartiger Ansatz, der von Logistikleiter Stephan Adam bei Opel Kaiserslautern in einem Pilotprojekt eingeführt wurde, ist das **Long Range Supply-in-Line-Sequence-Konzept**. Im Kern bedeutet dieser Ansatz vollständige Transparenz über die Produktionsplanung beim Hersteller (OEM), so dass beim Zulieferer (First-tier) auf dieser Datenbasis bereits die Produktion sequenzgerecht gesteuert werden kann. Auf diese Weise reduzieren sich die Bestände und durch die Integration der derzeit nachgelagerten Sequenzierung in die Produktion entfällt ein Prozessschritt. Zwar erhöht sich durch ein solches Produktions- und Distributionskonzept die Komplexität im Prozess-

und Datenmanagement deutlich, jedoch können durch die Ergänzung der Konzepte Just-in-Time und Just-in-Sequence durch das Long-Range-SILS-Konzept Teile von bis zu eintausend Kilometern entfernten Lieferanten sequenzgenau produziert werden (vgl. Logistik inside, 05/2005, S. 33).

Der Automobilhersteller Opel in Eisenach benötigt täglich eine definierte Anzahl von variantenreichen Komponenten. Seit dem Frühjahr 2006 liefert das Opel-Werk Kaiserslautern Federbeine als Komponenten zum Werk Eisenach und zwar sequenzgerecht. Über eine Distanz von 350 km – daher „Long Range" – ist dies ein innovatives Vorzeigeprojekt. Kostenintensives Zwischenlagern und Sequenzieren in der Nähe der Montagelinie wird vermieden. Erfolgreich eingebunden in dieses Konzept wurden in Eisenach noch sechs weitere Lieferanten (vgl. Opel Post 02/2006, S 24).

Bei der Planung der Produktion und Anlieferung mussten innovationsfähige Zulieferer und Logistikdienstleister verpflichtet werden, die bereit sind das neue Konzept mitzutragen. Die Informationstechnologie wird eine hundertprozentige Verfolgbarkeit des gesamten Ablaufs ermöglichen. Bei allen Ansprüchen bleibt jedoch der Faktor Mensch der Wichtigste.

Bisher wurden die Federbeine beim Zulieferer in einer geplanten Stückzahl gefertigt und die Teile nach Typen sortiert geliefert, die anschließend durch ein Subunternehmen in die richtige Reihenfolge sequenziert wurden. Dies beinhaltete neben einem sehr hohen Zeit- und Handlingsaufwand auch höhere Bestände und damit höhere Kosten. Das klassische SCM-Konzept, wie es bisher zum Einsatz kam, benötigte Bestände sowohl beim Zulieferer (First-tier) als auch beim Logistikdienstleister (vgl. hierzu Abb. 1).

Der OEM ruft seine benötigte Menge auf Monatsbasis beim Zulieferer ab. Dieser produziert mit für ihn optimalen Losgrößen und bedient die Lieferabrufe aus seinen Fertigwarenbeständen. Aus datentechnischer Sicht werden diese Prozesse durch diverse Nachrichtenarten nach deutschen, europäischen und globalen „Standards" (VDA, ODETTE, EDIFACT) durch elektronischen Datenaustausch (EDI) weitgehend automatisch gesteuert.

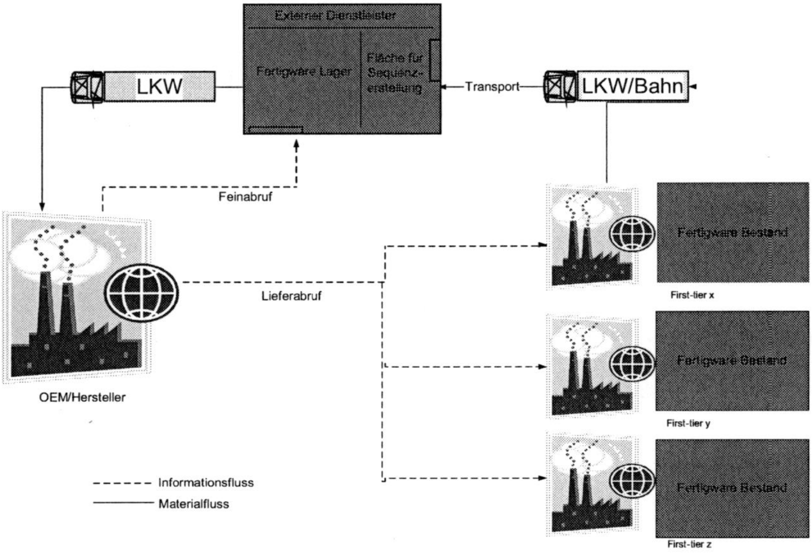

Abb.1: Klassische Supply Chain

Nach dem neuen System muss der OEM täglich sechs Tage vor Produktionsbeginn bei dem Lieferanten einen Lieferabruf per EDI mit der genau festgelegten Reihenfolge der zu liefernden Federbeine (Sequenz) für die herzustellenden Fahrzeuge senden. Anhand dieser Information werden bei dem Zulieferer erstmals in genau dieser Reihenfolge die Federbeine produziert. Wichtig bei Long-Range-SILS ist, dass die fertig montierten Federbeine auch genau in der Reihenfolge, in der sie von der Produktionslinie kommen, in spezielle Montagegestelle gesetzt werden (vgl. Abb. 2).

Ein Long-Range-SILS-Konzept verzichtet weitgehend auf eine Bestandsführung beim Zulieferer und Logistikdienstleister und integriert die Sequenzierung direkt in den Produktionsprozess. Das bedeutet Produktion mit Losgröße 1 und Wegfall von Fertigwarenbeständen.

Als Konsequenz für das Informationsmanagement müssen dabei die etablierten Standard-EDI-Verfahren weitestgehend beibehalten werden, um in diesem Bereich bereits getätigte Investitionen zu sichern, um so entsprechende Akzeptanz bei den involvierten Unternehmen schaffen zu können.

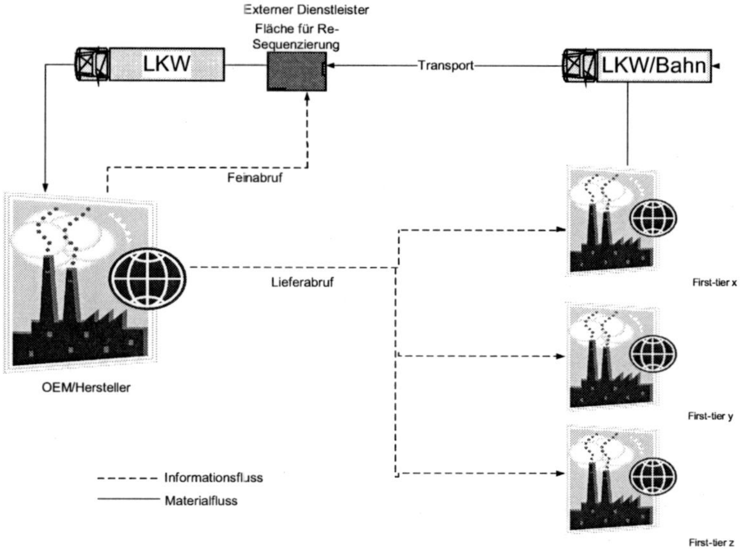

Abb.2: Supply Chain mit Long Range SILS

Von besonderer Bedeutung für den Umsetzungserfolg des Konzeptes ist die **Schulung der Mitarbeiter** innerhalb der Produktionskette. Während innerhalb Deutschlands (d. h. beim OEM, hier Opel in Eisenach und dem First-tier, hier Opel in Kaiserslautern) die Kommunikation und die Schulung auch in traditioneller Weise gut funktionieren, wird das bei den weltweit verteilten Second-tier Lieferanten schwieriger. Das Kommunizieren und Schulen innerhalb einer global vernetzten Supply Chain kann nur über entsprechende Medien wie das Internet geschehen. In dem vorliegenden Beispiel wurden auf einer Lieferantenplattform web-based-Trainings zur Schulung aller am Prozess Beteiligten eingerichtet.

„Bei der Einführung von Long Range Supply-in-line-Sequence (SILS) in der Supply Chain haben wir innerhalb eines Pilotprojektes erfolgreich unser Ziel erreicht, die Reaktionszeit der Zulieferer zu minimieren. Zur Information und Aktivierung der Zulieferer bei solch einem Projekt sind Online-Präsentationen und Online-Seminare sehr hilfsreiche Mittel, die erlauben, das vermittelte Wissen, auch im "fernen Lieferland", Kollegen und Mitarbeitern einfach und ohne zusätzlichen Aufwand korrekt zu vermitteln.“(Hans-Joachim Eberts, Supply Chain & Launch Manager)

3.2.2 e-learning als Basis der Supply Chain Communication

Um dem erweiterten e-learning als Erfolgsfaktor innovativer Logistikkonzepte Rechnung zu tragen, wurde der Begriff „Supply Chain Communication“ eingeführt. Dieses Konzept verbindet, ähnlich wie man es vom Blended Learning-Ansatz kennt, verschiedene Lern- und Informationsmethoden.

Mit „e-Learning“ wird das Lernen mit Informations- und Kommunikationstechniken bezeichnet. Hierzu zählt das informelle Lernen über das Internet, das Bearbeiten von Lernprogrammen über z. B. ein Lernportal, das Nutzen von Foren und virtuellen Lernklassen sowie vieler weiterer Lernmethoden basierend auf den neuen Medien. Die Kenntnis, dass sich hiermit nicht die traditionellen Lernformen wie Präsenzschulung ersetzen lassen, sondern es sich um eine Erweiterung der Möglichkeiten handelt, hat sich heutzutage durchgesetzt. Die Anwendung verschiedenartiger Lernmethoden und -maßnahmen wird als Blended-Learning bezeichnet. Themen- und zielgruppengerecht werden dem Lernenden die verschiedenen Lernformen und eine entsprechende Unterstützung angeboten (vgl. Sauter/Sauter, 2002, S. 66).

Im Gegensatz zur klassischen Wissensvermittlung kann beim e-learning dem Mitarbeiter Wissen Just-in-Time, jederzeit an jedem Ort vermittelt werden. Dabei können die verschiedensten **Methoden** zum Einsatz kommen. Wichtig ist jedoch, dass diese an die Erfordernisse des jeweiligen Unternehmens angepasst sind (vgl. Kerres, 2002, S.278).

Um die Mitarbeiter und Lieferanten hinsichtlich des neu eingeführten Logistikkonzeptes SILS zu schulen, wurde daher eine Kombination aus Web-Based-Training und einer Medienbibliothek mit allen relevanten Präsentationen innerhalb einer Kommunikationsplattform sowie der Lieferantentag als Präsenzveranstaltung gewählt.

Aufgabe des Web-Based-Trainings ist vor allem die Schulung der Lieferanten bezüglich der Technologie, die hinter dem SILS-Konzept steht. Hier werden unter anderem Präsentationen und Audiodateien hinterlegt, in denen die Grundlagen des Supply-in-Line-Sequenz erläutert werden. Ergänzend stellt die Medienbibliothek weitergehende Informationen zur Verfügung und gibt den Lieferanten die Möglichkeit, in der FAQ-Datenbank ihre ersten Fragen zu diesem Thema selbstständig zu beantworten.

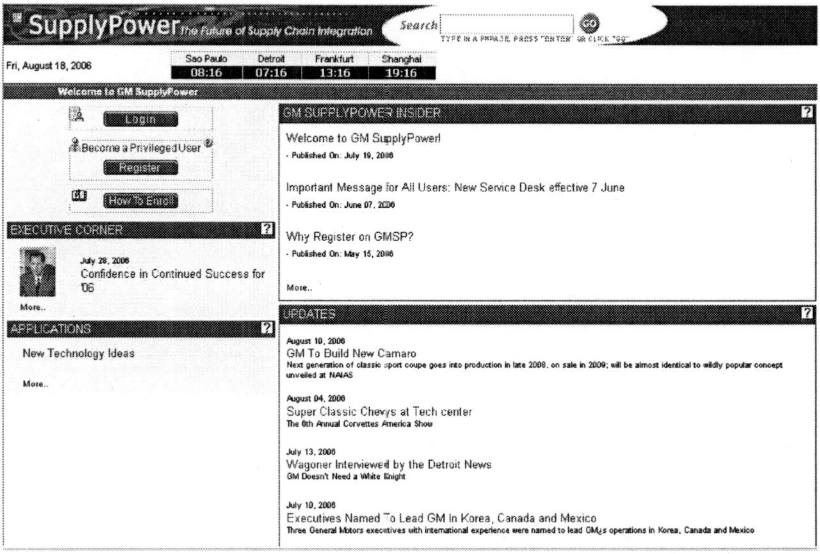

Abb. 3: Screen der Lieferantenplattform „Supply Power"

Diese Kommunikationsplattform spielt zudem eine sehr wichtige Rolle für das informelle Lernen der Mitarbeiter, da diese durch den geförderten Informationsaustausch teilweise unbewusst Wissen und Kenntnisse weitergeben, die im Unternehmen sonst nicht oder nur schwer dokumentiert und vermittelt werden könnten. Gleichzeitig wird die Kommunikation mit den Lieferanten forciert, so dass auch hier die jeweiligen Mitarbeiter voneinander lernen können und auf diese Weise Verständnis für die Probleme des jeweils anderen Partnerunternehmens entwickeln.

3.2.3 Aufbau und Inhalte des Web-based-Trainings

Das Web-based-Training „Long Range SILS" vermittelt den Mitarbeitern der Zulieferer hilfreiche Informationen zur Einführung des Konzeptes. Animierte Ablaufpläne werden den Mitarbeitern der Zulieferer ihre Rolle im Gesamtprozess aufzeigen.

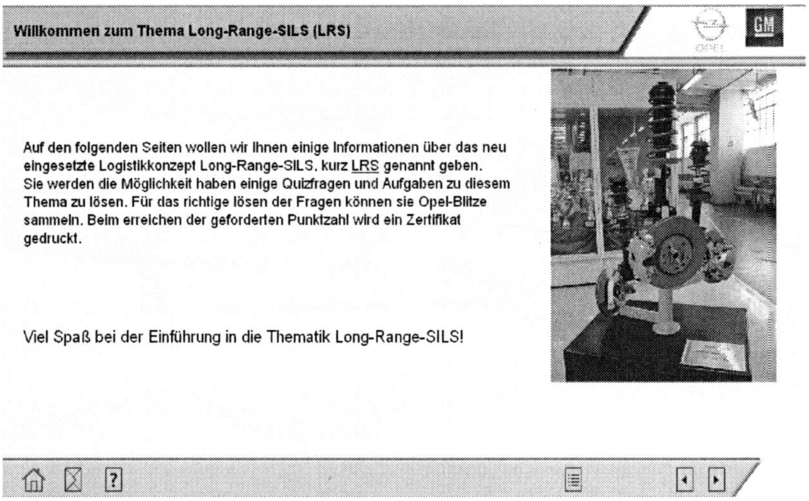

Abb. 4: Screen zum Einstieg in das Web-based-Training

Neben Erklärungen, Animationen und Bildern wird das Hauptaugenmerk auf interaktive Bearbeitungsmöglichkeiten gelegt. Eine Vielzahl von Aufgabenstellungen innerhalb verschiedener Quiztypen versetzen den Nutzer in eine aktive Rolle. Während des Bearbeitens der Fragen weist ein direktes Feedback auf falsche Lösungen hin und verstärkt somit den Lerneffekt. Mit jeder gelösten Aufgabe sammelt der Anwender Punkte, die ihn bei Erreichen des Qualifikationsziels berechtigen, sich ein Zertifikat auszudrucken. Dieses Zertifikat bescheinigt die erfolgreiche Schulung der Lieferanten und soll zukünftig mit in die Lieferantenbewertung einfließen. Dadurch wird eine zusätzliche Motivation gegeben, sich mit den Inhalten des Konzeptes auseinanderzusetzen.

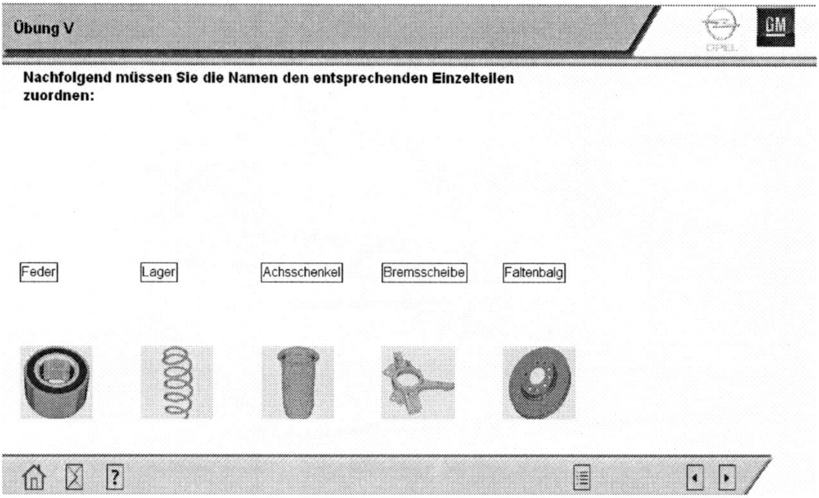

Abb. 5: Interaktives Screen zur Zuordnung der wichtigsten Komponenten

Wichtig ist der direkte Zusammenhang mit dem laufenden Projekt. Es geht hier nicht um die Vermittlung von Standardinhalten, sondern um individuelle Kenntnisse, die vom Zulieferer zukünftig verlangt werden und um die Möglichkeit, sich in aktuelle Entwicklungsmöglichkeiten innerhalb der Supply Chain einbinden zu können.

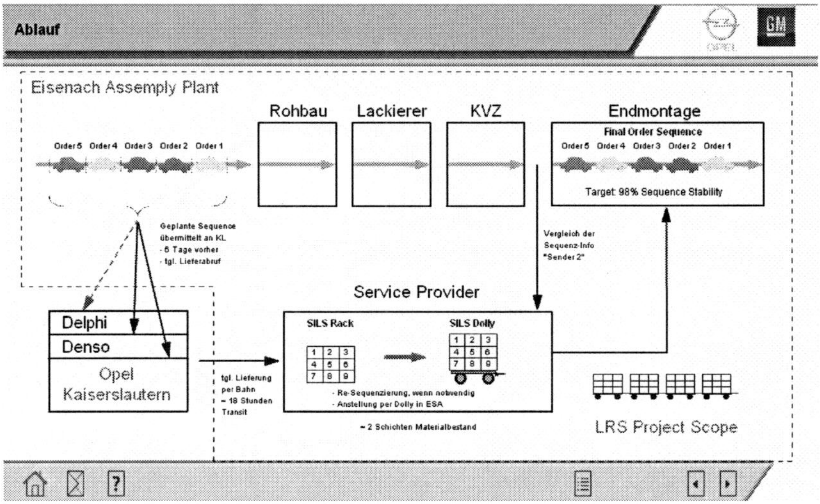

Abb. 6: Screen zur Ablaufsteuerung

Die Aktualität spielt hierbei eine wichtige Rolle. Im beschriebenen Web-based-Training sind z. B. die zukünftigen Träger der Federbeine oder die geplante Lieferkette genau dargestellt. Die Mitarbeiter der Zulieferer erkennen, wie wichtig die planmäßige Erfüllung der neuen Anforderungen ist und welche Vorteile sie bringt.

Bei der hier eingesetzten Lernsoftware ist eine ständige Aktualisierbarkeit möglich. Sie ist mit Hilfe eines Autorensystems ed-min 3.5 realisiert, das über ein Web-Frontend Änderungen jederzeit möglich macht (vgl. www.ed-media.org). Neue Seiten können hinzugefügt oder bestehende Seiten geändert werden, ohne dass dazu Programmierkenntnisse erforderlich sind. Die aktualisierten Seiten sind direkt per Klick veröffentlicht.

3.2.4 Lieferantentag als Präsenzveranstaltung

Am Lieferantentag kommen die Mitarbeiter der Lieferanten und des Herstellers zusammen, um sich über aktuelle Themen zu informieren und neue Anforderungen kennen zu lernen. Hierzu werden Präsentationen über Pilotprojekte gehalten und vor Ort in den Werkshallen neue Fertigungsanlagen und Logistiksysteme besichtigt. Es wird von den Lieferanten erwartet, dass sie sich mit Ideen und Verbesserungen aktiv am Veränderungsprozess beteiligen.

Auf dem Lieferantentag baut der Blended-Learning-Ansatz der Supply-Chain-Communication auf. Durch zusätzlich angebotene Vor-Ort-Schulungen und dem persönliche Erfahrungsaustausch in Workshops werden Mitarbeiter der Zulieferer auf neue Anforderungen qualifiziert. Zusätzlich werden sie über Neuigkeiten zur Plattform und deren Inhalte und Möglichkeiten informiert.

In ihren Unternehmen können diese Besucher des Lieferantentages nun besser ihre Rolle als Multiplikatoren erfüllen. Nach der Veranstaltung können sie die Informationen und Lerninhalte über das Portal erreichen und eigene Mitarbeiter und Kollegen besser anleiten die Qualifizierungsanforderungen des Kunden zu erfüllen. Damit wurde eine flexible Kombination von Schulungsvarianten gefunden, die der vorliegenden Anforderung zur Qualifizierungsverbesserung Rechnung trägt.

3.3 Fazit und Ausblick

Die Nutzung neuer Arbeitsprozesse und Technologien verbessert nur dann die Abläufe, so lange der Faktor Mensch beachtet wird. Eine Lösung für produzierende Unternehmen ist die Unterstützung der Supply-Chain-Communication durch Anbindung der Lieferanten über ein Kommunikations- und Wissensportal mit e-testing- und e-learning-Funktionen oder Online-Zertifikaten, um gleiche Wissensstände zu garantieren.

Nur wenn alle Supplier informiert, geschult und motiviert sind, können weitere Einsparungspotentiale erschlossen werden. Deshalb gehören die Qualifizierungsmaßnahmen des e-learnings als ein entscheidender Faktor für die SCM-Umsetzung dazu (vgl. Abb. 7).

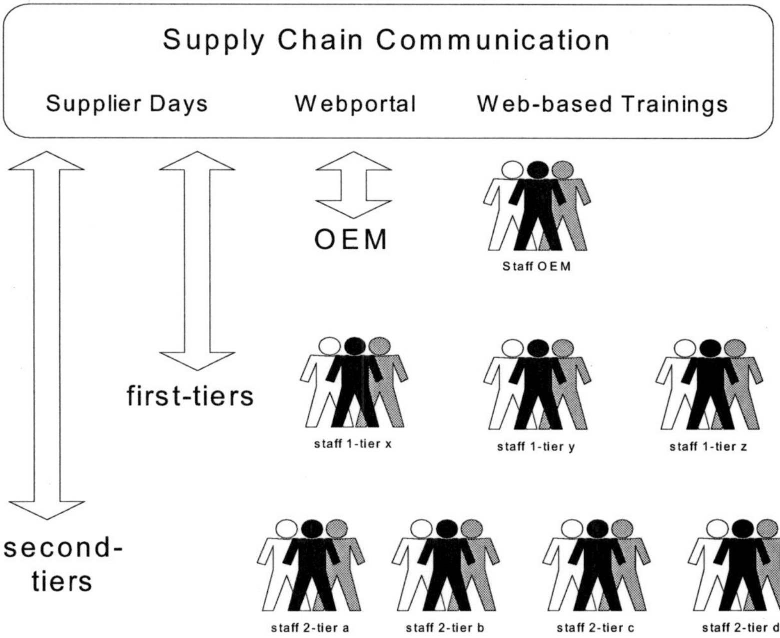

Abb. 7: Supply Chain Communication

Der integrierte Ansatz der Supply Chain Communication bindet die Lieferanten bereits in einer frühen Phase des Konzeptes ein. Hierdurch können auch Optimierungsvorschläge von diesen Seiten zur Prozessverbesserung beitragen. Die verstärkte kooperative Zusammenarbeit und gemeinsam verwaltete Informationen können die unternehmensübergreifenden Partnerschaften so verbessern, dass Win-Win-Situationen entstehen. Erfolgreiche Pilotprojekte – wie hier beschrieben – sorgen für die notwendige Akzeptanz im Unternehmen, bei Kunden und Zulieferern. e-learning erhält im Rahmen dieser Konzepte einen neuen Stellenwert als integrierter Teil des Gesamtkonzeptes.

3.4 Links und Literatur

[1] Alicke, K.: *Planung und Betrieb von Logistiknetzwerken. Unternehmensübergreifendes Supply Chain Management,* Springer Verlag, Berlin Heidelberg New York. 2003. S. 1).

[2] Busch, A., Dangelmaier, W., Pape, U., Rüther, M.: *Marktspiegel Supply Chain Management Systeme. Potenziale – Konzepte – Anbieter im Vergleich*, Gabler Wiesbaden, 2003)

[3] ed-min 3.5:http://www.ed-media.org

[4] Fraunhofer ALB: *Marktstudie SCM-Systeme*, 05/2002, http://www.alb.fhg.de.

[5] Kerres, M.: *Online und Präsenzelemente in hybriden Lernarrangements kombinieren*, in: Hohenstein, A., Wilbers, K. (Hrsg.), 2002

[6] Gillies, C.: *Neue Konzepte in der Automobillogistik*, Logistik inside, 05/2005, S. 32f

[7] *Auf große Fahrt*, Opel Post 02/2006,S 24

[8] Sauter, W. , Sauter, A. M.: *Blended-Learning. Effiziente Integration von E-Learning und Präsenztraining*, Neuwied – Kriftel 2002.

4 Entwicklungsstand von E-Learning in Großunternehmen

Rainer Illing
Integrierte Lern-Technologie GmbH

Bevor über den Entwicklungsstand von E-Learning in Großunternehmen berichtet wird, soll zunächst kurz der Begriff „E-Learning" und seine Bedeutung erläutert werden.

E-Learning ist der Oberbegriff für alle Varianten elektronischer Lehr- und Lernmedien. Es wird i.A. zwischen computerbasierten (CBT - Computer Based Training) und webbasierten Lernmedien (WBT – Web Based Training) unterschieden. Die Flexibilität hinsichtlich des Trägermediums der didaktisch aufbereiteten Information (CD-Rom, Netzwerk) ermöglicht ein Lernen unabhängig von Zeit und Ort.

Das Aufnehmen und Vertiefen von Wissen mit Hilfe von Lernprogrammen sorgt durch multifunktionale Elemente und Übungen, angereichert mit Interaktion, Animation und Visualisierung, für eine bessere Behaltensquote für das Wissen.

4.1 Übersicht

In den Großunternehmen gibt es E-Learning seit mehr als 20 Jahren. Unternehmen wie z.B. Ford Motor Company und Volkswagen waren Vorreiter in der Entwicklung interaktiver Lernprogramme und haben diese in Lernzentren eingesetzt.

Heute sind E-Learning sowie die Lernzentren in den Großunternehmen weitgehend verschwunden. Der Begriff E-Learning ist zum Teil negativ behaftet, da die erste Euphorie im Lernen mit elektronischen Lernmedien in Frustration und Demotivation bei den Lernenden umgeschlagen ist. Die Folge waren Lernergebnisse weit unter den Erwartungen, da demotivierte Lerner hohe Abbruchquoten bedeuten und die Aufnahme von Wissen nicht optimal funktioniert. Die wichtigste Erkenntnis aus den Erfahrungen mit E-Learning lautet: „Der alleinige Einsatz von elektronischen Lernmedien liefert keine Garantie für einen erfolgreichen Wissensaufbau – schon gar nicht in *allen* Themenbereichen und bei *allen* Lernenden."

Besonders in Themenbereichen wie z.B. dem Verhaltenstraining können E-Learning-Elemente nur unterstützend eingesetzt werden.

Aus den Misserfolgen mit E-Learning hat sich in den Großunternehmen und vor allem in der mittelständischen Industrie die Integration von E-Learning-Elementen in Gesamttrainingsmaßnahmen entwickelt. Anstelle von reinem E-Learning werden jetzt Blended-Learning-Maßnahmen bevorzugt. Dies bedeutet, dass für jeden Lernzweck die geeigneten Lernelemente aus dem gesamten Feld der traditionellen und neuen Lernmedien ausgewählt werden. Elemente wie Präsenzunterricht, Lernsoftware, Lehrbriefe, Tutoring, virtuelle Klassenräume, Chaträume, Einzelunterricht etc. werden sinnvoll miteinander verknüpft und auf die jeweilige Lernsituation und das zu erreichende Lernziel angepasst - ähnlich dem Blended Whiskey, der den „Verschnitt" verschiedener Whiskey-Sorten zu einem stimmigen Gesamtgetränk darstellt.

Blended Learning ist mit dem alleinigen Einsatz von verschiedenen Lernelementen jedoch noch nicht komplett. Bei jeder Trainingsmaßnahme geht es um die Veränderung von Verhalten oder den Aufbau neuer Kompetenzen. Dies bedeutet, dass der Teilnehmer zur Erreichung des Lernerfolges die hierfür notwendigen Ziele und Gründe erkennen und positiv einschätzen muss. Ohne die Schaffung von Transparenz für die Lernziele und -inhalte ist der Erfolg der Qualifizierung gefährdet. Beim Einsatz neuer Trainingsmethoden ist im Vorfeld deshalb in besonderem Maße Transparenz bzgl. der Durchführung und der Vorteile des neuen Trainingsablaufes zu schaffen.

Die ausgewählten Lernmedien werden aus diesem Grunde in flankierende Maßnahmen aus Marketing und Testsystemen eingebettet. Kein Training in den Großunternehmen soll heute noch stattfinden, ohne das der Mitarbeiter den Sinn und Zweck des Trainings kennt, der Lernerfolg gemessen sowie die Wirtschaftlichkeit der Maßnahme nachweisbar ist. In den Bereichen Lernerfolgsmessung und Lernbegleitung entwickeln die elektronischen Tools ihre volle Wirkung und Effizienz, da ohne viel Aufwand der Lernverlauf und das Ergebnis beobachtet werden kann. Die Beobachtung dient jedoch nicht der Kontrolle des Mitarbeiters, sondern ausschließlich der Steuerung des Lernprozesses – in der Regel mit vielen neuen Trainingskomponenten im Gesamtsystem und der frühzeitigen Erkennung von unwirksamen Teilsystemen.

Blended Learning funktioniert nur mit der Einhaltung der Vorgaben an einen ganzheitlichen Medienmix, in dessen Mittelpunkt der Lerner steht. Dann werden auch hervorragende Lernergebnisse erzielt und zufriedene Teilnehmer gewährleistet.

Das größte Defizit in den Großunternehmen besteht heute noch in der harmonischen Komposition der verschiedenen Lernmedien für die individuellen Lernthemen mit ihren eigenen Lerntypen und individuellen Lerneingangskanälen. Ebenfalls wird die Einbeziehung und Information des Managements häufig vernachlässigt. Vielfach werden Hindernisse und Restriktionen bzgl. der IT-Landschaft sowie die Auflagen des Betriebsrates vorgeschoben, um sich mit den neuen Themen und Trainingsinnovationen nicht beschäftigen zu müssen.

Mit Hilfe von Firmen wie der ILT Integrierte Lerntechnologie GmbH aus Köln, die sich auf die Beratung und Durchführung von Trainingsmaßnahmen unter Einbeziehung von modernen Lernmedien konzentrieren, erreichen die Unternehmen in der Regel die konsequente Durchführung der flankierenden Maßnahmen und die geeignete Lernerbetreuung bis hin zur Evaluation der Trainingsmaßnahme. Sobald die erste große Trainingseinheit positiv abgeschlossen ist, fallen weitere Themen wesentlich leichter. Hierzu tragen vor allem das Wissen über den Gewinn an Flexibilität, zielgruppengerechten schnellen Wissensaufbau mit messbaren Ergebnissen sowie die wirtschaftlichen Vorteile bei.

Die gewonnene Medienkompetenz des Unternehmens mit Management und Mitarbeitern erschließt in der Regel neue Trainingsfelder für Blended Learning, an die man vorher nicht gedacht hat. Auch im Bereich des Verhaltenstrainings können neue Lernmedien aufgrund der erlangten Medienkompetenz nun zielgerichtet und erfolgreich eingesetzt werden. Mit der richtigen Einschätzung, in welchen Bereichen einzelne Medienelemente optimal funktionieren, und vor allem, wo nicht, werden die Projekte zum Erfolg geführt. Der erweiterte Baukasten an möglichen Trainingselementen schafft für die Verantwortlichen mehr Spielraum und für das Training selbst einen hohen Abwechslungsgrad.

Die Unternehmen haben erkannt, dass interaktive Lernmedien bei einigen Themen nur in geringem Maße eingesetzt werden können. In solchen Fällen rücken meist kostspielige traditionelle Trainingselemente wie Live-Seminare in den Vordergrund. Diesem Umstand wird dadurch Rechnung getragen, dass im Vorfeld durch die Medienkompetenz das Wissen über die Machbarkeit der Qualifizierung vorliegt. So ist es vor allem wichtig, *dass* das Training funktioniert – und nicht, wie viele interaktive Medienelemente eingebunden sind.

Interaktive Lernmedien finden generell bei jedem Training ihren Platz in der Vorbereitung für das Live-Training zur Homogenisierung der Lerngruppen. Nach der Trainingsmaßnahme stellen sie auch in der Nachbereitungsphase einen optimalen Wissensspeicher mit schnellen und individuellen Zugriffsmöglichkeiten dar.

Diese positiven Erfahrungen mit E-Learning haben bei den Großunternehmen in vielen Themenbereichen dazu geführt, dass diese gar nicht mehr in reiner Seminarform angeboten werden. Hierzu gehören vor allem die klassischen Office-Themen, da aus wirtschaftlichen und zeitlichen Gründen der Einsatz von Trainern nicht zu rechtfertigen ist. In der 2. Priorität folgt die Einführung von neuer Standard- oder Individual-Software. Mit Lernprogrammen, eingebettet in ein Blended-Learning-Konzept, können mit einer einzigen Qualifizierungsmaßnahme beliebig viele Mitarbeiter, zentral und dezentral, trainiert werden. Sogar bei harten Software-Umstellungen [Alte Software wird ohne Übergangszeit durch eine neue Lösung abgelöst] kann mit den neuen Testmöglichkeiten sichergestellt werden, dass alle Mitarbeiter die relevanten Prozesse vor dem Go-Live beherrschen. Dies spart enorme, bisher notwendige Trainingsressourcen und stellt die Produktivität des Unternehmens in kürzester Zeit wieder her.

Großunternehmen haben hier gute Erfahrungen gemacht und diese dokumentiert und weiterentwickelt, so dass jene allen Neueinsteigern in eine „Blended-Learning-Maßnahme“ zugute kommen können.

4.2 Sprachentraining

Ein weiterer Bereich im Einsatz von Blended Learning in Großunternehmen ist zurzeit das Sprachentraining. Internationalisierung, sich öffnende Märkte sowie die Einführung einer einheitlichen Konzernsprache erfordern eine Erhöhung der Sprachkompetenz der Mitarbeiter. Starke Arbeitsbelastungen verhindern auf der einen Seite den Besuch regelmäßiger Seminare. Auf der anderen Seite hat das Training dezentral und flexibel zu erfolgen. Konsequent durchgeführte Blended-Learning-Sprachentrainings zeigen schnelle Erfolge in Bezug auf die Sprachkompetenzentwicklung und fördern die speziellen Fähigkeiten um in Präsentationen und Verhandlungen in der Fremdsprache bestehen zu können.

Der Methodenmix von Blended Learning erlaubt in hervorragender Weise, sich auf die Ausgangsvoraussetzungen und die individuellen Anforderungen der Teilnehmer einzustellen. Die vielen Stellschrauben geben ungeahnte Möglichkeiten frei. Es ist nur wichtig, dass die Stellschrauben beherrscht werden und die ersten Projekte bereits professionell durchgeführt wurden. Ein negatives Blended-Learning-Projekt kann den positiven Einsatz dieser Trainingsform in einem Unternehmen für Jahre verhindern. Hier schließt sich der Kreislauf, da erfolglose Projekte in der Regel aufgrund mangelnder Transparenz im Management und im Gesamtunternehmen sowie fehlender Kenntnisse bei den Organisatoren des Trainings scheitern. Diese mangelnde Transparenz bei erfolglosen Projekten äußert sich bei zukünftigen Blended-Learning-Entscheidungen direkt in einer Negativhaltung gegenüber der neuen Trainingsform. Diese muss dann in mühsamer Kleinarbeit erst einmal wieder revidiert werden.

Interessant ist, dass sich unabhängig vom Thema des Trainings ein einheitliches Prinzip der Durchführung als wirksam herausstellt. Die Graduierung und Justierung der einzelnen Trainingselemente erfolgt themen- und zielgruppenspezifisch, hat aber in der Basis immer eine ähnliche Struktur.

4.3 Phasenkonzept

Im Folgenden wird eine Grobgliederung eines Blended-Learning-Konzeptes aus dem Sprachentraining vorgestellt, welche schnell auf andere Themen adaptiert werden kann.

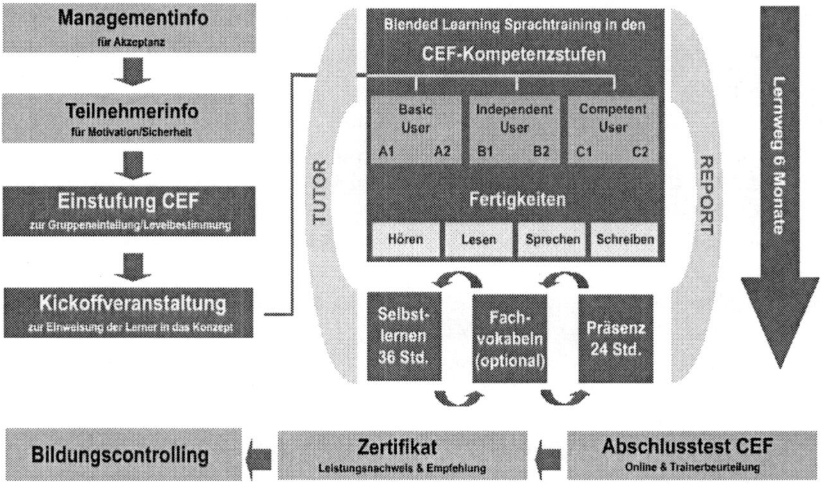

Abb. 1: Konzept.Nach dem heutigen Stand der Entwicklung werden die einzelnen Elemente der Abb. 1 in der Regel wie folgt mit Leben gefüllt.

4.3.1 Strategiephase - Entwicklung und Planung der Bildungsstrategie

Um ein entsprechend der Zielsetzung und Rahmenbedingungen des Projektes passendes Einführungskonzept zu entwickeln, wird ein eintägiger Strategieworkshop durchgeführt.

Der beispielhafte Inhalt eines Strategie-Workshops ist in Abb. 2 aufgezeigt.

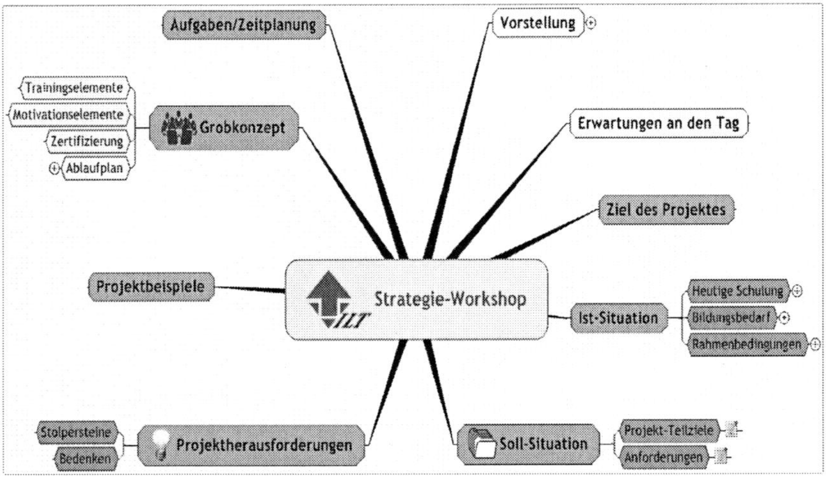

Abb. 2: Bestandteile eines Strategieworkshops

Ziel des Workshops ist es, ein Konzept entsprechend der Anforderungsanalyse mit Projektablauf zur Durchführung einer erfolgreichen Trainingsmaßnahme zu erstellen. Hierzu bedarf es neben einer Zielgruppen- und Organisationsanalyse der Festlegung der einzusetzenden Trainingselemente und Einführungsstrategien. Wirtschaftlichkeitsbetrachtung und Bildungscontrolling sowie die Argumentation für das Projekt werden aufgebaut.

4.3.2 Produktionsphase - Bereitstellung/Produktion von Blended-Learning-Elementen

Gemäß dem Trainingskonzept werden alle Lern- und Lehrmedien ausgewählt bzw. produziert, die im Rahmen des Blended-Learning-Konzeptes zum Einsatz kommen. Für eine erfolgreiche Realisierung kommen folgende Elemente in Betracht:

- Lern- und Informationssystem als CBT oder WBT
- Trainingsunterlagen
- Lehrbriefe
- Informations-E-Mails
- Quick Reference Guide
- Hilfesysteme

- Trainerleitfäden

Zu diesem Zeitpunkt werden auch die Trainer und Multiplikatoren auf das Bildungskonzept mit neuen Lerntechnologien ausgebildet und für die Live-Seminare sowie Tutoring trainiert

4.3.3 Akzeptanzphase - Akzeptanzschaffung durch Marketingmaßnahmen

Das Marketing sorgt für eine Akzeptanz sowie Spannung und Interesse für die neuen Trainingsziele und zugehörigen Trainingsmaßnahmen im gesamten Unternehmen und bei den Zielgruppen. Hierzu gehören z.B.:

- Marketing CD
- Road-Show
- Business–TV
- Hausinterne Zeitung
- Infostand
- Broschüre (Print oder E-Mail)
- Kickoffworkshop für Management
- Wettbewerb

4.3.4 Einführungsphase - Teilnehmeraktivierung durch professionelles Einführungsmanagement

Für das bevorstehende Projekt werden im Rahmen des Einführungsmanagements der Lerner Aktionen ausgewählt, die positiv auf die Lernphasen vorbereiten und die Teilschritte übersichtlich darstellen. Hierzu gehören:

- Email-Aktionen
- Kickoffworkshop für Lerner, live oder virtueller Klassenraum
- Telefoneinweisungen

4.3.5 Durchführungsphase - Durchführung der Trainingsmaßnahme

In der Durchführungsphase erfolgt die Wissensvermittlung unter Berücksichtigung der verschiedenen Lerneingangskanäle und Lerntypen, die je nach Bedarf, Zielgruppe und Rolle im Unternehmen individuell angeboten werden kann.

Die Blended-Learning-Elemente werden gemäß dem didaktischen Konzept eingesetzt.

Selbstlernphasen werden zur Grundlagenvermittlung eingesetzt. Kooperative Lernmedien und Hilfestellungen unterstützen den Lerner und motivieren ihn. Die Umsetzung des interaktiv Gelernten in Aktivitäten wird durch Workshops gefördert.

4.3.6 Zertifizierungsphase

Bildungscontrolling für Anwender und Unternehmen

Das Bildungscontrolling im Blended-Learning-Konzept hat das Ziel, die Kosten, die Qualität sowie die Lernerfolge der Trainingsmaßnahmen zu steuern und zu dokumentieren.

Das Controlling begleitet alle Teilprozesse des gesamten Konzeptes, von der Bedarfsanalyse und Zielsetzung bis hin zur Transfersicherung.

Es wird im Projekt durch ein Zertifizierungskonzept mit Einsatz von

1. Übungen im Programm
2. Online Testcenter
3. Offizielles Zertifikat
4. Fragebogen
5. Zertifikatscenter

realisiert. Dadurch erhalten Sie für Ihre weitere Bildungsarbeit ein erforderliches Bild des Wissensstandes der Mitarbeiter.

4.3.7 Evaluationsphase

Die Evaluationsphase wertet Ergebnisse und Daten aus, damit das Konzept für zukünftige Trainings weiter optimiert werden kann. Wirtschaftlichkeitsbetrachtungen und die Beurteilung der Zielerreichung werden durchgeführt.

4.3.8 Supportphase

Hier wird die Sicherstellung des Betriebes und Erzielung der Nachhaltigkeit betrieben. Mit einer Umsetzung der Lerninhalte in übersichtliche Nachschlagewerkzeuge wird der Betrieb und die Spezialisierung unterstützt.

Die Phase „Marketing“ (= Akzeptanz- und Einführungsphase) mit der Schaffung von Akzeptanz und Transparenz, welche bereits in der Strategiephase mit der Einbeziehung aller kritischen Meinungsbildner im Unternehmen erfolgt, ist für den späteren Erfolg wesentlich. Diese wird aber mit steigendem Erfolg und steigender Medienkompetenz im Unternehmen in der Intensität heruntergefahren, da jeder die Vorteile und Einsatzformen aus den ersten Projekten kennt.

Großunternehmen haben den Sprung zum medienkompetenten Unternehmen geschafft, wenn mit jeder Trainingsanforderung zunächst folgende Fragen beantwortet werden: „Mit welchen Medien kann die Durchführung flexibilisiert und unterstützt werden?“ und „Wie kann sich der Teilnehmer auf die Präsenzphasen vorbereiten?“.

Abb. 3 Erfolgsfaktoren

4.4 Erfolgsfaktoren

Der Erfolg von Blended-Learning-Maßnahmen hängt häufig von den Faktoren gem. Abb. 3 ab. Was bedeutet der Umbruch in den Trainings aber nun für die Personalbereiche und die Trainer der Großunternehmen? Werden diese überflüssig? Ist deren Wissen noch gefragt?

In den Großunternehmen mit Erfahrungen im Blended Learning wird diese Frage eindeutig beantwortet: „Die Einführung von Blended-Learning-Konzepten führte dazu, dass die bestehenden Ressourcen in der Regel nicht mehr ausreichten und ein Teil der Dienstleistung an externe Unternehmen "outgesourced" wurde.“

Die Aufgaben der Personalabteilung und der Trainer sind folglich gewachsen und haben die früheren Ängste dieser Gruppen absolut nicht bestätigt.

4.4.1 Wo liegt der Vorteil von Blended Learning?

Hierzu ist eindeutig zu sagen, dass Blended Learning nicht entwickelt wurde, um in den Abteilungen der Personalentwicklung und den Trainerstäben Rationalisierungspotentiale zu wecken. Blended Learning stellt den Lernenden ein zielgerichtetes, individuelles und flexibles Angebot für die erfolgreiche Bewältigung bevorstehender Wissensaufgaben zur Verfügung.

Im Mittelpunkt steht nach wie vor die Erreichung des Trainingszieles. Mit dem alleinigen Einsatz traditioneller Lehr-Lern-Methoden sind die Trainingsziele nicht mehr zeit- und zielgerichtet zu erreichen. Mit Blick auf die zunehmend fließenden Grenzen von Beruf, Heimarbeit, Lernen und Freizeit werden neue Formen der Wissensaneignung erforderlich. Zudem reicht heutzutage das einmalig erworbene Wissen nicht mehr aus, um den ständig wachsenden Anforderungen an die berufliche Qualifikation in der Arbeitswelt gerecht zu werden. Blended Learning ist die passende Antwort auf die Frage nach der idealen Form eines lerner- und arbeitsweltgerechten Wissensaufbaues.

In diesem Zusammenhang kann beispielhaft die Situation in der Automobilindustrie betrachtet werden. Die Modellvielfalt hat sich erhöht und der Anteil an komplizierter Technik hat sich um ein vielfaches potenziert. In der Vergangenheit bedeutete dies, dass ein Mechaniker in einer Vertragswerkstatt mit ca. 3,5 Wochen Seminartraining pro Jahr sein Wissen an den aktuellen Stand der Entwicklung anpassen konnte. Aufgrund der heutigen rasanten Entwicklungszyklen im Technik-Bereich werden bei der Anwendung von traditionellen Trainingskonzepten automatisch 20 Wochen oder mehr mit einem großen Anteil an Reise- und Arbeitsausfallzeiten und -kosten erforderlich. Dies ist nicht tragbar, da der Mitarbeiter mit einem solch hohen Trainingsaufkommen für das Unternehmen unwirtschaftlich wird. Blended-Learning-Konzepte haben es hier geschafft, dass für den einzelnen Mitarbeiter in der Werkstatt die Wissensvermittlung zielgerichteter, seinem Lerntempo angepasster, reproduzierbar und vor allem zum großen Teil vor Ort erfolgen kann. Die Seminare beim Hersteller dienen jetzt speziell dazu, dem zuvor interaktiv Gelernten den richtigen Feinschliff zu verleihen - durch praktische

Übungen am realen Objekt. Durch diese ganzheitlichen Blended-Learning-Konzepte wird einer großen Zielgruppe an Lernern geholfen. Dies bedeutet aber nicht, dass die Koordinatoren und Wissensträger weniger Arbeit haben.

Der Einsatz der vielen verschiedenen Tools mit der individuellen Betreuung des Lerners führt auf jeden Fall zu einem wesentlich höheren Aufwand bei der Durchführung und Organisation. Die Einsparungen liegen im Bereich der Verkürzung von Arbeitsausfallzeiten und Trainingszeitenverkürzung sowie einem zielgerichteten Lernen bei den Lernern. Bei der Zielgruppe wird die Produktivität erhöht - und dies ist im Vergleich zum erhöhten organisatorischen Aufwand wesentlich effektiver.

4.4.2 Wie stehen in den Großunternehmen die Betriebsräte zu den neuen Lernmedien?

In den Anfangsphasen von E-Learning und Blended Learning war die Situation mit den Betriebsräten in nahezu allen Großunternehmen verkrampft. Viele Ängste wurden geboren und der Verdacht von Rationalisierung, Mitarbeiter-Überprüfung sowie Verlagerung von Tätigkeiten in die Freizeit war groß. Dies führte dazu, dass plötzlich Lernstudios versiegelt und verschlossen wurden, da bspw. der Lernstand im Lernprogramm des Kommunikationstrainings für die Fremdsprache Englisch auf Diskette aufgezeichnet wurde. Erst nach der Erkenntnis, dass der Lernstand nur im Zugriff des Lerners war und schließlich der positiven Steuerung seines Lernprozesses diente, durften die Teilnehmer endlich wieder Ihre Fremdsprachenkompetenz mit tollen Produkten wie „English Express“ verbessern.

An diesem kleinen Beispiel sieht man, dass beim Betriebsrat und im gesamten Unternehmen die Transparenz für das neue Trainingskonzept fehlte, sodass zunächst in Form von Ablehnung reagiert wurde. Heute werden in den erfolgreichen Beratungskonzepten, wie sie Beratungshäuser wie die ILT GmbH in großer Anzahl präsentieren können, die Betriebsräte bereits in der Strategiephase eingebunden und erfahren sofort die Gründe, die Vernetzung und die positiven Aspekte der einzelnen Trainingsbausteine. Jeder erkennt dann, dass die gesamte Konzeption nur dem Ziel des schnellen Wissensaufbau der Teilnehmer dient. Fragen zur Arbeits- und Lernzeit sowie Lernort und der Verwendung der Lerndaten werden frühzeitig diskutiert und in der Regel einfach gelöst, so dass es zu keinen Verzögerungen im Projekt kommen muss. Mit der Steigerung der Transparenz und Medienkompetenz der Betriebsräte haben sich diese vom Hemmschuh zum vorteilhaften Projektteilnehmer gewandelt, der wiederum die Akzeptanz im Unternehmen mitfördern kann.

4.4.3 Wie steht die IT-Abteilung von Großunternehmen zum Einsatz der neuen Medien?

Den IT-Abteilungen geht es ähnlich wie den Betriebsräten. Diese wurden in der Vergangenheit zu spät und schlecht informiert. Dadurch hat eine Anforderung an das Training der Mitarbeiter einen wesentlich niedrigeren Stellenwert als andere Produktionsfaktoren. Dies bedeutet bspw., dass für den Produktionsfaktor „SAP Organisationssoftware" ganze IT-Landschaften umgestellt und Prozesse angepasst werden. Für den Produktionsfaktor „Wissensaufbau bei den Mitarbeitern" sollen die entsprechenden Lern-CD-ROMs am besten auf den Fingernägeln der Mitarbeiter ablaufen.

Erst mit frühzeitiger Information an und Unterstützung durch das Management des Unternehmens wird das Training anforderungsgerecht und mit der entsprechenden Wichtigkeit berücksichtigt. Dies bedeutet auch, dass sich die Lerntechnologie den anderen IT-Sicherheitsrichtlinien nicht nur unterordnen muss, sondern auch hier für das Thema geeignete Schutzmaßnahmen aufgebaut werden müssen.

Mit dieser neuen Denkweise und den Standardisierungen in den Lernsystemen stellt die IT-Abteilung bei frühzeitiger Einbindung in den Aufbauprozess des Blended-Learning-Konzeptes einen wichtigen Partner und keine technische Hürde dar.

Abschließend ist festzustellen, dass die Erfahrungen mit Blended Learning in den Großunternehmen inzwischen sehr gut sind. Man muss aber deutlich machen, dass ein negatives Beispiel, d.h. ein schlecht durchgeführtes Blended Learning, das entsprechende Unternehmen um Jahre zurückwirft, bevor ein neuer Versuch mit modernen Trainingsstrategien möglich wird.

Großunternehmen hatten die Vorreiterrolle im Blended Learning, werden aber in kurzer Zeit von den mittelständischen Unternehmen, die eine höhere Konsequenz in Entscheidung und Durchführung an den Tag legen können, überholt werden.

Den Erfolg und die Zeitersparnis bei der Einführung kann man heute mit einer guten Beratung durch Firmen wie die ILT GmbH in Köln sicherstellen. Diese Investition wird mit dem Projekterfolg, einer zielgerichteten Durchführung sowie der Organisationserleichterung um ein Vielfaches amortisiert.

5 Projektbeispiel: Money Talk – Fit in Kostenrechnung

Ausgezeichnet mit dem European E-Learning Award 2004

Matthias Rupp, Charlotte Sandquist
Ernst Klett Verlag, Freudenberg Bausysteme KG

5.1 Projektbeginn

Die Motivation zur Gründung der FBS Akademie und zum Start mit MON€Y TALK – Fit in Kostenrechnung war laut Geschäftsleiter Jochen Schlitt, dass „Führungskräfte und Mitarbeiter in Marketing und Vertrieb Einflussfaktoren und Stellschrauben kennen, um durch bewusste Steuerung des Einsatzes von Ressourcen die Marktführerschaft zu sichern."

- Der Vertrieb ist direkter Ansprechpartner unserer Kunden und muss optimal ausgebildet sein.
- Wissensvermittlung musste zum messbaren Wandel der Denk- und Handlungsweisen der Mitarbeiter führen.
- Strategische Unternehmensziele müssen sich in Lernzielen widerspiegeln

Für die Mitglieder des Projektteams der Freudenberg Bausysteme KG (FBS) war von Anfang an klar, dass sie ihre Vertriebsmitarbeiter nicht mehrere Tage durch Seminare aus der Arbeit reißen wollten.

Die Entscheidung fiel deshalb auf e-Learning innerhalb eines Blended-Learning-Konzepts, um teure Präsenzzeit zu sparen und dabei den Lern- und Arbeitserfolg zu steigern

5.1.1 Zu Beginn: fundierte Beratung

Verkäufer aus reinen E-Learning-Schmieden empfahlen Standardprodukte, Plattformen oder Autorenwerkzeuge. Diese vermeintlich schnellen Lösungen trafen aber nicht den eigentlichen Bedarf: eine maßgeschneiderte Lösung, die optimal auf die individuellen Wünsche zugeschnitten sind.

Deshalb entschied sich das Projektteam in einem ersten Schritt für eine interne Freudenberg-Beratung, die den unabhängigen Weiterbildungsspezialisten ATHEMIA verpflichtete, da strategische Ziele nur durch Berater erreicht werden, die strategische Unternehmensziele verstehen, zuhören, analysieren und nach methodisch-didaktischen Gesichtspunkten maßgeschneiderte Lösungen entwickeln können. Gemeinsam mit den Beratern wurde ein Strategie-Workshop durchgeführt, in dem sowohl innovative Lernkonzepte und Best-Practices vorgestellt als auch Ziele und Rahmenbedingungen wie Zielgruppen, mögliche Themenstellungen, Grob-Lernziele, Infrastruktur und Lernkultur analysiert wurden. Aufbauend auf diesen Erkenntnissen entwickelten die Berater ein Strategiepapier mit möglichen Handlungsszenarien. Anstatt punktueller Maßnahmen fiel die Entscheidung auf einen Qualifizierungsprozess, der die größtmögliche Freiheit des Einzelnen garantiert, gleichzeitig aber auch den Lernerfolg und das Erreichen der Unternehmensziele sichert.

Die Entscheidung fiel auf ein Konzept, mit mehreren Lernphasen: Selbststudien, Transfer- und Präsenzphasen wechseln sich ab, eine kontinuierliche Betreuung wird sicher gestellt.

Abb. 1: Phasenkonzept mit Selbstlernphasen (grau), Präsenzphasen (dunkelgrau) und Transferphasen (hellgrau)

5.2 Verlauf des Lernprozesses MON€Y TALK

Phase 1: Kick off/ Information:

Kurzes Treffen über Ziele der Fortbildung, das Curriculum, das Selbststudium, den obligatorisch zu leistenden Transfer und die Ansprechpartner - Übergabe und Demonstration der Selbststudienmaterialien

Phase 2: Selbststudium: Selbststudium der Kostenrechnungstheorie und der spezifischen Umsetzung mit E-Learning - Nach erfolgreichem Durcharbeiten des Lernprogramms Benachrichtigung des Tutors, damit die Transferaufgaben begonnen werden dürfen.

Phase 3: Umsetzung (= Transfer) in die Berufspraxis:

Untersuchung eines individuellen Falls – ständige Ansprechpartner per Telefon und E-Mail - Studienheft in Form eines ausführlichen, gedruckten Off(!)line-Leitfadens – ausführliches Feedback

Phase 4: Festigung, Lerntransferüberprüfung:

Lösung der Fallstudie im Live-Training – Lernen im Kollegenkreis und Klärung letzter Verständnisfragen mit dem Trainer

Phase 5: Transfer in die Berufspraxis II:

Zielvereinbarungsaufgabe - ausführliches Feedback

5.3 Ergebnissicherung

Kontinuierliches Einfordern von Ergebnissen ist ein Erfolgsfaktor des Blended-Learning-Szenarios. ATHEMIA hat hierzu ein Zwei-Komponenten-Prinzip entwickelt, das den Lerntransfer sicher stellt: Zum einen ist es die Motivation des Lerners, die durch bestimmte Konzepte und Methoden maßgeblich gefördert wird. Die Teilnehmer lernen nur gerne, wenn sie von Anfang an ihren persönlichen Vorteil erkennen. Zum anderen muss ständig durch fest vereinbarte Ergebnissicherungen (z.B. Lernerfolgskontrollen im Lernprogramm, Einzel- oder Gruppenarbeitsergebnisse im Transfer) überprüft werden, dass die Teilnehmer auch die gesteckten Lernziele erfolgreich erreicht haben. Ansonsten funktioniert der nächste Schritt nicht einwandfrei. Wenn beispielsweise die Teilnehmer vor der teuren Live-Trainingszeit nicht auf einem Wissenstand sind, schaffen es die Trainer zeitlich kaum, die Lösungen ausführlich zu besprechen.

5.4 Technologie

Ein typischer Fehler bei der Einführung von E-Learning sollter vermieden werden: Technologische Fragen wurden den didaktisch-methodischen untergeordnet. Der Einsatz einer Lernplattform oder eines Autorensystems wurde hinten angestellt, denn wichtig war vorrangig, dass die Außendienstmitarbeiter ein CBT (Lernprogramm auf CD-ROM) mit auf Reisen nehmen können und alle anderen auch Zugriff auf das WBT (Lernprogramm via Intranet/Internet) haben. Das Lernstandsmanagement-System der ATHEMIA ermöglicht, dass der Lerner ständig seine Ergebnisse beobachten kann und seinen Bearbeitungsstand kennt – auch ohne eine teure Lernplattform. Er muss das Programm mit Erfolg abschließen. Danach erhält die Seminarleitung eine Benachrichtigung, und die Transferphase kann beginnen. Das Lernprogramm ist so programmiert, dass es allen gängigen Standards (AICC, SCORM) entspricht. Somit kann später – falls notwendig – das Programm einfach in eine Plattformumgebung integriert werden.

5.5 Inhalteerstellung

Ausgangsmaterial waren ein ausführliches Skript und Präsentationsunterlagen. Diese Inhalte mussten in einer Feinkonzeptphase erst strukturiert und modularisiert werden. Erst jetzt war abzusehen, welche Inhalte in die jeweiligen Medien fließen, um dann die Zeitpunkte der Vermittlung festzulegen. Die Inhalte konzeptionell, inhaltlich und optisch gut und ansprechend zu entwickeln, wurde komplett durch ATHEMIA realisiert, in enger Abstimmung und aktiver Zusammenarbeit mit FBS.

5.5.1 Konsequente Einbeziehung der Zielgruppe(n)

Um die notwendige Motivation und Akzeptanz im Unternehmen zu erreichen, waren Vertreter der Zielgruppen schon zu Beginn in die Feinkonzeptions- und Drehbuchphasen eingebunden. Somit konnte ideal auf vorhandene Vorkenntnisse aufgebaut werden. Alle Materialien und Transferziele wurden am täglichen Arbeitsprozess ausgerichtet, sodass diese konstant praxisorientiert und umsetzbar sind. Beteiligte Gruppen waren:

- Die Vertriebsleitung,
- Marktsegment & Key Account Manager,
- das Controlling sowie
- der Betriebsrat.

5.5.2 Fokus Problemlösung statt Pauken von Wissen

Die schlichte Vermittlung von Faktenwissen gibt den Mitarbeitern zwar eine solide Basis, wird sie aber i.d.R. nicht befähigen, die Verkaufszahlen und Margen zu steigern, was erklärte Ziele der Maßnahme sind. Um dies zu erreichen ordnete man die Faktenvermittlung dem Prinzip der Problemlösung unter. In den Vordergrund traten somit immer Herausforderungen und Fragen der täglichen Berufspraxis, die dann modellhaft gelöst wurden. Stets müssen die Teilnehmer darauf den Praxistransfer erbringen, damit sie sich identifizieren und ihre persönlichen Probleme gelöst werden. Erst dann fällt der berühmte Groschen, und explizites Wissen wandelt sich zu individueller Handlungskompetenz. Selbst das Live-Training ist so ausgerichtet, dass Vortragsteile minimal sind, dafür Fälle in Gruppenarbeit gelöst werden. Gerade auch in der Kundenbetreuung ist es uns ein Anliegen, dass die Teilnehmer auch voneinander und von ihren unterschiedlichen Erfahrungen lernen.

5.6 Change Management

Mit Abteilungsleitern und Führungskräften wurden Veränderungsprozesse bzgl. der Lern- und Arbeitskultur geplant und strukturiert. Verantwortliche wurden benannt, die die Lernphasen leiten und begleiten. Beispielsweise wurden in der Studienanleitung ausführliche Checklisten integriert, die die Teilnehmer auf das E-Lernen und ihre Transferaufgaben vorbereiten und ihnen Tipps geben. Dadurch wird ihnen schon im Voraus bewusst gemacht, dass zukünftiges Lernen mehr Eigenverantwortung und Disziplin fordert, aber auch einen wesentlich größeren, persönlichen Spielraum bietet.

Die Komponenten des Change-Prozesses:

- Gegenstand und Ziele der Veränderung: Wo soll die Qualifizierung hinführen?
- Identifikation der Interessen für und Widerstände gegen die Veränderung
- Planung der Veränderungsphasen
- Bewusstmachung der Erfolgsfaktoren und Gefahren des Prozesses
- Etablierung einer Prozesssteuerung mit Veränderungsfahrplan
- Anwendung von Change-Management-Unterstützungsmethoden
- Sicherstellung der Teambildung und Wahrnehmung der Rolle als Führungskraft im Veränderungsprozess
- internes Marketing und Information aller Beteiligten

5.7 Schlüsselfaktor Betreuung

Die Lern- und Transferphasen der Lerner werden von zwei Seiten betreut: Zum einen ist es die in die Pflicht genommene Führungskraft als direkter Vorgesetzter, der auf schnelle Fragen direkt antworten kann. Auf der anderen Seite steht ständig die Seminarleitung als Coach zur Verfügung, um Zusatzinformationen und Hilfestellungen zu geben. Dieser Lernkorridor ermöglicht es, dass der Lerner problemlösungsorientiert seinen persönlichen Lern-Raum maximal nutzt, aber nie allein gelassen wird und immer dem notwendigen Pfad folgt.

5.8 ROI durch Evaluation und Reporting

Schon im Curriculum Design wurde auch das Reporting und die Evaluation in der Abschlussphase durch quantifizierte Zielsetzungen vorbereitet. Im Zuge eines einsetzenden Bildungscontrollings sind die quantitativen Kennzahlen bekannt, welche sich nach Durchführung verbessern müssen. Neben diesen Messgrößen werden aber auch wichtige qualitative Evaluationsziele verfolgt wie Zufriedenheit der Mitarbeiter, die diese Fortbildung von sich aus seit langem gefordert hatten, oder Steigerung der Motivation. Die Reaktionen nach dem durchgeführten Piloten waren durchweg positiv, wenngleich der Selbststudienanteil und die zu leistende Transferarbeit nicht zu unterschätzen ist und ihre Zeit kostet. Der Lernerfolg ist aber exorbitant: Die Ergebnisse sind sehr zufriedenstellend.

Alle Evaluationsziele wurden mit dem Betriebsrat abgestimmt, werden anhand von Evaluationsbogen und Auswertungen ermittelt und bieten in den kommenden Jahren die Möglichkeit, den ROI zu berechnen. Einsparungen sind dadurch erreicht worden, dass die Präsenzzeit nicht erhöht werden musste. Insgesamt muss die Investition auf Jahre betrachtet werden und durch die Entwicklung von e-Learning und den anderen Materialien lassen sich die Trainings beliebig oft wiederholen – ohne Zusatzkosten.

6 Projektbeispiel: Training Elektronischer Teile Katalog ETK

Blended Learning für die internationale Mitarbeiterschulung der BMW Group

Finalist für den European E-Learning Award eureleA 2005

Katrin Lehmann
imc information multimedia communication AG

6.1 Ausgangssituation und Umfeld von Training ETK

BMW AG führte im Herbst 2004 weltweit eine neue Version der Anwendung „Elektronischer Teile Katalog (ETK)“ ein. Der ETK wird als zentrales, technisches Informationsmedium im internationalen Teilevertrieb bei BMW AG eingesetzt. Die Anwendung ermöglicht es den Mitarbeitern im Aftersales Parts Business, die richtigen Originalteile zum identifizierten Fahrzeug zu recherchieren, um damit einen reibungslosen Ablauf bei der Bestellung und Verbauung dieser Teile zu gewährleisten.

Im Zuge des Roll-outs der neuen Software sollten weltweit die zuständigen Mitarbeiter der BMW Group Handelsorganisation umfassend geschult werden. Hierfür wurde in einem gemeinsamen Projekt von BMW AG und imc AG eine Blended Learning-Konzeption, bestehend aus einem Schulungs- und Informationsprogramm (SIP) und aus einem Präsenztraining (F2F), erarbeitet und umgesetzt. Zudem wurde die Präsentation des Trainings ETK auf der Train-the-Trainer-Konferenz (TtT) für das Internationale Nicht-technische Training vorbereitet. Neben dem Aspekt der Neueinführung des ETK zielte die Trainingskonzeption darauf ab, die Einarbeitung neuer Mitarbeiter und die fortlaufende Weiterbildung der Mitarbeiter zu unterstützen sowie die Effizienz der Administration und Prozesse zu verbessern.

Die Anforderungen an die Entwicklung der Blended Learning Konzeption zur Unterstützung des reibungslosen Einsatzes des neuen ETK wurden maßgeblich durch die in nachfolgender Abbildung genannten Faktoren, wie z.B. unterschiedliche Märkte und Kulturen beeinflusst.

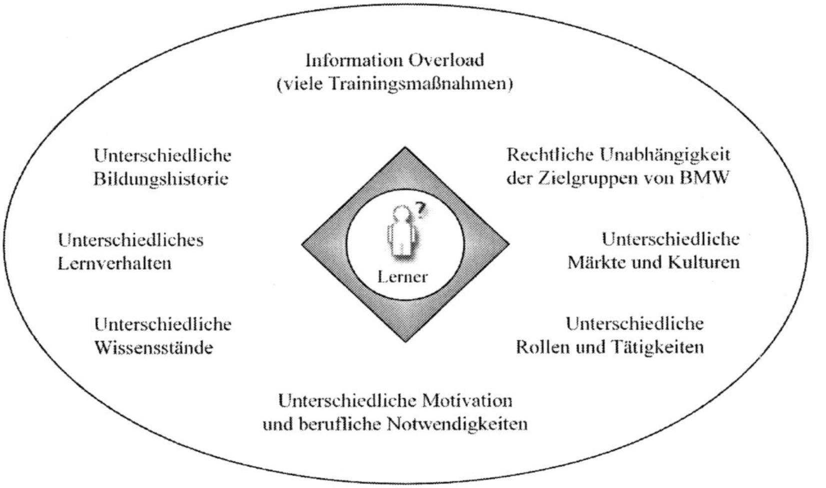

Für die Gestaltung eines Lernarrangements wurden die folgenden **Ziele** definiert.

Technik und Akzeptanz: Unterstützung des weltweiten Roll-out der Anwendung Elektronischer Teile Katalog ETK.

Prozessorientierung: Vermittlung der Funktionsprozesse des ETK in Hinsicht auf die Geschäftsabläufe in der Handelsorganisation der BMW Group weltweit.

Problemorientierung: Befähigung verschiedener Rollen im Aftersales Business, typische Situationen zu erkennen, bestimmte Bestandteile zu einem Ergebnis zusammenzuführen und bestmöglich mit Unterstützung des ETK und dessen Schnittstellen zu bewerkstelligen.

Methoden- und Sozialkompetenz: Unterstützung wichtiger Fähigkeiten, wie das Analysieren von Situationen und die Kommunikation mit Kunden oder Kollegen.

Adaptivität: Berücksichtigung und Einflussnahme auf verschiedene Wissensstände der Lernenden.

State-of-the-art-Solution: Vermittlung der Lerninhalte basierend auf aktuellen lehr- und lernwissenschaftlichen Aspekten sowie die Integration aktueller technologischer Gegebenheiten.

Lernökologie: Beachtung der Integrationsmöglichkeit der Lernmaßnahme in das Lernumfeld der BMW AG.

Wirtschaftlichkeit: Kosten-Nutzen-Betrachtung bei der Ausgestaltung des Lernarrangements.

Die **Hauptzielgruppe** des ETK Trainings sind die Aftersales Mitarbeiter der weltweiten BMW Group Handelsorganisation, insbesondere die Teilevertriebsmitarbeiter. Diese Mitarbeiter haben je nach Bereich und Beschäftigungsdauer unterschiedliche Vorkenntnisse im Umgang mit EDV-Systemen und Web-basierten Anwendungen sowie speziell mit dem Group-ETK.

Der vorherrschende **Lerntyp/ Lernstil** der Hauptzielgruppe ist dem auditiven, visuellen und haptischen Lerntyp zuzuordnen. Die Lernmotivation der Hauptzielgruppe wird vor allem durch die Faszination, die von technischen Themen - insbesondere von der BMW Technik - ausgeht, durch praxisrelevante Fragestellungen, durch die Möglichkeiten der direkten Umsetzung des erworbenen Wissens in der täglichen Arbeit sowie durch Vorteile im beruflichen Umfeld auf Basis des erworbenen Wissensstandes gefördert.

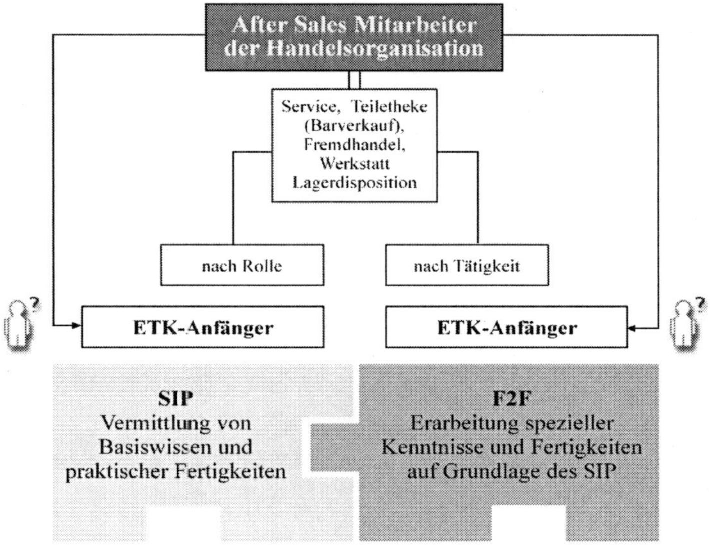

Eine weitere **Differenzierung** der Hauptzielgruppe erfolgte einerseits nach Tätigkeit/ Rolle sowie andererseits nach Vorwissen/ Kenntnisstand. Als zentrale Rollen wurden der Administrator/ Support und der ETK-Anwender unterschieden. Die Gruppe der ETK-Anwender umfasst alle Mitarbeiter, in deren Tätigkeitsfeld die ETK-Applikation integriert ist. Zudem wurden die ETK-Anwender nach ihrem Vorwissen/ Kenntnisstand in ETK-Anfänger und ETK-Fortgeschrittene differenziert.

6.2 Gesamtkonzeption Training ETK

Richtziel der Trainingsmaßnahme ETK ist es, den Anwender im Umgang mit der Anwendung so zu trainieren, dass dieser seine täglichen Abläufe mit dem neuen ETK fortführen und effizienter durchführen kann. Dabei wird auf bestehendes Wissen aufgebaut und/ oder neuen Mitarbeitern die Handhabung von Grund auf erklärt. Insofern wurde im Training der ETK-Applikation das fachliche Wissen über die Geschäftsabläufe und das Handhabungswissen der ETK-Applikation miteinander verbunden. Hierzu wurden die Trainingsinhalte an realistischen Praxisaufgaben und Fallbeispielen ausgerichtet, so dass sie dem Paradigma der Prozessorientierung - **vom Arbeitsprozess zum Tool** - folgen.

Die Gesamttrainingskonzeption basiert auf 2 zentralen Säulen. Die theoretischen Lerninhalte werden überwiegend in Form des Selbstlernprogramms SIP vermittelt, während das Anwendungswissen in Form eines F2F-Trainings geschult wird. Beachtet wurde zudem auch die Möglichkeit, dass sich die ETK Anwender in ihren unterschiedlichen Erfahrungen austauschen können.

Das **SIP** ist für den Einsatz auf einer Lernplattform vorgesehen und basiert damit auf der Internet-Technologie. Die Bearbeitungsdauer des Lernprogramms inkl. der Systemübungen in der ETK-Applikation beträgt ca. 150 Minuten.

Das Trainingskonzept **F2F** für eine eintägige Schulung umfasst die Unterlagen: Trainerleitfaden (TLF), Trainerhintergrundmaterial (THG), Teilnehmerunterlagen (TNU) und Systemdokumentation (SDK).

Weiterhin wurden die Trainingsunterlagen und das Präsentationsmaterial für eine dreistündige Train-the-Trainer Maßnahme **TtT** konzipiert.

Partner für die Realisierung des Trainings „Elektronischer Teile Katalog“ waren innerhalb der BMW Group die Fachabteilungen für Produktentstehungsprozesse, für das Produktmanagement „Teile“, für den Betrieb und Support „Werkstattsysteme“ und für das Aftersales Training.

Externer Partner für die Realisierung des Trainings Elektronischer Teile Katalog war die imc AG, die mit der Konzeption und

Realisierung des Schulungs- und Informationsprogramms (SIP) sowie mit der Erstellung der Trainingskonzeption und -unterlagen für das Präsenztraining (F2F) und die Train-the-Trainer-Session (TtT) beauftragt war.

6.2.1 Ansatz Blended Learning für das Training ETK

Das Trainingskonzept für das Training ETK basiert auf einem Blended Learning Szenario. Die Vermittlung der ETK-Grundlagen findet im Rahmen eines Selbstlernprogramms (SIP/ Schulungs- und Informationsprogramm) statt, welches die zu schulenden Mitarbeiter selbständig durcharbeiten. Aufbauend auf dem SIP kann ein F2F-Training besucht werden, welches das praktische Einüben und die Vermittlung von Anwendungs- und Transferwissen als Zielsetzung hat. Die Kombination dieser beiden Trainingsformen verbindet effizient die Vorteile von Online- und Präsenzlernen. Ergänzend wurde zudem der Aspekt des Wissenstransfers durch die Nutzung betriebsinterner Informationsquellen in die Gesamtkonzeption integriert.

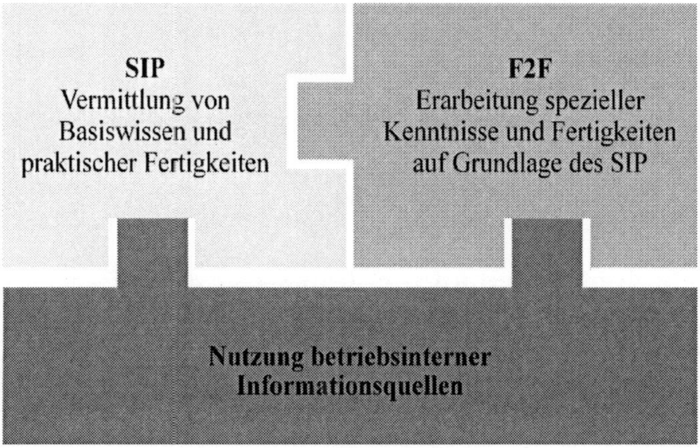

6.2.2 Ansatz Modularisierung für das Training ETK

Neben dem Ansatz des Blended Learning war der Ansatz der Modularisierung bestimmend für die Gestaltung des Trainings ETK. Dieser Ansatz der **Modularisierung** wurde mehrstufig verfolgt: Auf der Ebene der Gesamttrainingskonzeption besteht das übergreifende Trainingskonzept aus den zentralen Säulen SIP und F2F. Das SIP umfasst zwei Assignable Units (AUs) sowie einen integrierten Test. Das F2F-Training besteht aus sechs flexiblen, inhaltlichen Bausteinen und einem Testbaustein sowie den zugehörigen modularen Trainingsunterlagen.

Auf der dritten Ebene, der Ebene der **Lerninhalte und Trainingsmethodik** wurde das Konzept der Modularisierung fortgesetzt. Die Inhalte wurden methodisch so ausgerichtet, dass der Lehr-Lern-Prozess individuell bedarfs- und problemorientiert gestaltet werden kann, und dies sowohl durch den Lernenden selbst wie auch durch den Trainer im F2F-Training.

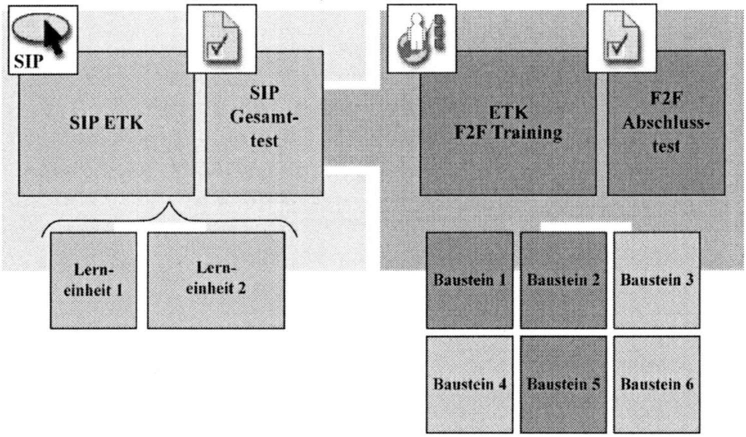

6.3 Schulungs- und Informationsprogramm ETK

Das SIP wurde als **interaktives Lernprogramm**, markenübergreifend für MINI sowie BMW PKW und Motorrad für eine weltweit verteilte Zielgruppe in 19 Sprachvarianten entwickelt. Die Realisierung erfolgte auf Basis der technischen Frameworks der BMW Group für Schulungs- und Informationsprogramme SIP sowie des AICC-Standards. Das SIP wurde als offline-Version (CD-ROM) und online-Version über die Lernplattform der BMW Group für die ETK-Anwender bereitgestellt.

Das SIP vermittelt das **Grundwissen** über den Elektronischen Teile Katalog ETK der BMW Group. Der Lerner soll nach der Bearbeitung des SIP den Nutzen und den Funktionsumfang des ETK erkennen können, den ETK als hilfreiches Werkzeug zur Suche von Teilen ansehen, auf die Richtigkeit der im ETK hinterlegten Informationen vertrauen und die Hauptfunktionen des ETK in verschiedenen Ausgangssituationen erfolgreich und zuverlässig nutzen können.

Die beiden Lerneinheiten wurden ausgerichtet an den Rollen, in denen ein Anwender in der ETK-Applikation agieren kann und werden ergänzt um den Gesamttest. Das SIP wurde in überschaubare **Module** resp. Kapitel strukturiert.

Das SIP umfasst für die

- Rolle Administrator/ Support: AU 1: ETK - Installation / Administration,
- Rolle ETK Anwender: AU 2: ETK - Anwendung.

Das **SIP** unterstützt:

- die Vermittlung des Wissens und das Training praktischer Fertigkeiten durch die Erläuterung fachlicher Grundlagen,
- die Darstellung von Bedienung, Prozessen & Arbeitsabläufen,
- die Vermittlung funktionaler Neuerungen,
- das Üben typischer Anwendungsfälle,
- ein Live-Training an der ETK-Trainings-Applikation,
- und es ermöglicht selbstgesteuertes Lernen ausgerichtet an den Bedürfnissen von Anfängern und Geübten.

Das **didaktische Konzept** des SIP orientiert sich an den Eigenschaften der Zielgruppe. Dies bedeutet im Einzelnen: Das SIP vermittelt Informationen in erster Linie über grafische Darstellungen (visueller Lerntyp) und gesprochenen Text (auditiver Lerntyp). Damit kommt es der bevorzugten Methode des Wissenserwerbs der Lerner am nächsten.

Die grafischen Darstellungen wurden über statische Grafiken, Grafiken in mehreren Phasenbildern und Animationen realisiert. Geschriebener Text wurde nur sparsam eingesetzt, in erster Linie als Liste von wichtigen Stichpunkten, Merksätzen, Handlungsanweisungen, Zusammenfassungen usw.

Um die Übersetzung in die 18 Fremdsprachen auf Basis der deutschen Sprachversion zu gewährleisten, wurde beachtet, dass ein Textumfang von 160% des deutschen Textes auf dem Bildschirm darstellbar sein muss. Wählt der Lerner eine Vertiefung des Stoffs durch Aufruf einer Information im Infopool, wird er die überwiegend textliche Darstellung unter dem Gesichtspunkt akzeptieren, dass er diese auch ausdrucken und aufbewahren kann.

Der **ETK** wurde in Form einer **Trainingsvariante** der ETK-Applikation in den Lernprozess integriert. Die Praxisaufgaben werden direkt im ETK durchgeführt. Ergebnisse werden dann im SIP zurückgemeldet und ausgewertet. Die Integration des ETK wurde als durchgängiges Prinzip realisiert. Auf Simulationen der Anwendung ETK wird vollständig verzichtet.

Im SIP wurden keine global unterschiedlichen Lernwege hinterlegt. Die Differenzierung wird über eine **Binnendifferenzierung** in den einzelnen Lernsequenzen erreicht. So werden z.B. Informationen für den unerfahrenen Nutzer angeboten, die ein erfahrener Nutzer überspringen kann. Eine weitere Methode der **Differenzierung** liefern die gestaffelten Hilfeinformationen. Diese geben dem Lerner immer nur so viel Hilfestellung, wie er zum Lösen der Praxisaufgaben benötigt.

Grundsätzlich ist eine Lerneinheit, die eine Praxisaufgabe oder ein Fallbeispiel im ETK beinhaltet, wie folgt aufgebaut.

- Einführung der Situation,
- Aufgabenstellung,
- Bearbeiten der Praxisaufgabe oder des Fallbeispiels im ETK,
- gestaffeltes optionales Hilfesystem bestehend aus Bedienhinweisen und Hilfestellungen,
- Ergebnisauswertung und Reflexion,
- Tipps und Tricks.

Das SIP wird zum Selbstlernen vor Ort eingesetzt. Damit wird der Lerner in die Lage versetzt, die erforderliche **Basisqualifikation** für ein Präsenztraining zu erreichen, das Lerndefizite auffängt, konkrete Fragen beantwortet und den Teilnehmer zum „Power User“ weiterqualifiziert. Daneben kann dieses SIP auch zum späteren Nachschlagen benutzt werden und stellt somit auch einen Baustein einer **Wissensbibliothek** am Arbeitsplatz dar.

6.4 F2F-Training ETK

Für das eintägige **F2F-Training** wurden Bausteine entwickelt, welche zu zielgruppenspezifischen Trainingseinheiten kombiniert werden können. Ziel war die Erarbeitung eines flexiblen Trainingkonzepts, welches sowohl den besonderen Anforderungen des Lernens von Erwachsenen wie auch den speziellen Anforderungen des internationalen und vor allem auch nicht-europäischen Trainings gerecht wird.

Basierend auf der **Differenzierung der Anwendergruppen** in ETK-Anfänger und ETK-Fortgeschrittene wurden innerhalb der Bausteine sowohl einfache Standardgeschäftsfälle als auch komplexere Geschäftsfälle und Sonderfälle bereitgestellt, die der Trainer entsprechend dem Wissensstand der Teilnehmer zur Bearbeitung auswählen kann.

Die **Lernmotivation** der Zielgruppe wurde insbesondere gefördert durch die Vernetzung des neuen Lernstoffs mit vorhandenem Wissen, die Integration praxisrelevanter Fragestellungen und Antworten sowie die direkte Umsetzbarkeit des erworbenen Wissens in der täglichen Arbeit und das Aufzeigen erkennbarer Vorteile im beruflichen Umfeld durch den erworbenen Wissensstand.

Die F2F-Trainingskonzeption hat die **Ziele**,

- den Anwender zu befähigen, sicher mit dem ETK umgehen zu können,
- das Auffrischen und Vertiefen von Wissen zu ermöglichen,
- ein flexibles, zielgruppenspezifisches und marktgerechtes Trainingsraster anzubieten,
- ein problemorientiertes, an realen Situationen orientiertes Einüben von Handlungswissen zu ermöglichen,
- den gezielten Erfahrungsaustausch mit Kollegen zu fördern und
- die Multiplikatorfunktion für Teiletechnologie - Terminologien und Logiken - anzutreiben.

Das F2F-Training wurde in Form von **Bausteine**n strukturiert, die in sich abgeschlossen sind und einen einheitlichen Aufbau aufweisen. Die modulare Struktur bzw. Untergliederung eines Moduls in verschiedene Bausteine soll der Tatsache Rechnung tragen, dass regionale und international unterschiedliche Wissensstände und Anforderungen vorliegen. Die einzelnen Bausteine des Trainings wurden nach den Funktionsprozessen des ETK einerseits und den spezifischen Anforderungen der Zielgruppen andererseits differenziert.

Die Tätigkeitsbereiche der Anwender finden jeweils in Form von Fallbeispielen in den einzelnen Geschäftsfällen Anwendung. Dabei wurden die ETK-Prozesse unter Berücksichtigung der täglichen Arbeitsabläufe in der Praxis zu sinnlogischen Einheiten zusammengefasst. Diese wurden aufbauend auf die Informations- und Wissensvermittlung im SIP und unter Beachtung des übergeordneten Trainingsschwerpunkts „Vermittlung von Praktischen Fertigkeiten“ für das F2F-Training aufbereitet.

Dem Trainer wird so ein **flexibles Gerüst** von thematischen Bausteinen mit unterschiedlich komplexen Geschäftsfällen, Aufgabenstellungen und Übungen bereitgestellt, aus welchem er in Abhängigkeit der Zielgruppe und deren Vorwissen im Vorfeld sein Training individuell zusammenstellen und einen Tagesablaufplan selbsttätig konfigurieren kann. Ausgestattet mit den notwendigen Hintergrundinformationen wird der Trainer somit befähigt, auf die individuellen Bedürfnisse und Vorraussetzungen der Teilnehmer sowie der Märkte einzugehen.

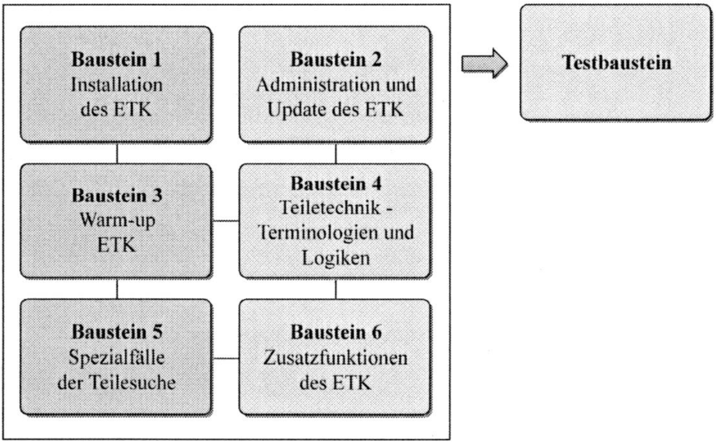

Die didaktische Vielfalt des F2F Training ist gekennzeichnet durch einen **Methodenmix** von Methoden zur Erschließung von Inhalten, zur Ergebnissicherung und -vermittlung sowie zur Entwicklung von Beteiligung und Gruppenzusammenhang. Da die technischen wie auch die organisatorischen Voraussetzungen weltweit zum Teil sehr unterschiedlich sind, wurden **variable didaktische Methoden und Präsentationsmedien** definiert, so dass das Training auch unter restriktiveren Voraussetzungen optimal auf die Bedürfnisse der Teilnehmer ausgerichtet werden kann.

Auf diese Weise wurde ein übergreifendes flexibles Arrangement von Lernsettings definiert, das diesen variablen Trainingsbedingungen Rechnung trägt.

Das **F2F** ist ein aufbauendes, bedarfsorientiertes Ergänzungstraining auf Grundlage des SIP und unterstützt die Erarbeitung spezieller Kenntnisse & Fertigkeiten durch:

- die Behandlung von Spezial- und Sonderfällen unter Berücksichtigung der Teilnehmer-spezifischen Problemstellungen,
- die Vermittlung des Hintergrundwissens zur Teiletechnik - Terminologien und Logiken,
- das praxisorientierte Üben in der ETK Trainings-Applikation,
- vor Ort mit flexibler Gestaltung ausgerichtet an den Bedürfnissen der Teilnehmer und des Marktes.

Das **Trainingskonzept** beinhaltet alle Unterlagen, die der Trainer für einen reibungslosen Schulungsablauf benötigt. Hierzu gehören der Trainerleitfaden, das Trainerhintergrundmaterial, die Teilnehmerunterlagen und die Systemdokumentation.

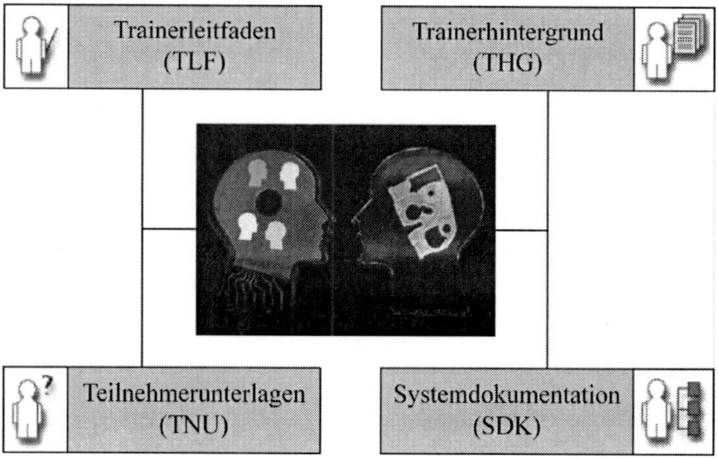

Der **Trainerleitfaden** (TLF) enthält eine Zielgruppen-Baustein-Matrix, Lernziele und maximale Bearbeitungsdauern je Baustein bei einer durchschnittlichen Gruppe. Er beschreibt methodisch und didaktisch die einzelnen Inhalte, Schritte und Übungen und umfasst ausführliche Hinweise sowie Zeitangaben und ausformulierte Ziele zu den Übungen. Weitere Bestandteile sind Aktivierungsfragen und Übergänge sowie Referenzen zu den anderen Trainingsunterlagen TNU, THG und SDK.

Der **Trainerhintergrund** (THG) gibt dem Trainer umfassendes Wissen über das Thema, um auch auf zusätzliche Fragen aus dem Teilnehmerkreis antworten zu können. Er enthält alle Lösungen zu

Übungen und zum Abschlusstest, und er hilft dem Trainer, die ETK-Applikation und die BMW Teiletechnologie zu verstehen.

Die **Teilnehmerunterlagen** (TNU) enthalten Informationsblätter, Checklisten und FAQs sowie Anleitungen zu Gruppen- und Einzelübungen etc. und sie umfassen Notizseiten, auf denen die Teilnehmer Fragen notieren und Notizen machen können. Ein weiterer Bestandteil der TNU ist der Abschlusstest.

Das vierte Element der Trainingsunterlagen, die **Systemdokumentation** (SDK) enthält die einzelnen Anwendungsmöglichkeiten im System, Schritt für Schritt beschrieben. Sie ist ein Nachschlagewerk/ eine Bedienungsanleitung für den Anwender und beinhaltet die Feldbeschreibungen aller in der Applikation sichtbaren Felder.

6.5 Train-the-Trainer Session ETK

Im Rahmen des Projekts Training ETK wurde eine Train-the-Trainer Session ETK für die im August des Jahres 2004 durchgeführte Train-the-Trainer-Konferenz des Nicht-technischen Trainings entwickelt.

Die Session Training ETK im Rahmen der Train-the-Trainer-Konferenz hatte eine Dauer von 3 Stunden und wurde ausgerichtet auf Kleingruppen von 10-15 Teilnehmern, wobei je 2 Teilnehmer mit einem Laptop mit lokal installierter ETK-Trainingsversion und SIP ETK ausgestattet wurden. Zudem wurde dem Aspekt, dass eine viersprachige Simultanübersetzung (des Präsentators und der Teilnehmer) erfolgte, besondere Beachtung geschenkt. Als Unterlagen für die Durchführung der Train-the-Trainer Maßnahmen wurden eine Präsentation, ein Trainerleitfaden, ein Trainerhintergrund wie auch ein Teilnehmerhandout erstellt.

Gegenstand der Train-the-Trainer Session waren zum einen der ETK selbst sowie das Trainingskonzept zum ETK. Informations- und Schulungsschwerpunkt waren daher sowohl die Änderungen der zugrunde liegenden Technologie als auch die Anpassung und Erweiterung von Funktionen und Schnittstellen des ETK zu anderen Systemen. Bzgl. der Trainingskonzeption wurde insbesondere der modulare Ansatz wie auch das Blended Learning-Szenario vorgestellt sowie die Vorteile dieser Basiskonzepte hervorgehoben.

Die Train-the-Trainer Session ETK hatte neben der Marketing-Funktion für das Training ETK die Aufgabe einer ausführlichen Information der Trainingsmanager.

Neben diesen am ETK-Training orientierten primären Zielsetzungen konnte die folgende sekundäre Zielsetzung definiert werden: Vermarktung der ETK-Trainingskonzeption mit dem Ziel, die Teilnehmer für das Thema ETK und das Trainingskonzept ETK-Training zu begeistern. Tertiäre Zielsetzungen waren die Präsentation der Fachabteilung als interner Dienstleister im Bereich Training der BMW Group und die Vorstellung als Team von Fachexperten und Ansprechpartnern für das Thema.

6.6 Nutzen & Best Practices Projekt Training ETK

Mit dem Training ETK konnte die BMW AG über die Unterstützung des weltweiten Roll-outs ihrer Anwendung hinaus die folgenden Ziele erreichen:

- Vermittlung der Funktionsprozesse hinsichtlich der Geschäftsabläufe in der weltweiten Handelsorganisation,
- Vermittlung von problemorientiertem Handlungswissen für den direkten Produktiveinsatz des ETK,
- Umfassende Berücksichtigung der individuellen Bedürfnisse der unterschiedlichen Zielgruppen und Märkte,

- Nachhaltigkeit der Schulungsmaßnahme und darüber hinausgehende Nutzungsmöglichkeit als Referenzkompendium für die Aftersales-Mitarbeiter,
- Förderung der Methoden- und Sozialkompetenz, wie das Analysieren von Situationen oder die Kommunikation mit Kunden und Kollegen.

Zudem haben die Projektpartner BMW AG und imc AG im Rahmen der Durchführung mehrerer gemeinsamer Projekte Erfahrungen gesammelt und in ein **Best Practice Modell** überführt, welches andere Unternehmen, Organisationen und Institutionen bei der Durchführung ähnlicher Projekte unterstützen kann.

Die imc AG hat die Prozesse in den Projekten gemeinsam mit der BMW AG stark standardisiert und optimiert. Damit wurde bei gleichzeitiger Reduktion des Projektrisikos Freiraum geschaffen, um konzeptionelle Weiterentwicklungen voranzutreiben und schrittweise auch neue didaktische Methoden einzusetzen. Im Ergebnis wurde ein **Leitfaden** für die Durchführung von Content-Projekten entwickelt.

In Passung mit der definierten Content-Strategie und auf Basis der definierten Content-Architektur umfasst ein solches Projekt die übergeordneten Phasen Plan, Build und Run und wird auf den Ebenen Business-Aufgaben, Content-Aufgaben und Technologie-Aufgaben operationalisiert.

7 Strategische Überlegungen und Anwenderhinweise für E-Learning in Großunternehmen

Sünne Eichler
Geschäftsleitung WEBACAD

7.1 Warum eigentlich E-Learning?

Die Vor- und Nachteile von E-Learning sind vor allem in den großen Unternehmen ausreichend abgewogen. Der Euphorie vor einigen Jahren ist zunächst Ernüchterung gefolgt – jetzt aber erleben wir einen erfrischenden Realismus. E-Learning wird durchdacht, strukturiert und sinnvoll eingesetzt. Initiativen für den Einsatz von WBT und CBT kommen längst nicht mehr nur aus der Personalabteilung. Vielmehr erleben wir es, das Fachabteilungen wie Controlling, Marketing oder Vertrieb dieses moderne Lernmedium entdeckt haben – zur Schulung der Mitarbeiter, der Kunden und Partner. E-Learning positioniert sich selbstbewusst neben klassischen Lernformen wie Präsenzschulung, Training on the job oder Training off the job.

7.2 Einbindung von E-Learning in Wissensmanagement und andere Initiativen in Unternehmen

Wissensmanagement ist die zielgerichtete Planung, Organisation und Steuerung von Wissen in Unternehmen. Ein strukturiertes Wissensmanagement soll helfen, benötigtes Wissen für heutige und zukünftige Geschäftsentwicklungen bereitzustellen. Dabei ist eine interdisziplinäre Vorgehensweise notwendig, um Wissensmanagement erfolgreich zu betreiben. E-Learning ist ein wichtiger Baustein eines Wissensmanagement-Konzeptes in Unternehmen. Es ermöglicht, in kurzer Zeit <u>viele</u> zu <u>einem</u> Thema und <u>einzelne</u> zu <u>spezifischen</u> Themen weiterzubilden. Dabei kann auf vorhandenes Wissen zurückgegriffen werden oder neues Wissen von außen erworben werden. Wann immer Wissensmanagement-Initiativen in Unternehmen gestartet werden, ist E-Learning ein unverzichtbarer Bestandteil.

Wissensmanagement und E-Learning liegen sehr dicht beieinander. E-Learning-Verantwortliche sollten aber Augen und Ohren offen halten, wann immer im Unternehmen auch andere Initiativen gestartet werden, in die sich E-Learning integrieren lässt, die aber vordergründig keine Verbindung zu E-Learning haben. Sei es die neue

Vertriebsstrategie, die es erfordert, dass viele Mitarbeiter dezentral, aber dennoch aktuell geschult werden müssen. Hier kann E-Learning das optimale Medium zur kundennahen Schulung der Mitarbeiter sein. Oder sei es die Planung der IT-Abteilung, neue Software und neue Rechner zu installieren. Hier können gleich – in Abstimmung mit der IT - auch notwendige technische Voraussetzungen für E-Learning unternehmensweit mitinstalliert werden.

7.3 Strategische Überlegungen bei der Einführung und Umsetzung von E-Learning

Die E-Learning-Strategie eines Unternehmens spiegelt sich in einem konkreten Maßnahmenplan wider. Er beinhaltet zunächst eine Bestandsaufnahme, eine darauf aufbauende Zieldefinition, eine sorgfältige Planung, eine klare Umsetzungsbeschreibung sowie eine abschließende Evaluation der durchgeführten Maßnahme. Dieser Maßnahmenplan lässt sich in sechs konkrete Schritte unterteilen: Bedarfsanalyse, Konzeptentwicklung, Planung, Implementierung, Durchführung und Evaluation. Ein besonderes Augenmerk sollte dabei auf die ersten 3 Schritte gelegt werden. Gerade bei der Bedarfsanalyse und der Konzeptentwicklung wird häufig nicht sorgfältig genug vorbereitet. Ein solides Konzept muss folgende Fragen u.a. beantworten können: was brauchen wir wirklich an Inhalten, wie wichtig ist tutorielle Betreuung, welche Kommunikationsmöglichkeiten (E-Mail, Chat) benötigen wir wirklich, wie stehen Top- und Middle-Management zu E-Learning, welche technischen Voraussetzungen sind gegeben, wie sieht die Lernkultur im Unternehmen aus? Meist wird vor der Bedarfsanalyse und einem soliden Konzept direkt in die Implementierung gesprungen. So wird beispielsweise in umfangreiche Lernplattformen investiert, die fast keine Wünsche offen lassen, aber leider den Bedarf des Unternehmens völlig übererfüllen oder gar an deren Bedarf vorbeigehen. Ein sorgfältig erstelltes Pflichtenheft hätte dort viel Zeit und Geld gespart. Oder es werden große Kontingente an Inhalten gekauft, die aber nur wenig genutzt werden, da die Mitarbeiter überhaupt nicht über deren Existenz ausreichend informiert sind.

Es ist eigentlich wie in jedem Projekt – mehr Aufwand und Sorgfalt in die Konzept- und Planungsphase zu stecken, spart am Ende viel Zeit und Geld.

In dem EU-Projekt SMECTRA.NET wurde unter Mitwirkung der Autorin die folgende Vorgehensweise entwickelt. Sie ist als Empfehlung für kleine und mittelständische Unternehmen erstellt und basiert auf den Erfahrungen in Großunternehmen. Die in SMECTRA.NET empfohlene Vorgehensweise ist daher gleichermaßen für Großunternehmen geeignet.

7.3.1 Bedarfsanalyse

Die Bedarfsanalyse ist der erste Schritt in jedem Weiterbildungsprojekt. Denn Weiterbildung ist nicht Selbstzweck. Welche Weiterbildung für die Mitarbeiter notwendig ist, damit sie in der Lage sind, ihre Arbeit im Sinne der Unternehmensstrategie erfolgreich umzusetzen, muss zu Beginn geklärt werden. Die strategische Vorgehensweise dieser Bedarfsanalyse ist zunächst erst einmal eine Verbindung herzustellen zwischen dem, wie und womit das Unternehmen sein Ergebnis derzeit erwirtschaftet und dem, wo das Unternehmen sich in Zukunft hinentwickeln möchte. Erst dann stellt sich die Frage, welche Qualifikation der Mitarbeiter hat und in welche Richtung er entwickelt werden muss, um die Unternehmensziele zu erreichen. Die positive Entwicklung des Mitarbeiters beeinflusst die positive Entwicklung des Unternehmens.

7.3.2 Konzeption

Für die Konzeptionsphase werden die Ergebnisse aus der Bedarfsanalyse benötigt. In dieser Phase werden Lerninhalte, der didaktische-methodische Weg sowie die benötigten technischen, organisatorischen und personellen Ressourcen für das E-Learning-Projekt definiert. In der Konzeptionsphase wird festgelegt, in welcher Form E-Learning eingesetzt werden soll (reines E-Learning, Blended Learning, Kollaboratives Lernen). Hier wird auch die Entscheidung getroffen, ob E-Learning-Inhalte unternehmensspezifisch produziert werden oder ob man auf Standard-Produkte zurückgreifen kann. Ebenfalls muss in dieser Phase die Lernkultur des Unternehmens berücksichtigt werden. Sind Ihre Mitarbeiter bereit für die E-Learning-Technologie? Wie ist der Entwicklungsstand Ihrer Mitarbeiter? Wie ist ihr Lernverhalten? Welche Form von E-Learning passt am besten zu Ihrem Unternehmen? Wird Weiterbildung vom Management unterstützt oder sogar forciert, oder wird Weiterbildung als schnell zu streichender Posten angesehen?

In die Konzepterstellung sollten der E-Learning-Manager bzw. die Personalentwicklung, die Fachabteilung, Trainer und Tutoren sowie die IT-Abteilung involviert sein. Ergebnis dieser Phase ist eine konkrete Aufstellung des pädagogischen Konzepts, der organisatorischen Rahmenbedingungen, der benötigten personellen Ressourcen und der technischen Voraussetzungen.

7.3.3 Planung

Der Projektplan für das E-Learning-Projekt besteht aus einem Zeitplan, Finanzplan und einer Aufstellung über die sinnvolle Ressourcenallokation. Ebenfalls wird der Aktivitätenplan erstellt. Entscheidend ist in dieser Phase natürlich auch, welche technischen Fragen geklärt werden müssen. Soll eine Lernplattform implementiert werden, wird Content gekauft, selbst oder fremd produziert? Die Planung sollte realistisch erfolgen und mit notwendigen Pufferzeiten versehen sein. So können unerwartete Ereignisse besser aufgefangen werden. Mangelnde Sorgfalt in dieser Phase kann sehr negative Auswirkungen auf alle folgenden Phasen und das gesamte E-Learning-Projekt haben. Wichtig in der Planungsphase ist das Standing des E-Learning-Projekt-Leiters gegenüber den in das Projekt involvierten Abteilungen. Es ist eine gute Zuarbeit und ein klares gemeinsames Ziel nötig, um gemäß der realistischen Planung das Projekt zügig und qualitativ gut umzusetzen. Dabei muss das E-Learning-Projekt nicht gleich „der große Wurf" sein. Es kann durchaus sinnvoll sein, zunächst ein Teilprojekt umzusetzen und pragmatisch etwas „zum Anfassen" zu schaffen. Das kann besonders dann hilfreich sein, wenn das Management ungeduldig oder positiv ausgedrückt „erwartungsfreudig" ist und schnell Ergebnisse haben möchte. In diesem Fall ist es die richtige Vorgehensweise, erst einmal ein Teilprojekt umzusetzen, ohne das große Ganze aus den Augen zu verlieren.

Für die Planung sollte man interne oder auch externe Experten hinzuziehen, die wichtige Impulse geben können und die Arbeitspakete kritisch hinterfragen.

7.3.4 Implementierung

Je sorgfältiger die Planungsphase durchgeführt wurde, desto leichter wird die Implementierung. Ziel dieser Phase ist, dass alle Systeme wie Lernplattform, Content, Kommunikations- und andere Tools einwandfrei laufen und auf Fehler getestet sind. Die Tutoren und Trainer sind ausgewählt, teletutoriell geschult und alle Lernmaterialien sind vorhanden. Die Lerner werden auf die E-Learning-Kurse sowohl inhaltlich als auch technisch vorbereitet, damit der Zugang zum Training problemlos erfolgen kann. In dieser Phase ist es wichtig, auch Marketing- und Motivationsmaßnahmen einzuplanen. Diese Maßnahmen kann man in vier Ebenen einteilen:

1. Einführung: Hier wird E-Learning dem Lerner und dem Management vorgestellt und die Idee hinter diesem Projekt erläutert.

2. Internes Marketing: Mit Aktionen wie Infoterminals, Poster oder Gewinnspielen wird auf das E-Learning-Angebot und seine Vorteile hingewiesen.
3. Begleitendes Marketing: E-Learning wird in alle Prozesse integriert und so ganz selbstverständlicher Teil der Unternehmensprozesse und -aktivitäten
4. Externes Marketing: Kunden und Partner werden darüber informiert, wie modern und innovativ Ihre Mitarbeiter trainiert werden. Ziel ist das Vertrauen in das Unternehmen und die Mitarbeiter zu stärken.

Am Ende dieser Phase steht der Testlauf mit einer Pilotgruppe. Die Erkenntnisse aus diesem Testlauf sollten sorgfältig ausgewertet werden und in die eigentliche Umsetzungsphase integriert werden.

7.3.5 Durchführung

Am Ende dieser Phase haben alle Lerner die Kurse absolviert, die Trainer und das Management wissen, wie sie E-Learning in der Praxis integrieren können und das gesamte Unternehmen ist über diese moderne Weiterbildungsform und das E-Learning-Trainingsangebot informiert. Wichtig ist vor allem, die Lerner in dieser Phase zu begleiten und rechtzeitig einzugreifen, sollte es zu Problemen kommen. Hier ist eine begleitende Evaluation wichtig, um aus den erhobenen Daten bereits während des laufenden Trainings ggf. notwendige Anpassungen vorzunehmen. Natürlich ist hier auch Marketing und Motivation wichtig, denn E-Learning ist nur am Rande ein technisches Projekt. Vielmehr steht hier der Mensch=Lerner im Mittelpunkt, der auch betreut und motiviert werden möchte. Die Trainer sind jetzt besonders gefordert, aber auch das Management und die direkten Vorgesetzten der Lerner. Man hat festgestellt, dass gerade das mittlere Management häufig nicht ernsthaft genug hinter E-Learning steht und so den E-Learnern nicht die notwendigen Freiräume dafür einräumt. Es ist zu diesem Zeitpunkt besonders wichtig, dass zum einen das Top-Management gegenüber dem mittleren Management bzw. dem direkten Vorgesetzten des Lerners klar kommuniziert, dass E-Learning ein wichtiger und vom Management ausdrücklich gewünschter Teil des Weiterbildungsangebotes ist. Es ist durchaus sinnvoll, in dieser Phase gemeinsame Regeln zu entwickeln, wie man mit E-Learnern und E-Learning in der täglichen Praxis umgeht.

7.3.6 Evaluation

Ob Ihre Weiterbildungsmaßnahme erfolgreich war, zeigt Ihnen die Evaluation. Eine kritische Hinterfragung, was gut gelaufen ist und was man zukünftig noch besser machen kann, ist Ziel dieser Phase. In dieser Phase wird neben der Lernerfolgskontrolle die organisatorische und finanzielle Überprüfung des E-Learning-Projektes durchgeführt. Wichtig bei der Evaluation ist, sich nicht erst am Ende des Projektes darüber Gedanken zu machen, was man messen möchte. Vielmehr sollte bereits zu Beginn des Projektes festgelegt werden, was gemessen wird und wie man messen möchte. Neben der Abbrecherquote, erfolgreich bestandenen Tests und Anzahl der Teilnehmer bei Chats beispielsweise wäre es natürlich vor allem wünschenswert – wie bei jedem Weiterbildungsprojekt – auch den Transfer in den Arbeitsalltag zu messen. Nimmt man beispielsweise eine Projektmanagement-Schulung, die ein verbessertes Kostenmanagement in Projekten trainieren soll. Nach der Schulung lässt sich messen, ob eine Reduzierung der Abweichungen bei Projekt-Kosten eingetreten ist. Natürlich ist es auch besonders wichtig, in dieser Phase Anregungen von Lernern und Trainern zu dokumentieren, die in das nächste E-Learning-Projekt aufzunehmen.

7.4 Anwenderhinweise für E-Learning-Projekte

E-Learning-Projekte haben eine gewisse Komplexität. Das macht sie so spannend und so herausfordernd. Natürlich birgt so ein Projekt viele kleinere und größere Fallen. Ohne Anspruch auf Vollständigkeit und in loser Abfolge sind im Folgenden mögliche kritische Punkte aufgeführt, auf die man häufig in E-Learning-Projekten stößt. Wenn man diese Fallstricke im Vorfeld berücksichtigt, ist schon viel gewonnen.

7.4.1 Keine Bedarfsanalyse

Gerne spart man sich die Zeit einer sorgfältigen Bedarfsanalyse. Der Vorgesetzte oder der Personalentwickler weiß schon, was der Mitarbeiter braucht. Weiß er das wirklich? Eine Bedarfsanalyse unter Einbeziehung strategischer Unternehmensziele (und damit einhergehendem, verändertem Weiterbildungsbedarf) und unter Befragung der eigentlichen Zielgruppe bringt so manches Mal ganz neue Erkenntnisse. Der Lerner ist wesentlich motivierter ein E-Learning-Programm zu nutzen, wenn er <u>seinen</u> klaren Nutzen für <u>seine tägliche</u> Arbeit erkennt. Daher ist die Auswahl der Inhalte, deren zielgruppenspezifische Aufbereitung und klare Kommunikation der Vorteile von

E-Learning-Anwendungen der erste entscheidende Schritt zu einer hohen Akzeptanz und Nutzung des E-Learning-Angebotes.

7.4.2 Unzureichende Planung

Wie schnell wird der zweite Schritt vor dem ersten vorgenommen. Ist die Entscheidung für ein E-Learning-Projekt gefallen, möchten viele direkt von der Projekt-Idee in die Umsetzung springen. Natürlich sollte von der Verkündung „Wir bieten zukünftig E-Learning an..." nicht unverhältnismäßig viel Zeit vergehen, dennoch sollte mit gebotener Sorgfalt geplant werden. Denn gerade wenn E-Learning zum ersten Mal eingesetzt wird oder bisher auf nicht so positive Resonanz gestoßen ist, muss das nächste Projekt ein Volltreffer sein. Gerade bei der unternehmensinternen Erstellung von E-Learning-Inhalten wird die Konzeptionsphase gerne einmal übersprungen. Von der Idee wird dann direkt in die Programmierung gesprungen. Am Ende wundert man sich, dass der rote Faden im Training fehlt oder die Lerner ein didaktisches Konzept vermissen. Es hat sich bewährt, zunächst in kleinen Schritten vorzugehen und Erfahrung zu sammeln. Die Effizienz kommt dann mit zunehmender Routine.

7.4.3 Halbherzige Einführung

Zwei Schritte vor, einen zurück. So könnte man manchmal die Einführung von E-Learning in Unternehmen beschreiben. Unklare Strategie, damit einhergehende Unsicherheit über die Schritte der Umsetzung bis hin zu nicht ausreichend informierten Vorgesetzten führen zu Irritation und lähmen die Umsetzung. Als E-Learning-Projektverantwortlicher braucht man die Unterstützung vor allem der obersten Management-Ebene, die in der Planung und Umsetzung den Rücken zumindest moralisch stärken kann.

7.4.4 Nicht alle miteinbezogen

Gerade wenn E-Learning sich noch nicht im Unternehmen etabliert hat, ist es wichtig, alle Beteiligten mit einzubeziehen und umfassend zu informieren. Zu der Gruppe gehören Geschäftsleitung, Personalabteilung und E-Learning-Verantwortliche, Betriebsrat, Fachabteilung, IT-Abteilung und ggf. externe Partner. Die Erfahrung der letzten Jahre hat gezeigt, je früher alle über das Projekt informiert sind und je offener die Kommunikation ist, desto reibungsloser verläuft das Projekt. Eines sollte man allerdings bedenken: Sie brauchen bei diesem Projekt die Unterstützung Ihrer IT, aber lassen Sie sich das Projekt nicht aus den Händen nehmen. Denn bei E-Learning steht nicht die Technik im Vordergrund, sondern der Lerner und sein Lernerfolg! Binden Sie früh den Betriebsrat mit ein und informieren Sie proaktiv. Auch die Trainer sollten früh involviert werden und mögliche Bedenken, Anregungen und Kritikpunkte bedacht werden. Die Zurückhaltung der Trainer gegenüber E-Learning als „Konkurrenz-Produkt" weicht mittlerweile der Erkenntnis, dass E-Learning eine gute Ergänzung zum Portfolio des Trainers darstellt. E-Learning kann ihn von den ermüdenden Basisthemen entlasten und mehr Freiraum für neue und erfolgskritischere Inhalte geben. Der gleichzeitige Kompetenzausbau in Richtung Online-Tutoring ist ein weiterer Vorteil für den Trainer.

7.4.5 Irritierende Argumentation

„Wir müssen Kosten in der Weiterbildung sparen, wir machen jetzt E-Learning." Diese Form der Argumentation ist sicher nicht glücklich gewählt. Auch wenn man mit E-Learning, neben anderen Vorteilen wie Zeit- und Ortsunabhängigkeit, ebenfalls Kosten sparen kann, so geht es ja nicht darum, Weiterbildung zu kürzen. Vielmehr ist doch das Ziel, moderne Weiterbildungsformen zu nutzen und vorhandenen Weiterbildungsbedarf optimal zu bedienen. Dazu setzt man abhängig vom Konzept unterschiedliche Lernformen ein – E-Learning ist ein (moderner) Teil davon. Wichtig ist hier die Vorteile von E-Learning für den einzelnen Nutzer herauszustellen und mit diesen Argumenten für den Einsatz von E-Learning in der Weiterbildung zu werben.

7.4.6 Keine Marketing- und Motivationsmaßnahmen

E-Learning-Projekte sind vielfältig, aber eines haben sie gemeinsam: sie sind neu, innovativ, anders und bedeuten verändertes Lernen. Deshalb sind Marketing- und Motivationsmaßnahmen notwendig. Die Marketing- und Motivationsmaßnahmen sollten als ein eigenes Teilprojekt innerhalb des E-Learning-Projektes angesehen werden. Den Mitarbeitern soll dabei vermittelt werden: Wir wollen Euch mit E-Learning *„nicht quälen"*, sondern *gezielt qualifizieren*. Wenn schon zu Beginn eines E-Learning-Projektes unklar kommuniziert wird, hat das extreme Auswirkungen auf die Akzeptanz und damit den Erfolg des E-Learning-Projektes. Das gute Konzept zur Einführung von E-Learning bei den Lernern ist also das A&O. Dabei muss beachtet werden: E-Learning ist Chefsache! Sie benötigen die Unterstützung und die klare Botschaft Ihres Chefs – je höher der angesiedelt ist, umso besser. Beziehen Sie alle Beteiligten in die Entwicklung des Konzeptes ein. Nehmen Sie die Führungskräfte in die Pflicht. Behalten Sie den Nutzer und den Nutzen stets im Blick. Entwickeln Sie eine „pfiffige Marketingidee" (z.B. originelle Give-Aways, Preise, Anstecker), die gar nicht einmal teuer sein muss. Und vor allem: Kommunizieren Sie offen! Informieren Sie über Ihr E-Learning-Projekt, stehen Sie Rede und Antwort und machen Sie „Appetit". WEBACAD hat im Jahr 2002 und im Jahr 2006 eine Studie zum Thema „Der E-Learner" erstellt. In diesem Zusammenhang wurde auch die Frage gestellt, ob für E-Learning im Unternehmen aktiv geworben wurde. Waren es im Jahr 2002 noch ein Viertel der Unternehmen, waren es 2006 fast 50 %, die mit Marketing-Aktionen für das E-Learning-Angebot des Unternehmens werben.

7.4.6.1 Vor der E-Learning-Maßnahme

Hier ist es notwendig, Aufmerksamkeit zu schaffen und Nutzer wie Vorgesetzte zu sensibilisieren. Der Nutzen von E-Learning muss für den einzelnen Lerner erkennbar gemacht werden und er muss auf das bevorstehende E-Training eingestimmt werden. Dabei sollten die Botschaften Herz (Motio) und Hirn (Ratio) ansprechen. Nutzen Sie alle Kommunikationskanäle Ihres Unternehmens wie Unternehmensportal, Mitarbeiterzeitschrift, Info-Terminals und „Radio Korridor", d.h. binden Sie auch informelle Kanäle mit ein. Hier ist es wichtig, Meinungsführer zu gewinnen. Nutzen Sie auch in dieser Phase andere Veranstaltungen Ihres Hauses, z.B. Führungskräfte-Meetings, um auf das bevorstehende E-Learning-Projekt hinzuweisen.

7.4.6.2 Während der E-Learning-Maßnahme

Der geglückte Einstieg ins Training, die kontinuierliche Nutzung, der erfolgreiche Abschluss des Trainings und der Transfer in die Praxis sind die Ziele dieser Phase. Hier sollten alle verfügbaren Kommunikationsmittel wie Chat, E-Mail und Foren eingesetzt werden, um den Lerner zu betreuen. Wenn möglich, sollte die E-Learning-Maßnahme mit einem Kick-Off-Workshop starten, um die Lerner in das Thema und die technischen Gegebenheiten einzuführen. Der E-Learning-Verantwortliche kann in dieser Phase auch die Gelegenheit nutzen, den Lerner in einem persönlichen Gespräch zu befragen bzw. sich direkt Feedback vor Ort einzuholen. In dieser Phase lassen sich auch kleine Werbemittel einsetzen, die zu Beginn oder nach erfolgreichem Abschluss verteilt werden. Auch hier greifen natürlich klassische „Werbe-Mittel" wie Plakate, Aushang oder Erfahrungsberichte für die Mitarbeiterzeitschrift. Während dieser Phase ist vor allem der Trainer bzw. Tutor gefordert. Er unterstützt die Lerner bei der Erstellung eines Lernplans, er bildet Lerngruppen, er fordert zur Kommunikation auf, er motiviert durch das Verkünden von Zwischenerfolgen und kümmert sich um die Lerner, die im Trainingsrückstand sind. Gerade zu Beginn dieser Phase ist es wichtig, dass auch der technische Support gewährleistet ist, denn besonders am Anfang eines Projektes kommen die häufigsten Anfragen. Eine ausführlich und übersichtlich gestaltete Hilfeseite ist ein gute und notwendige Unterstützung und reduziert Support-Anfragen.

7.4.6.3 Nach der E-Learning-Maßnahme

Nach dem Training ist vor dem Training. In dieser Evaluations-Phase werden Informationen gesammelt, inwiefern das E-Learning-Projekt erfolgreich war und was optimiert werden kann. Hier wird auch der Lerner auf das nächste Online Training eingestimmt. Auch der Vorgesetzte wird in dieser Phase umfassend informiert und zu einer Weiterführung des E-Learning-Projekts motiviert. Es werden ausführliche Nutzer-Berichte und kurze Statements der Lerner veröffentlicht, Erfolgszahlen in einem transparenten Reporting zusammengefasst und in einem Soll/Ist-Abgleich der Erfolg des Projektes dokumentiert.

7.4.7 Kein Support durch Top-Management

Ohne Unterstützung des Managements wird es schwer sein, E-Learning flächendeckend einzuführen. Halbherzige Lippenbekenntnisse, nicht ausreichende Budgets und mangelnde Unterstützung können das Projekt zum Erliegen bringen. Der E-Learning-Verantwortliche schafft es durch kompakte Information, transparente Planung und auch der entsprechenden Begeisterung für sein Projekt (internes Projektmarketing), das Management zu gewinnen. Hilfreich ist dabei auch, dem Management in einer sehr frühen Phase das Projekt mit konkreten Trainingsbeispielen vorzustellen, damit er eine konkrete Vorstellung von E-Learning bekommt. Das mittlere Management – oft die direkten Vorgesetzten der Lerner - stellt sich leider auch gelegentlich als „Bremser" heraus. Es wird im Arbeitsalltag oft nur zögernd akzeptiert, dass der Lerner am Bildschirm lernt. Hier kann man Abhilfe schaffen, im dem der Lerner sich beispielsweise zum E-Learnen in separate Lernräume zurückziehen kann. Wichtig ist natürlich auch, dass dem Mittel-Management deutlich gemacht wird, dass das Top-Management hinter dem Einsatz von E-Learning steckt und auch von der mittleren Ebene ein klares Commitment erwartet wird. Überzeugen kann man das mittlere Management gelegentlich auch dadurch, dass speziell für diese Zielgruppe ein Online Training angeboten wird, dass von persönlichem Nutzen ist. Dadurch lernt es die Vorteile von E-Learning kennen und zieht auch einen eigenen Nutzen aus dieser Weiterbildungsmaßnahme.

7.4.8 Zuckerbrot und Peitsche

Der Mensch ist ein Gewohnheitstier. Sicherlich ist es wichtig, den Lerner zur Nutzung des E-Trainings zu motivieren. In manchen Fällen – und so auch in verschiedenen Großunternehmen durchgeführt – wird das erfolgreiche Absolvieren des Online Trainings allerdings zur Bedingung gemacht, um z.B. an der nachfolgenden Präsenzphase teilnehmen zu können oder sich für eine weiterführende Weiterbildung zu qualifizieren. Hier wird also durchaus mit einem „gesunden Druck“ gearbeitet, der sich aber nicht negativ auf das E-Learning-Projekt auswirken muss. Ganz im Gegenteil: der Mitarbeiter geht eine Art Selbstverpflichtung für seine eigene unternehmensbezogene Weiterbildung ein. In einigen Großunternehmen wird sogar bei ausgewählten Themen das Präsenztraining zu Gunsten des Online Angebots gestrichen, so dass E-Learning als einzige Alternative übrig bleibt. Zunächst kann das zu Widerspruch bei den Lernern führen. Nach kurzer Zeit wird es aber akzeptiert und E-Learning wird ganz selbstverständlich genutzt.

7.4.9 Auf den Inhalt kommt es an

Die Qualität von E-Learning-Inhalten ist ein heiß diskutiertes Thema. Leider stellt man immer wieder fest, dass ein Großteil des E-Learning-Budgets in die Hardware und Software (in diesem Fall häufig die Lernplattform) investiert wird. Der E-Learning-Inhalt – also das eigentliche Training – wird dann eher stiefmütterlich behandelt. Dabei bestimmt doch gerade das E-Learning-Programm den Lernerfolg. Gerne wird dann auf die Schnelle Content selbst produziert. Dabei fehlt es dann häufig an der Qualität der Inhalte. Unausgereifte didaktische Konzepte, unübersichtliche Navigation und/oder wenig interaktiv umgesetzte Inhalte machen es schwer, den Lerner zum E-Learnen zu motivieren und ihn für die moderne Lernform dauerhaft zu begeistern. Im Rahmen der bereits erwähnten Studie konnte festgestellt werden, dass viele Unternehmen bereits dazugelernt haben: sagten in 2002 noch 38 % der Lerner, das sie einen schlechten Eindruck von den genutzten WBTs oder CBTs hatten, so waren es in 2006 lediglich noch 17%. Kritisiert wurden allerdings weiterhin, dass viele Trainings konzeptionelle Mängel wie Textwüsten, fehlende Lerntiefen und Interaktivität aufwiesen oder technische und ergonomische Probleme beinhalten. 82 % der Befragten wünschen sich übrigens eine eigene Leistungskontrolle in Form von Einstufungs-, Zwischen- oder Abschlußtests.

7.4.10 Technisch instabil

Ein E-Learning-Programm, das sich schon schwer installieren lässt, verschiedene Plug-Ins benötigt oder technische Mängel aufweist, ist ein klares K.O.-Kriterium für jedes E-Learning-Projekt. Bevor WBTs oder CBTs an den Nutzer übergeben werden, muss die technische Stabilität und einfache Handhabung unbedingt gewährleistet sein. Die Trainings sollten auch so aufbereitet sein, dass lange Ladezeiten vermieden werden und die Anforderungen an die Hardware das Übliche nicht übersteigen. Die Kunst der Content-Produktion besteht darin, ein spannendes, interaktives Lernprogramm zu erstellen, dessen Seiten sich problemlos aufbauen und fehlerfrei funktionieren. Der Nutzer wird sonst gleich zu Beginn dauerhaft verprellt und durch technische Probleme vom eigentlichen Lerninhalt abgelenkt.

7.4.11 Mangelnde Information der Multiplikatoren

Ohne die Unterstützung anderer wird E-Learning sich nur langsam unternehmensweit etablieren. Die Multiplikatoren wie beispielsweise Trainer, Ausbilder, Betriebsrat, „graue Eminenzen“ und andere informelle Meinungsführer sollten unbedingt mit eingebunden werden und gut über das E-Learning-Projekt informiert sein. Je mehr von den Vorteilen von E-Learning wissen, je besser sie den Nutzen für die Mitarbeiter und ihre eigene Arbeit erkennen können, je mehr Begeisterung bei den Multiplikatoren geweckt werden konnte, desto nachhaltiger und schneller kann E-Learning ins Unternehmen getragen werden. In vielen Unternehmen ist E-Learning übrigens nicht betrieblich geregelt. Gemäß der E-Learner-Studie erklären 70% der Befragten, dass keine Betriebsvereinbarung besteht. Hier gibt es kaum Veränderung zu den Studienergebnissen von 2002. Übrigens wird zu fast 80% der Lernfortschritt nicht vom Vorgesetzten kontrolliert. Das spricht sicher für eine vertrauensvolle Nutzung von E-Learning, die sicherlich vor allem dann möglich ist, wenn alle Beteiligten zuvor gut informiert werden.

7.5 Kritische Erfolgsfaktoren

7.5.1 Management

E-Learning ist zunächst für viele Unternehmen ein neues Lernmedium. Wie alles Neue löst die Einführung dieser Lernform bei vielen Mitarbeitern zumindest erst einmal eine abwartende Haltung aus. Damit E-Learning sich aber ganzheitlich, zügig und nachhaltig im Unternehmen etablieren kann, nimmt das Management eine wichtige

Rolle ein. Steht das Management hinter der Einführung und kommuniziert seine positive Haltung gegenüber dem nachgeordneten Management und den Mitarbeitern auch entsprechend, hat das eine wichtige überzeugende Wirkung. Eine offene Kommunikation, eine klare Strategie und idealerweise auch eine gewisse Begeisterung des Top-Managements für E-Learning sind wichtige Stützen des Erfolgs eines E-Learning-Projektes. Dabei ist ebenfalls wichtig, dass das Management auch eine klare Verbindlichkeit gegenüber dem E-Learning-Team ausspricht. Eine „Vor-und-Zurück-Strategie“ lähmt den erfolgreichen Fortgang des Projektes und irritiert natürlich auch die Mitarbeiter- sprich Nutzerschaft.

Selbstverständlich fordert das Management verlässlich Zahlen für das E-Learning-Projekt ein. Basierend auf einer sauber ausgearbeiteten Strategie kann dem Management anhand von Rechenmodellen eine klare Vorstellung von Art und Umfang des Projektes gegeben werden. Das gibt wiederum dem Management die Sicherheit, sinnvoll in Weiterbildung zu investieren.

7.5.2 Personalabteilung

E-Learning ist kein technisches Thema. Die Technik ist nur Mittel zum Zweck. Bei E-Learning steht der Mensch im Mittelpunkt - mit all seinen Bedürfnissen an Weiterbildung, Information und Kommunikation. Das bedeutet für die Personalabteilung: Keine Angst vor der Technik. Holen Sie sich die IT-Experten in Ihr Projekt, aber behalten Sie „die Zügel in der Hand“! Denn es kommt darauf an, basierend auf der Bedarfsanalyse ein zielführendes Weiterbildungsangebot zu erstellen, bei dem die jeweils geeignete Methode zum Einsatz kommt. Und da eignet sich in einem Weiterbildungskonzept ein Präsenzseminar und in einem anderen ein Online Training und häufig auch die Kombination aus beidem.

Man kann zunehmend feststellen, dass Personalabteilungen ihr E-Learning-Know-how systematisch auf- und ausgebaut haben und mit konkreten Vorstellungen diese Projekte planen und umsetzen. Sie wissen um die Einsatzmöglichkeiten von E-Learning, dessen Vorteile und Besonderheiten.

Das birgt auch einen weiteren Ansatzpunkt für das – doch manchmal noch verbesserungswürdige - Selbstmarketing der Personalentwicklung: Sie sind der Motor für Weiterbildungs-Innovationen im Unternehmen und entwickeln sich mit den Anforderungen an zukunftsorientierte Unternehmen weiter.

7.5.3 Fachabteilungen

Zunehmend kommt die Initiative für E-Learning-Projekte aus den Fachabteilungen. So werden Projekte im Vertrieb, im Marketing oder im Controlling angestoßen. Die Personalabteilung wird dann oft erst zu einem späteren Zeitpunkt hinzugezogen. Es ist sicherlich sinnvoll, bereits zu Beginn das Know-how der Weiterbildungsexperten in das Projekt einzubinden. Positiv ist hier die Entwicklung zu sehen, dass der Bildungsbedarf zielgruppengerecht und vor allen bedarfsorientiert eingesetzt wird. Idealerweise wird erreicht, dass E-Learning vollständig in die Arbeitsprozesse integriert ist. Gerade im mittleren Management der Fachabteilungen sollte sich die Erkenntnis durchsetzen, dass E-Learning eine ideale Form der Weiterbildung ist, die allerdings auch ggf. den zeitlichen Freiraum während der Arbeitszeit und am Arbeitsplatz benötigt. Gemäß der E-Learner-Studie lernen 34 % am Arbeitsplatz, lediglich 3% mobil.

7.6 Fazit

E-Learning ist auf dem besten Wege, an vielen Stellen im Unternehmen verankert zu sein, in unterschiedlichsten Fachabteilungen genutzt zu werden, als Lernmedium oder als Teil des Wissensmanagements eingesetzt zu sein und sowohl den Führungskräften als auch dem Werker an der Maschine zielgerichtet Lerninhalte bedarfsorientiert anzubieten. Vorzeigebeispiele gibt es mittlerweile genug! Jetzt heißt es, den „eigenen Weg“ zu finden und ihn konsequent umzusetzen.

8 E-Learning als Bestandteil des Wissensmanagements: Strategische Überlegungen für den Mittelstand

Gise Ruprecht
Lern.ON

In mittelständischen Unternehmen ist die Weiterbildung der Mitarbeitenden gängige Praxis. Dabei spielt E-Learning bisher jedoch nur eine marginale Rolle.

Der Auswahl von Weiterbildungsmaßnahmen im Mittelstand liegen in der Regel sehr pragmatische Entscheidungskriterien zugrunde: möglichst kurzfristig verfügbar, möglichst kostengünstig, möglichst effizient. Das heißt, Weiterbildung im Mittelstand wird reaktiv genutzt: Werden Defizite festgestellt, erfolgen entsprechende Bildungsmaßnahmen. Eine an langfristigen Zielen orientierte Strategie steht in den meisten Unternehmen nicht hinter der Qualifizierungsplanung.

Vor dem wirtschaftlichen Hintergrund eines enormen Wettbewerbs- und Innovationsdrucks für den Mittelstand ist dieser kurzfristige, situative Einsatz von Weiterbildung problematisch, denn die Marktsituation zwingt dazu, vorhandenes Wissen effektiv zu nutzen, neues Wissen rasch zu erwerben und anzuwenden sowie langfristig notwendiges Wissen vorauszuplanen und aufzubauen.

In der Konsequenz müssen bewährte Weiterbildungskonzepte überdacht sowie neue Wege und Szenarien des Wissens- und Kompetenzerwerbs und -erhalts gesucht werden. Es reicht nicht mehr aus, Mitarbeitende lediglich vereinzelt an Qualifizierungen teilnehmen zu lassen. Vielmehr ist ein Gesamtkonzept für die strategische Planung mit zu erwerbendem sowie vorhandenem Unternehmens-Know-How erforderlich: Wissensmanagement. Dies soll gekoppelt werden mit neuen, effizienten, kostengünstigen Formen der Wissensvermittlung: E-Learning[1].

Im Folgenden wird im ersten Abschnitt dargestellt, aus welchen Bestandteilen sich das Wissensmanagement in einem mittelstän-

---

[1] E-Learning wird verstanden als computergestütztes Lernen, das Information, Interaktion, Kommunikation und Kooperation umfassen kann.
E-Learning ist *eine* mögliche Form der Weiterbildung und wird in diesem Beitrag besonders in den Fokus genommen. Dies schließt jedoch nicht aus, dass innerhalb des Wissensmanagements auch andere Formen der Weiterbildung verankert sind.

dischen Unternehmen zusammensetzt und wie innerhalb dessen das E-Learning verankert ist.

Im zweiten Abschnitt werden vier Aspekte erläutert, die für eine E-Learning-Strategie im Mittelstand wesentlich sind: Kosten, Content, Technik und Zielgruppe. Es wird sich zeigen, dass diese vier Variablen stark voneinander abhängig sind und daher in ihrer Bedingtheit untereinander gut abgewogen werden müssen.

8.1 Wissensmanagement und E-Learning

Weiterbildung greift zu kurz, wenn es lediglich darum geht, vorhandene Defizite des Personals auszugleichen. Weiterbildung – und im speziellen E-Learning – muss ein wesentlicher Bestandteil des Wissensmanagements eines Unternehmens sein.
Nach Probst u.a.[2] kann Wissensmanagement in acht Bausteine eingeteilt werden: Wissens-Ziele, -Identifikation, -Erwerb, -Entwicklung, -Verteilung, -Nutzung, -Bewahrung und -Bewertung. Das Modell der acht Bausteine erleichtert eine Operationalisierung und ermöglicht die Verortung einzelner Arbeitsschritte innerhalb des Wissensmanagements, die bei der Einführung und dauerhaften Nutzung von E-Learning erfolgen müssen.
Im Folgenden werden die Bausteine des Wissensmanagements kurz skizziert und die Arbeitsschritte zur Einführung und Nutzung von E-Learning in ihnen verankert.

8.1.1 Wissensziele und Wissensidentifikation: Bedarfsermittlung

Wissensziele beschreiben, welches Wissen auf welcher Ebene innerhalb des Unternehmens vorhanden sein soll. Die Aktivitäten des Wissensmanagements erhalten damit eine Richtung und orientieren sich an den strategischen und zukunftsgerichteten Unternehmenszielen. Dabei wird differenziert nach normativen Wissenszielen (Schaffung einer wissensbewussten Unternehmenskultur), strategischen Wissenszielen (organisationales Kernwissen) und operativen Wissenzielen (Konkretisierung der Ziele in (Bildungs-)Maßnahmen).

Die Wissensidentifikation ist zu verstehen als Überprüfung und Feststellung, welches Wissen an welchen Stellen in welcher Form innerhalb des Unternehmens bereits vorhanden ist.

Sind Wissensziele festgelegt und vorhandene Wissensbestände identifiziert, kann daraus der Bedarf für zusätzliche Qualifizierungen

[2] Probst, G. / Raub, S. / Romhardt, K.: Wissen managen. Wiesbaden, 2003, 4. Auflage

ermittelt werden. Die Wissensziele definieren den Soll-Zustand, die Wissensidentifikation gibt Auskunft über den Ist-Zustand des vorhandenen Unternehmenswissens. Aus der Differenz lässt sich ableiten, welche Inhalte und Fähigkeiten auf welchen Ebenen zukünftig erworben werden müssen. Darüber hinaus lässt sich erkennen, welche Kenntnisse und Kompetenzen, die an bestimmten Stellen der Organisation bereits vorhanden sind, anderen Stellen des Unternehmens vermittelt werden können und sollen.

Diese Bedarfsermittlung schließt auch die Frage mit ein, in welchen Lernszenarien das entsprechende Wissen erworben werden soll, insbesondere, ob der Einsatz von E-Learning für den Wissenserwerb geeignet ist. Ist dies der Fall, gilt es zu entscheiden, welche E-Learning-Szenarien angemessen für die jeweilige Zielgruppe sind[3].

8.1.2 Wissenserwerb und Wissensentwicklung: Inhaltsbeschaffung

Beim Wissenserwerb geht es darum, das notwendige Zukunfts-Know-How gezielt aufzubauen. Hierbei hat das Unternehmen verschiedene Möglichkeiten, extern Wissen zu beschaffen: Enge Kooperation mit Organisationen, die über das entsprechende Wissen verfügen, Erwerb von Lizenzen und Patenten, Rekrutierung des entsprechenden Personals oder die entsprechende Qualifizierung der Mitarbeitenden. Es ist Sache des Wissensmanagements zu entscheiden, welche der genannten Möglichkeiten für welchen Know-How-Transfer geeignet ist. In vielen Fällen wird die gezielte Weiterbildung der Mitarbeitenden ausreichen.

Kann das notwendige Wissen nicht extern beschafft werden, muss es innerhalb des Unternehmens entwickelt werden (Wissensentwicklung). Das heißt, es werden neue Fähigkeiten, neue Produkte, bessere Ideen oder leistungsfähigere Prozesse generiert. Dies kann auf der individuellen Ebene durch die Förderung von Kreativität und Problemlösungskompetenz geschehen oder auf Teamebene durch die Einrichtung interner Kompetenzzentren.

Insbesondere bei der externen Beschaffung von Wissen spielt E-Learning eine herausragende Rolle, da die Vielfalt und Flexibilität möglicher Lernszenarien den Bedürfnissen von mittelständischen Unternehmen nach Effizienz und rascher Verfügbarkeit entgegen kommen. Auch im Rahmen der internen Wissensentwicklung kann E-Learning genutzt werden, um neu entwickeltes Wissen innerhalb des Unternehmens rasch zur Verfügung zu stellen und zu schulen.[4]

[3] vgl. 8.2. Welche Lernszenarien sind geeignet?

8.1.3 Wissensverteilung und Wissensnutzung: Integration

Vorhandenes Wissen muss innerhalb des Unternehmens verfügbar und zugänglich sein. Gleichzeitig gilt aber auch, dass nicht alle Mitarbeitenden alles wissen und nutzen müssen, da dies zu Informationsüberflutung führt. Hilfreich für die gezielte Wissensverteilung können entsprechende technische Wissensmanagement-Systeme sein. Ihr sinnvoller Einsatz ist jedoch abhängig von der Größe des jeweiligen Unternehmens.

Wird ein entsprechendes technisches Wissensmanagementsystem genutzt, so sollten die E-Learning-Module und -szenarien ebenfalls über diese Plattform angeboten werden. Dies vermindert Zugangshürden und erleichtert den alltäglichen Umgang mit den Lerninhalten.

Gleichzeitig ist es unabdingbar, dass das vorhandene Wissensmanagementsystem und die entsprechenden Lernmodule für die Mitarbeitenden ein alltägliches Werkzeug sind. Dies setzt eine Unternehmenskultur voraus, die Wissensmanagement und im speziellen Weiterqualifizierung als wichtige Bereiche des Arbeitsalltags versteht.

8.1.4 Wissensbewahrung und Wissensbewertung: Evaluation

Das im Unternehmen vorhandene und stetig neu entstehende Wissen muss schließlich bewahrt werden, sonst sind alle Bemühung um den Aufbau und die Strukturierung des vorhandenen Wissens, vergebens. Folglich wird nicht nur einmal identifiziertes Wissen, sondern auch neu entstehendes Wissen stetig gezielt dokumentiert und entsprechend abgelegt. Es findet eine Selektion, angemessene Speicherung und regelmäßige Aktualisierung des Bewahrungswürdigen statt.

Dies betrifft auch Lernmodule, die langfristig im Unternehmen genutzt werden sollen – unabhängig davon, ob sie extern erworben oder intern produziert wurden.

So wie das im Unternehmen vorhandene Wissen immer wieder neu bewertet wird, um es in regelmäßigen Abständen in Bezug auf die Wissensziele zu überprüfen (ebenso wie die Wissensziele selbst in regelmäßigen Abständen überprüft werden sollten), müssen auch vorhandene Lernmodule immer wieder auf ihre Notwendigkeit, Angemessenheit und Aktualität kontrolliert und bewertet werden. Darüber

[4] Eine ausführliche Darstellung dieser Aspekte folgt im Abschnitt 8.2. *Welche Lernszenarien sind geeignet?*

hinaus steht auch die Effektivität der Lernmodule durch Teilnehmerevaluationen immer wieder auf dem Prüfstand.

8.2 Welche Lernszenarien sind geeignet?

Es hat sich gezeigt: Weiterbildung und im speziellen E-Learning sind integraler Bestandteil des Wissensmanagements eines Unternehmens.

Soll E-Learning effizient und zielführend in einem mittelständischen Unternehmen eingeführt werden[5], gilt es, verschiedene Aspekte zu berücksichtigen und abzuwägen, um die optimalen E-Learning-Strategie für das Unternehmen zu finden. Im Wesentlichen handelt es sich um vier, voneinander abhängige Variablen: Kosten, Contentbeschaffung, technische Voraussetzungen und Zielgruppen.

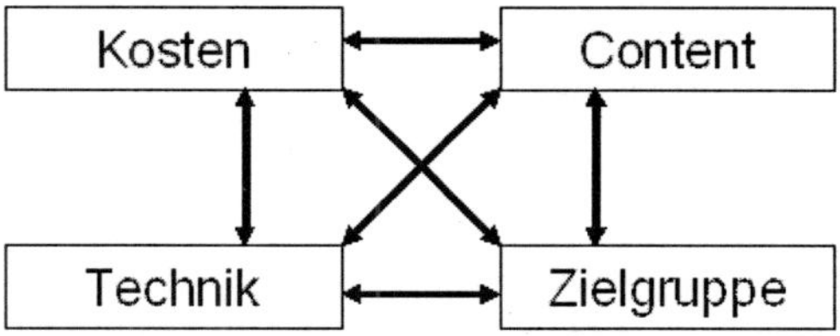

8.2.1 Was darf es kosten?

Die schlechte Nachricht gleich vorweg, ohne auf konkrete Zahlen einzugehen: Individuellen, firmenspezifischen E-Learning-Content durch eine externe Agentur erstellen zu lassen, ist in den meisten Fällen für ein mittelständisches Unternehmen zu kostenintensiv. Zwar wird sehr oft argumentiert, dass E-Learning kostengünstiger sei als Präsenzveranstaltungen, da Fahrtzeiten, Übernachtungskosten etc. eingespart würden. Doch stimmt diese Rechnung in der Regel nur für große Unternehmen mit einer Vielzahl zu schulenden Personals. Für kleinere Unternehmen ist diese Rechnung meistens nicht zutreffend. Das ist jedoch nicht das Ende des mittelständischen E-Learnings, sondern zwingt lediglich, andere Wege zu denken, die zu den gesteckten Wissenzielen führen können. Einige davon werden im folgenden Abschnitt vorgestellt.

Hier sei noch angemerkt: Auch wenn keine individuellen firmenspezifischen Lernmodule erstellt werden, ist der Einsatz von E-Learning

[5] Die Vorteile, die für E-Learning auch in mittelständischen Unternehmen sprechen, sind an anderen Stellen hinreichend diskutiert worden und werden daher hier nicht noch einmal referiert.

nicht zum Nulltarif zu haben. Innerhalb des Unternehmens muss daher die grundsätzliche Bereitschaft vorhanden sein, durch zukunftsgerichtete Qualifizierung der Mitarbeitenden in das Unternehmens-Know-How zu investieren und entsprechende Budgets bereit zu stellen. Dies ist jedoch die notwendige Voraussetzung allen Wissensmanagements.

8.2.2 Woher kommt der Content?

Umfassende, individuell erstellte E-Learning-Module mit firmenspezifischen Inhalten, die sich zudem an der Unternehmenskultur orientieren, wären für viele Unternehmen die optimale Lösung für die Qualifizierung der Mitarbeitenden. Doch meist ist dies nicht zu finanzieren.

In Abhängigkeit von den spezifischen Anforderungen und Bedingungen vor Ort können jedoch auch andere Wege der Contentbeschaffung beschritten werden. Im Folgenden werden einige Wegweiser aufgestellt – ohne den Anspruch auf Vollständigkeit.

8.2.3 Make or Buy

Grundsätzlich stellt sich die Frage, ob didaktisch aufbereitete Lerninhalte als *Standard* eingekauft, als *branchenspezifische* Kurse gebucht oder als *firmeneigene Produktion* hergestellt werden.

Der Einkauf von Lernmodulen bietet sich insbesondere für *Standard-Themen* an, die weder firmen- noch branchenspezifisch sind, wie z.B. Software-Schulungen, Fremdsprachen, Soft Skills (Mitarbeitergespräch u.ä.), kaufmännisches Wissen, Arbeitsschutz und Sicherheitstechnik, bestimmte Trainingspläne, die für eine DIN ISO Zertifizierung notwendig sind. Auf dem E-Learning-Markt steht mittlerweile eine Vielzahl von Angeboten zu Standard-Themen mit unterschiedlichen didaktischen Konzepten (als Lern-CD-ROM, als betreuter Kurs, als WBT etc.) zur Verfügung, die kostengünstig erworben werden können. Wichtig ist hier vor allen Dingen die richtige Auswahl entsprechend der Bedürfnisse der Zielgruppe[6] zu treffen.

Sollen hingegen *branchenspezifische Inhalte* geschult werden, so können zwei Buchungs-Pfade beschritten werden:

- Angebote von Verbänden, Kammern und Bildungsträgern: Die E-Schulung von Fachwissen und branchenspezifischen Kompetenzen bieten mittlerweile verschiedene Kammern, Bildungsträger und Portale an. Der Vorteil hierbei liegt in der meist im Angebot enthaltenen, qualifizierten fachlichen Be-

[6] vgl. dazu Abschnitt 8.2.4. Wer soll wie lernen? – die Zielgruppe

treuung der Online-Kurse. Zudem können die Kurse unkompliziert, zeitnah und bedarfsgerecht über das Netz gebucht werden. Es wird in der Regel nutzungsabhängig abgerechnet.[7]

- Sehr artverwandt sind Verbundlösungen. Hier schließen sich mehrere Unternehmen – oft im Rahmen eines öffentlich geförderten Projektes – zusammen, um Lern-Angebote für einen speziellen Bildungsbedarf zu entwickeln. Ist ein mittelständisches Unternehmen direkt daran beteiligt birgt dies den Vorteil spezifische eigene Inhalte in das E-Learning-Angebot integrieren zu können. Nutzt ein Unternehmen das Angebot einer Verbundlösung, so kann es die Inhalte und deren Aufbereitung zwar nicht selbst mitgestalten, kann aber dennoch ein sehr fachspezifisches Angebot nutzen – auch dies meist recht kostengünstig.[8]

Firmenspezifische Inhalte: In vielen Fällen reichen Standard-Inhalte oder auch branchenspezifische Angebote von Bildungsträgern etc. nicht aus, um den firmeneigenen Qualifizierungs-Bedarf zu decken. Hier kann geprüft werden, ob eine firmeneigene Anpassung an Standard- oder branchenspezifische Lernmodule sinnvoll ist. Wichtige Voraussetzung dafür ist nicht nur die Absprache mit dem entsprechenden externen Inhalteanbieter, sondern auch die notwendige fachliche und didaktische Kompetenz im eigenen Haus. Eine solche Lösung könnte z.B. so aussehen, dass der Standard-Inhalt mit Kommentaren und Anmerkungen versehen wird, die den Inhalt auf die Verhältnisse vor Ort beziehen. Eine andere Lösung kann die intern produzierte eigene kleine Lerneinheit sein, die den eingekauften Content ergänzt.

Lernmodule können auch intern selbst erstellt werden: Insbesondere wenn innerhalb des Unternehmens häufig kurzfristig ein Lernbedarf über sich rasch ändernde Inhalte oder Prozesse vorhanden ist, bietet sich – im Sinne des „Rapid E-Learning“ – eine Inhouse-Produktion an, die mit einfachen Autoren-Tools ohne hohen didaktischen Anspruch zum Ziel führt. Damit wird gleichzeitig intern generiertes Wissen identifiziert, dokumentiert und aufbereitet, steht also Sinne des Wissensmanagements zur Verfügung. Diese Vorgehensweise der hausinternen Produktion klingt sehr einfach, ist jedoch nur empfehlenswert, wenn zum einen das Personal, das die entsprechenden

[7] Beispiele: IHK-Online (http://www.ihk-online.de/), Web Kolleg NRW (http://www.webkolleg.nrw.de/).

[8] Beispiele hierfür sind: PRO-KMU, ein Projekt im Auftrag des Landes Brandenburg (http://www.tqua.de/prokmu/index.html), q-online (http://www.q-online.de/intranet/content.tt2)

Lernmodule erstellt, eine (Online-)Schulung über die didaktische Aufbereitung von Lerninhalten absolviert[9] und zum anderen nur kleine Lerneinheiten produziert werden.

8.2.4 Big or Small

Die oben diskutierten Fragen des *Make or Buy* sind von der Lernsituation[10], aber auch vom Umfang des Lerninhaltes abhängig.

Wie viel und wo soll gelernt werden? Die Beantwortung dieser Fragen nimmt entscheidenden Einfluss auf die Auswahl der E-Learning-Szenarien sowie darauf, wo die Lernmodule beschafft werden.

Kleine Lerneinheiten: „Am meisten gelernt wird arbeitsbegleitend"[11]. Ein Großteil des beruflichen Lernens findet nicht in Seminarräumen statt, sondern direkt am Arbeitsplatz. Oftmals handelt es sich dabei um informelles Lernen. Dieser Umstand sollte bei der Auswahl von Lerninhalten und der Planung der Lernsituationen berücksichtigt werden.

Der Arbeitsplatz eignet sich als Lernort[12] im Sinne des „Learning on Demand", wenn Mitarbeitende Neuerungen, Ergänzungen, Erweiterungen etc. rasch lernen sollen, die unmittelbar mit ihren Arbeitsaufgaben zu tun haben und von geringem Umfang sind. Lerneinheiten müssen für dieses Anwendungsszenario modular aufgebaut sein und die Inhalte knapp und bedarfsgerecht vermitteln. Im Idealfall sind sie in das vorhandene Wissensmanagement-System integriert. Kleine Lernmodule können z.B. Mini-WBTs oder didaktisch aufbereitete, kleinformatige Informationseinheiten, ähnlich den Hilfefunktionen vieler Software-Produkte, sein. Diese kleinen Lerneinheiten können durchaus inhouse produziert werden, vorausgesetzt es ist ein einfaches Autorensystem vorhanden und die Ersteller verfügen über ein Minimum an didaktischem Know-How. Ist dies nicht der Fall, kann die Produktion kleinerer Lerneinheiten an E-Learning-Agenturen vergeben werden. Doch müssen dann höhere Kosten sowie eine größere zeitliche Verzögerung aufgrund von aufwändigeren Abstimmungsprozessen in Kauf genommen werden.

Umfassende Maßnahmen: Sehen die Wissensziele jedoch vor, dass Neues grundständig und in großem Umfang gelernt werden soll, z.B.

---

[9] Ein Beispiel für eine Anleitung zur einfachen Erstellung eigener Inhalte findet sich z.B. unter http://www.foraus.de/lernzentrum/lernz_set.htm

[10] vgl. Abschnitt 8.2.4 Wer soll wie lernen? – die Zielgruppe

[11] Hanft, Anke: Lernen und Kompetenzerweiterung in kleinen und mittelständischen Unternehmen, http://www.ihk-online-akademie.de/clixContext/servlet/de.imc.clix.control.Clix?clixEvent=start-portal&portal_foldername=default&dmy1153315294540, 25.8.2006, S.3

[12] vgl. Abschnitt 8.2.4.2 Lernort und -zeit

eine neue Software oder etwa Themen der Mitarbeiterführung für zukünftige Führungskräfte, so bieten sich Blended-Learning-Maßnahmen, Online-Kurse mit tutorieller Betreuung oder auch Lern-CDs an. In der Regel werden diese Inhalte am Markt eingekauft bzw. bei den entsprechenden branchenspezifischen Anbietern gebucht. Sofern bei den Kursen eine Betreuung während der Online-Phasen vorgesehen ist, wird diese i.d.R. vom Anbieter übernommen. Doch bietet sich insbesondere für die Teilnehmerbetreuung auch die Möglichkeit, eigene, entsprechend geschulte Mitarbeiter einzusetzen, die über die übliche Betreuung hinaus auch firmenspezifische Inhalte vermitteln können. Umfassende Maßnahmen sollten grundsätzlich nicht am Arbeitsplatz absolviert werden.[13]

8.2.5 Alone or Together

Eng mit der Zielgruppe, aber auch mit dem Umfang der Maßnahmen ist die Frage nach dem Lernszenario verknüpft: In welcher Sozialform soll gelernt werden?

Die einfachste Form ist das Selbstlernen. Ohne Betreuung oder Kontakt zu anderen Lernenden wird ein CBT/WBT/Kurs absolviert und das Gelernte wird hinterher aktiv umgesetzt. Erfahrungsgemäß setzt dies eine ausgeprägte Selbstdisziplin und Lernkompetenz voraus, die bei einem Großteil der Lernenden nicht ohne weiteres vorausgesetzt werden können.

Bei „Learning in Demand" in kurzen bedarfsangepassten Lerneinheiten, die am Arbeitsplatz absolviert werden, ist eine Betreuung von geringer Bedeutung, da kaum Fachfragen auftauchen und Motivation nicht über einen längeren Zeitraum erhalten werden muss. Zudem wird sicher häufig der Kollege/die Kollegin vom Schreibtisch nebenan für einen Austausch über den Lerninhalt herangezogen.

Anders verhält es sich bei umfassenden Maßnahmen, die motivational eine große Herausforderung für die Lernenden darstellen und einer eingehenden fachlichen Begleitung bedürfen. E-Tutoring, E-Coaching, Betreuung – egal welchen Namen die Betreuung erhält, sie sollte auf jeden Fall gewährleistet sein, sowohl fachlich kompetent wie auch didaktisch geschult.

Darüber hinaus ist für viele Lernende der Austausch mit Mitstreitern von großer Bedeutung. Bei Blended-Learning-Maßnahmen ist dies zumindest in den Präsenz-Veranstaltungen gegeben. Doch für alle anderen E-Learning-Szenarien (WBTs, Online-Kurse, Online-Phasen von Blended-Learning etc.) ist die Möglichkeit zur Kommunikation

[13] Mehr dazu im Abschnitt 8.2.4 Wer soll wie lernen? – die Zielgruppe.

und zum Fachaustausch notwendige Voraussetzung für den Lernerfolg. Kommunikation kann sowohl asynchron (e-Mail, Foren u.a.) als auch synchron (Chat, Virtual Classroom etc.) erfolgen.

Auch kollaborative Lernformen können Bestandteil eines E-Learning-Szenarios sein, etwa die Zusammenarbeit in einem Wiki oder die Formulierung von Gruppenaufgaben durch den Tutor/die Tutorin.

Alle kommunikativen und kollaborativen Lernszenarien eignen sich sehr gut, um darüber eine „Anpassung" von Standard-Inhalten auf das eigene Unternehmen vorzunehmen,

- indem die Betreuung des Kurses durch einen eigenen Mitarbeiter übernommen wird, der Lernaufgaben stellt, die einen Transfer der Inhalte auf das eigene Arbeitsumfeld ermöglicht,
- indem die Kommunikation unter den Lernenden dahingehend gesteuert wird, dass firmeneigene Anwendungen des Gelernten diskutiert werden,
- indem kollaborative Aufgaben gestellt und bearbeitet werden, die Situation vor Ort beleuchten und diskutieren.

Im Sinne des Wissensmanagements ist es auch denkbar unabhängig von einer konkreten Qualifizierungs-Maßnahme oder im Anschluss daran, Fachdiskussionen in Foren, Wikis, gemeinsamen Blogs fortzuführen. Auf diesem Wege kann vorhandenes Wissen im Unternehmen gesammelt, strukturiert und anderen zur Verfügung gestellt werden.

8.3 LMS oder ASP ? – Anmerkungen zur Technik

Soll E-Learning in einem Unternehmen eingeführt werden, so ist dies nicht nur eine inhaltliche Entscheidung, sondern auch eine über die technische Realisierung. Dazu sollen hier nur einige Anmerkungen gemacht werden.

In der Planungsphase von E-Learning-Maßnahmen spielen die Überlegungen zur technischen Realisierbarkeit eine wesentliche Rolle. Dies ist wichtig im Hinblick auf die Machbarkeit und die Akzeptanz innerhalb des Unternehmens. Wird z.B. ein WBT ausgewählt, das zwar inhaltlich sehr gut aufbereitet und didaktisch hervorragend gestaltet ist, aber ein eigenes Lernmanagement-System (LMS) erfordert, so sind Schwierigkeiten in der Akzeptanz der Nutzenden möglicherweise vorprogrammiert, da sie sich auf eine neue Benutzeroberfläche und -führung einstellen müssen. Zudem ist in der Regel mit erheblichen Kosten für das LMS zu rechnen.

Eine Grundregel für die technische Seite des E-Learnings sollte für mittelständische Unternehmen daher lauten: Die Entscheidung für eine E-Learning-Lösung darf sich nicht hauptsächlich daran ausrichten, was technisch möglich ist, sondern vielmehr daran, was mit der vorhandenen technischen Infrastruktur im Unternehmen machbar und nötig ist. Wo immer möglich sollten E-Learning-Anwendungen daher in bestehende technische Infrastrukturen integriert werden, zumindest bezüglich des Zugangs und der Benutzeroberfläche. Zum einen können dadurch kostenintensive Investitionen in E-Learning-Infrastrukturen vermieden werden. Zum anderen wird die Akzeptanz der neuen Lernmedien bei den Mitarbeitenden erheblich höher sein, wenn sie sich in vertrauten technischen Umgebungen bewegen können.

Alternativ sind auch ASP-Lösungen denkbar, d.h. das Unternehmen muss weder ein eigenes LMS anschaffen noch eine Integration in vorhandene Infrastrukturen vornehmen, sondern bucht Kurse im Sinne des Application Service Providing (ASP). In der Regel können entsprechende Lerneinheiten mittlerweile einfach über das Internet belegt und bearbeitet werden. Die Lernenden bewegen sich folglich in einem vom Unternehmen völlig getrennten „Raum".

Anders verhält es sich, wenn sich ein Unternehmen entschließt, die Weiterbildung der Mitarbeitenden überwiegend über E-Learning-Szenarien zu organisieren und eine große Anzahl von Mitarbeitenden häufig weiterqualifiziert werden soll. In diesem Fall kann der Einsatz ein eigenes Lernmanagementsystem sinnvoll sein. Das LMS sollte sich dennoch nach Möglichkeit an den Software-Nutzungsgewohnheiten des Personals orientieren.

E-Learning ist integraler Bestandteil des Wissensmanagements eines Unternehmens. Verfügt das Unternehmen über ein Wissensmanagementsystem, so sollte auch E-Learning über das gleiche System zugänglich sein. Dies ist umso wichtiger, je stärker E-Learning am Arbeitsplatz stattfindet, sich also mit kleinen Lerneinheiten und Infoblocks in einem fließenden Übergang zum Wissensmanagement befindet.

8.4 Wer soll wie lernen? – die Zielgruppe

Alle bisherigen Überlegungen laufen ins Leere, wenn nicht gleichzeitig auch die Zielgruppe in den Blick genommen wird. An ihr richtet sich die Entscheidung über Content und auch Technik aus. Die Mitarbeitenden des Unternehmens sollen ihre Fähigkeiten und Kompetenzen erweitern, um so zum Know-How als Unternehmenskapital beizutragen. Notwendige Konsequenz ist, dass die Weiterbildungsmaßnahmen an den Mitarbeitenden ausgerichtet sind.

8.4.1 Zielgruppenspezifische Angebote

Innerhalb eines Unternehmens gibt es verschiedene Zielgruppen, je nach Aufgabengebiet und Ausbildung bringen die Mitarbeitenden unterschiedliche Voraussetzungen mit. Nachdem also durch die Abklärung von Wissenszielen der Bedarf ermittelt wurde, müssen vor der Auswahl von E-Learning-Szenarien folgende Fragen geklärt werden[14]:

- Welche Computerkenntnisse sind vorhanden?
- Wie ausgeprägt ist die Problemlösungskompetenz eines Mitarbeiters? Dies gibt z.B. Aufschluss darüber, ob der Mitarbeiter in der Lage ist, Learning-on-Demand-Angebote zu nutzen.
- Wie hoch ist die Lernkompetenz? Mitarbeitende, die sich regelmäßig z.B. über Fachliteratur oder Besuch von Weiterbildungen auf dem Laufenden halten, haben in der Regel eine höhere Lernkompetenz als Mitarbeitende, die dies nicht tun. Entsprechend hoch oder gering kann der Selbstlernanteil einer E-Learning-Maßnahme sein.
- Wie wichtig ist den Lernenden der soziale Bezug im Zusammenhang mit Lernen? Entsprechend müssen Kommunikationsangebote ausgeprägt sein.

Eine Studie des KompetenzZentrums E-Learning[15] geht von folgenden Lernertypologien aus, woraus sich Schlussfolgerungen für die Art des Lernszenarios ziehen lassen:

- *Viellerner*: Sowohl formelle wie informelle Lernformen werden von Viellernern häufig genutzt, während sie gleichzeitig hohen Wert auf persönliche Betreuung legen. Meist haben sie einen höheren Bildungsabschluss und eine ausgeprägte Computerkompetenz. Diese Zielgruppe ist besonders gut für E-Learning-Szenarien mit guter tutorieller Betreuung zu gewinnen.

---

[14] Eine Checkliste für die anvisierten Zielgruppen findet sich unter: http://www.foraus.de/lernzentrum/lernmodule/15_wbt_autor/pdf/checkl_zielgr.pdf

[15] http://www.elearning-zentrum.de/doc/doc_download.cfm?AF3A3D9B34731D71AD474779FCB70437

- *Weniglerner*: Für berufliche Zwecke lernt diese Gruppe eher selten. Meist haben Weniglerner eine geringere Schulbildung und sind eher Arbeiter. Die Computerkompetenz ist gering ausgeprägt. Soll diese Zielgruppe über E-Learning geschult werden, so muss zunächst die Medienkompetenz gefördert werden. Zudem ist hier ein hoher persönlicher Betreuungsaufwand notwendig um technische und motivationale Probleme zu meistern. Blended-Learning-Szenarien mit ausgeprägten Präsenzphasen und intensiver Betreuung der Online-Phasen sind empfehlenswert.
- *Informelle Lerner:* Eigeninitiative, Lesen von Fachliteratur, Fachgespräche mit Kollegen, Computerrecherche und hohe Computerkompetenz sind charakteristisch für diese Gruppe. Für eine solche Zielgruppe können Selbstlern-Szenarien entworfen werden, die lediglich auf Abruf eine Betreuung erfordern. Insbesondere Learning-on-Demand und Lernen am Arbeitsplatz werden von dieser Gruppe viel genutzt.
- *Betreuungsorientierte:* Mitarbeitende, die dieser Gruppe zuzurechnen sind, nutzen gelegentlich Lernangebote, aber selten im informellen Rahmen. Ihre Computerkompetenz ist eher gering, viele haben einen Hauptschulabschluss und/oder arbeiten als Fach- und Sacharbeiter. Sie lernen gerne in sozialen Zusammenhängen mit intensiver Betreuung durch den Dozenten. Diese Gruppe wird schwer für E-Learning zu gewinnen sein. Sinnvoll erscheinen hier sehr betreuungsintensive Blended-Learning-Maßnahmen, die auch in den Online-Phasen eine ausgeprägte Betreuung durch Dozenten und Tutoren vorsehen.

Es zeigt sich in dieser kurzen Skizze von Lerntypen, dass die Auswahl des Lernszenarios und damit auch die Frage, woher der Content kommt, sehr stark von der Zielgruppe abhängig ist.

8.4.2 Lernort und -zeit

In dem bisher Gesagten ist es schon mehrfach angeklungen: Eine entscheidende Frage, die geklärt sein muss, wenn E-Learning erfolgreich im mittelständischen Unternehmen genutzt werden soll, ist die nach dem Lernort und damit auch verbunden nach der Lernzeit.

Innerhalb des Unternehmens muss es eine klare Regelung darüber geben, wo und wann die Mitarbeitenden an einem E-Learning-Szenario teilnehmen.

Am Arbeitsplatz: Learning-on-Demand-Module oder kurze Lerneinheiten, sind so konzipiert, dass sie rasch am Arbeitsplatz absolviert werden können. Nur dann sind sie sinnvoll und effektiv. Lernen am Arbeitsplatz hat den Vorteil, dass hier sehr flexibel gelernt werden kann, also immer, wenn der Bedarf besteht oder gerade Zeit dafür vorhanden ist. Doch genau darin liegt auch die Schwierigkeit. Zum einen gibt es wenige Arbeitsplätze, an denen „mal eben" Zeit zum Lernen vorhanden ist, zum anderen kommt es meist zu häufigen Unterbrechungen der Lern-Sitzung, da „man ja doch da ist" und sich folglich anderen Aufgaben widmen kann. Umfassendere Bildungs-Maßnahmen können daher in der Regel nur sehr schwer am Arbeitsplatz durchlaufen werden.

Lernraum: Eine Alternative stellen Lernräume dar, also ein im Betrieb zur Verfügung stehender Raum mit entsprechender EDV-Ausstattung, in den sich die Mitarbeitenden, nach Möglichkeit zu vorher individuell vereinbarten Zeiten, zurückziehen können, um sich auf die Lernmodule zu konzentrieren. Unterbrechungen sind hier nur noch die Ausnahme.

Freizeit: Insbesondere in mittelständischen Unternehmen fehlt jedoch oft die Zeit, um sich in einen Lernraum zurück zu ziehen. Die Lernzeit kann auch auf die Freizeit des Mitarbeitenden verlegt werden. Allerdings sollte es hier eine klare Regelung zwischen der Geschäftsführung/Personalabteilung und dem Mitarbeitenden darüber geben, ob und wie diese Zeit als Arbeitszeit angerechnet und vergütet wird.

Wichtig für das Gelingen von E-Learning ist also die Angemessenheit des Lernszenarios an die Zielgruppe, was z.B. entsprechende Betreuungsangebote mit einschließt, die richtige Wahl von und Absprachen über Lernzeit und -ort, eine lernfördernde Unternehmenskultur, die Integration der Bildungsmaßnahmen in das vorhandene Wissensmanagement sowie die Motivation der Lernenden. Letztere wird erreicht, indem Einstiegshürden gering gehalten werden, Lernkontrollen durch die Betreuung wie auch durch die Lernenden selbst geschaffen werden sowie Anreize wie etwa Abschlusszertifikate gegeben werden.

8.5 Empfehlungen

Abschließend werden noch einige kurze Empfehlungen gegeben, die grundsätzlich beim Einsatz von E-Learning in Unternehmen beachtet werden sollten.

- Innerhalb des Unternehmens muss Lernen Bestandteil der Unternehmenskultur fest verankert sein.
- Weiterbildung ist wesentlicher Bestandteil des Wissensmanagements und sollte daher eng damit verzahnt werden.
- Wissensziele müssen regelmäßig überprüft werden. Der daraus abgeleitete Qualifizierungsbedarf muss stetig und rechtzeitig erhoben werden.
- Bildung innerhalb des Unternehmens darf nicht ausschließlich eine „Feuerwehrfunktion“ haben.
- Eine Kombination aus „Wissensaufbau auf Vorrat“ und "Informationsabruf on Demand" kommt dem alltäglichen Bildungsbedarf und den langfristigen Wissenszielen zu Gute.
- Innerhalb des Unternehmens muss es einen Verantwortlichen für die Weiterbildung geben, der sich regelmäßig um Bedarfserhebung etc. kümmert.
- Innerhalb des Unternehmens sollte es eine Person geben, die didaktisch geschult ist, um eingekaufte Bildungsangebote beurteilen und selbst produzierte Lernmodule entsprechend aufbereiten zu können.
- Es muss immer wieder hinterfragt werden, ob E-Learning auch der geeignete Weg ist, um das jeweilige Ziel zu erreichen.

9 Entwicklungsstand von eLearning in der beruflichen Aus- und Weiterbildung

Versuch einer Zwischenbilanz

Dr. Peter Littig
DEKRA Akademie GmbH

9.1 Von PLATO bis heute

Als im Jahr 1960 in den USA PLATO I (PLATO = Programmed Logic for Automated Teaching Operations), das damals einen Großcomputer erforderte, der u. a. mit einem Bildschirm und einer Spezialtastatur zur Menüsteuerung ausgestattet war, der Öffentlichkeit vorgestellt wurde, waren die späteren tatsächlichen Auswirkungen auf Lehren und Lernen noch von niemandem abzusehen. – Dass im Rahmen der Weiterentwicklung des ersten PLATO Systems bereits lange vor der Markteinführung des ersten PCs uns heute geläufige Lernelemente wie Online-Foren, Whiteboards, eMail, Chat-Räume, Instant-Messaging, Online-Spiele u. v. a. m. entstanden, mag allerdings ein wenig andeuten, welche Initialwirkung eLearning Pioniere wie die PLATO Entwickler der späten fünfziger und der sechziger Jahre ausgelöst haben. – Dies kann natürlich nicht darüber hinwegtäuschen, welche Irrungen und Wirrungen, welche Euphorien und Fehleinschätzungen die weitere Entwicklung von eLearning in den letzten viereinhalb Jahrzehnten begleiteten, aber auch welche Hürden sich bis zum heutigen Stand der Implementierung von eLearning noch in den Weg stellen sollten.

Obwohl die Entwicklungsgeschichte von PLATO eindrucksvoll belegen mag, dass eLearning, das unserem heutigen Verständnis recht nahe kommt, bereits vor mehr als vierzig Jahren - in allerdings noch eher kleinen elitären Kreisen – thematisiert und erprobt wurde, dauerte es noch bis weit in die neunziger Jahre hinein, bis eLearning als potenziell nützliches neues Lernwerkzeug – gekoppelt an den Grad der Popularisierung der Internetnutzung - auch in breiteren Schichten unserer Gesellschaft wahrgenommen wurde. – Doch trotz der hochdynamischen Entwicklung neuer Möglichkeiten, die sich durch die wachsende Verfügbarkeit des Internet ergaben, mussten in den vergangenen Jahren insbesondere die von eLearning Anbietern veröffentlichten euphorische Erwartungen hinsichtlich des zukünftigen Durchdringungsgrads von eLearning in allen Bereichen unserer Gesellschaft immer wieder nach unten korrigiert werden: Wenn die Annahmen und Behauptungen vieler eLearning Provider in den ersten zwei bis drei Jahren dieses Jahrhundert zumindest zum überwiegenden Teil eingetroffen wären, hätte sich eLearning mittlerweile in allen Bildungsbereichen auf breiter Ebene durchgesetzt und die vermeintliche Revolution des Lernens[16] hätte schon längst stattgefunden, mit dem Ergebnis, dass eLearning als die absolut dominierende Lernform in der beruflichen Aus- und Weiterbildung bei Pesonalentwicklern und insbesondere bei den Lernerinnen und Lernern anerkannt wäre.

Dass aber die wirtschaftlichen Erwartungen, die insbesondere Anbieter aber auch Unternehmen mit eLearning verknüpft haben und verknüpfen, in den vergangenen Jahren immer wieder nach unten revidiert werden mussten, ist zweifelsohne auf eine Vielfalt unterschiedlicher Gründe zurückzuführen.

Zu diesen Gründen zählen u. a.[17]

- unrealistisch überzogenen Erwartungen hinsichtlich wirtschaftlicher Effektivität und Effizienz von eLearning
- die Unterschätzung des tatsächlich zu leistenden finanziellen und personellen Aufwands bei der dauerhaften Implementierung (Aufrechterhaltung und Weiterentwicklung)
- Fehleinschätzungen hinsichtlich der tatsächlichen Lernwirkung von eLearning, gefolgt von der Enttäuschung darüber, dass die pure Einführung von Lernsoftware nicht ausreicht, die große Mehrheit der Lernerinnen und Lerner lernen zu machen
- die überzogene Orientierung an den technischen Möglichkeiten, die die Informationstechnologie für die Entwicklung von eLearning Konzepten bietet, bei gleichzeitiger Ignoranz der Ergebnisse der Lernpsychologie und der Verkennung der Notwendigkeit der Lernerorientierung und darauf aufbauender methodisch-didaktischer Konzepte.

[16] Vergl. Scheffer, u., Hesse, F.W. (Hrsg.), eLearning – die Revolution des Lernens gewinnbringend einsetzen, Stuttgart 2002

[17] Vergl. auch Interview mit Prof. em. Dr. Horst Dichanz, ehemals: LG Theorie der Schule und des Unterrichts, FernUniversität Hagen im Rahmen der Learntec, Karlsruhe 2004

9.2 Zwischenbilanz

9.2.1 Neue Marktchancen durch Lernerorientierung statt Technologiehörigkeit

Wenn nun in den ersten Jahren des einundzwanzigsten Jahrhunderts neue Hoffnung hinsichtlich des Nutzens und einer verbreiteteren Vermarktungsfähigkeit von eLearning aufkeimt, so mag das u.a. daran liegen, dass heute die Erwartungen, die sich an eLearning richten, aufgrund früherer Erfahrungen als erheblich realistischer als noch vor wenigen Jahren zu charakterisieren sind. – Ganz wesentlich erscheint mir allerdings die Tatsache, dass sich bei der Entwicklung von eLearning Konzepten seit Beginn dieses Jahrzehnts ein mehr oder minder schleichender Paradigmenwechsel vollzogen hat, mit der Konsequenz, dass eine stärkere Lernerorientierung die bis vor kurzer Zeit übliche absolute Technologieorientierung nach und nach abzulösen begonnen hat.

Wesentliches Charakteristikum der Lernerorientierung ist die Verwirklichung der Forderung, dass die Entwicklung von Lernprozessen, bei denen eLearning zum Einsatz kommen soll, beim Lerner selbst anzusetzen hat. Das heißt, dass nach meinem Verständnis Lernerorientierung daran festzumachen ist, ob es im Rahmen von Entwicklungsprozessen gelingt, die nicht selten übliche technologiegetriebene Kausalkette:

Lernmedium –> Lernumgebung –> Lernkategorien -> Lernziele -> Lerner

zugunsten des Lerners umzukehren. – D. h. dass bei der Entwicklung von eLearning Produkten nicht mehr nach dem Prinzip vorgegangen wird, alles was technisch machbar ist für einen mehr oder minder anonymen Lerner zu entwickeln, sondern umgekehrt von real existierenden Lernerinnen und Lernern, von deren Möglichkeiten, Bedürfnissen und Zielen auszugehen, was auch die Berücksichtigung von deren Lernbiografie, von deren Motivation zu lernen und von deren Interessen für bestimmte Themenfelder und Inhalte einschließt mit dem Ziel, die Lernenden in ihrem selbsttätigen und selbstverantworteten Lernen zu unterstützen. Zu lernerorientierten Entwicklungsprozessen gehört es beispielsweise aber auch, immer wieder aufs Neue die selbstreflektierende Frage zu klären, ob eLearning im jeweiligen Einzelfall bzw. in der jeweiligen spezifischen Situation tatsächlich eine stärkere Motivation auf den Lerner ausübt und schließlich größere Lernerfolge verspricht als traditionelle Lernmethoden.

Konzentration auf den Lerner stellt somit u. a. folgende Problemfelder in den Mittelpunkt der Entwicklung von Lernsystemen[18]:

- lernerorientierte eLearning-Systeme sollten dem Lerner die Möglichkeit zu Selbsteinschätzungstest bieten, um ihn in die Lage zu versetzen, sich selbst bzw. den eigenen Kenntnisstand richtig zu bewerten;
- lernerorientierte eLearning-Systeme erfordern Flexibilität und müssen zielgruppenspezifische Variationen zulassen;
- lernerorientierte eLearning-Systeme sollen dem Lerner eine Informationsbasis bereitstellen, die es ihm erlaubt, seinen eigenen Kenntnis- und Wissensstand einzuordnen und daraus seine persönliche Lernstrategie abzuleiten;
- lernerorientierte eLearning-Systeme müssen die Tatsache berücksichtigen, dass der Lernbiografie eines Lerners erheblich mehr Bedeutung für den Erfolg von Lernprozessen zukommt, als allen technischen Möglichkeiten zur Steuerung von Lernprozessen.
- lernerorientierte eLearning-Prozesse, speziell die, die sich an Erwachsene richten, sollten die höchstmögliche Individualität zulassen, da Lernprozesse Erwachsener mehr oder weniger selbst gesteuerte Lernprozesse sind.

Darauf, dass sich tatsächlich ein Paradigmenwechsel von der Technologieorientierung hin zur Lernerorientierung vollzieht, mag auch die neue Form der Markterschließung einzelner eLearning Anbieter hindeuten. Beispielsweise setzt sich der Anbieter WEBACAD seit dem Jahr 2002 im Rahmen eigener Marktstudien unter der Überschrift ‚der E-Learner – das unbekannte Wesen' mit den Bedürfnissen und Erfahrungen der eLearner auseinander und verkündet anlässlich seiner im Jahr 2006 erschienenen Studie[19], dass der eLearner nun kein unbekanntes Wesen mehr sei.

Aber auch Studien wie die der DEKRA Akademie mit dem Titel ‚Klug durch eLearning'[20] oder das thematische eLearning – Monitoring im Auftrag der Europäischen Kommission[21] rückten die erforderliche Lernerorientierung in den Mittelpunkt ihrer Überlegungen.

[18] Cf. Dichanz/Ernst:eLearning – begriffliche, psychologische und didaktische Überlegungen

[19] Nähere Informationen unter: www.webacad.de

[20] Littig, P., Klug durch E-Learning?, Bielefeld 2002

[21] Attwell, G., Dirckinck-Holmfeld, L., Fabian, P., Kárpáti, A., Littig, P., E-Learning in Europe – Results and Recommendations, Thematic Monitoring under the Leonardo da Vinci Programme, Bonn 2005

Ein weiteres Merkmal der Entdeckung des Lerners als eLearning Kunde, seiner Erfahrungen, seiner Ziele und seiner Bedürfnisse zeigt sich u. a. darin, dass bisherigen Erfahrungen in der betrieblichen und außerbetrieblichen Aus- und Weiterbildung wie in allen anderen Bereichen des Bildungswesens beim Einsatz von eLearning nach und nach eine erheblich größere Bedeutung im Rahmen der Entwicklung neuer Konzepte beigemessen wird. – So haben gerade derartige Erfahrungen gezeigt, dass die Lernerfolge der Lernerinnen und Lerner trotz der Verfügbarkeit hochentwickelter Lernsoftware auch ganz wesentlich davon abhängen, welche persönliche Unterstützung den Lernern durch Tutoren bzw. Coaches zuteil wird. – Als Konsequenz aus diesen Erfahrungen mag u. a. der Begriff ‚Blended Learning', der ein Mixtum aus persönlicher Unterstützung, Präsenzlernen und eLearning beschreibt, deshalb symbolisch für den Paradigmenwechsel hin zur Lernerorientierung stehen. – Dieser wurde spätestens seit der ASTD-Konferenz[22] in den USA im Jahr 2001 auch in Europa und in Deutschland hoffähig, da in diesem Rahmen eLearning Experten aus der ganzen Welt für dessen Notwendigkeit plädierten.

Als erstes Ergebnis einer Zwischenbilanz zu eLearning in der beruflichen Aus- und Weiterbildung ist somit festzuhalten, dass die Wende zur Lernerorientierung tatsächlich begonnen hat und die berechtigte Hoffnung schürt, dass über eine daraus resultierende größere Akzeptanz durch die Lerner selbst, die Marktdurchdringung durch eLearning beschleunigt werden kann.

Eine Bilanz zum Entwicklungsstand von eLearning in der beruflichen Aus- und Weiterbildung zu ziehen, sollte aber auch Fragen nach Inhalten und Zielgruppen miteinschließen, sowie die Frage nach der Akzeptanz von eLearning bei Unternehmensmitarbeiterinnen und – mitarbeitern sowie bei Führungskräften.

9.2.2 Inhalte und Zielgruppen

Eine neue Studie des MMB Instituts für Kompetenzforschung[23] mit dem Titel ‚Corporate Learning 2006', die u. a. hinterfragte, welche Inhalte im Rahmen von eLearning besonders nachgefragt sind, hatte zum Ergebnis, dass die Vermittlung von IT-Fachwissen besonders stark nachgefragt wird – stärker als die Vermittlung von kaufmännischem Fachwissen und von Produktschulungen. – Eine eher nachgeordnete Rolle spielt allerdings die Nachfrage nach Softskills wie Teamtraining oder Kommunikationstraining.

[22] ASTD: American Society for Training and Development

[23] Vergl. MMB Institut für Medien- und Kompetenzforschung (Hrsg.), Corporate Learning 2006, Essen 2006

Grundsätzlich entsprechen die Resultate der MMB-Studie, die sich ausschließlich auf Deutschland und ausschließlich auf die betriebliche Weiterbildung bezieht, den Trends, die auch den europäischen eLearning Monitoring Ergebnissen zu entnehmen sind[24].

Das europäische eLearning Montoring hatte es zum Ziel zu untersuchen, welche Tendenzen sich aus den von der EU geförderten eLearning Projekten in den einzelnen europäischen Ländern, u. a. in Deutschland ableiten lassen, welche Schwerpunkte erkennbar sind und wo zukünftig im Rahmen geförderter Projekte weitere Schwerpunkte zu legen sind. – Da die geförderten Projekte sich selbst an nachweisbaren Bedarfen zu orientieren haben, erlaubt die Analyse im Umkehrschluss Aussagen auch über Bedarfe an eLearning Inhalten und über deren Nutzungshäufigkeit durch definierte Zielgruppen insbesondere auf europäischer Ebene.

Was die Inhalte betrifft, so sieht auch das europäische eLearning Monitoring Technologietrainings im Vordergrund, wobei diese nicht nur IT-Trainings, sondern beispielsweise auch spezielle Trainings für Ingenieure umfassen. An zweiter Stelle finden sich auch in der EU Studie betriebswirtschaftliche /kaufmännische Trainings (inkl. Managementthemen), gefolgt von Sprachtrainings. Darüber hinaus scheint sich ein wachsendes Interesse an eLearning Angeboten mit medizinischen Inhalten (inklusive Programme zur Ausbildung in Erster Hilfe) zu entwickeln, die sich an Ärzte, Krankenschwestern, Krankenpfleger und medizintechnisches bzw. medizinisches Betreuungspersonal wenden. – Wie in der MMB-Studie auch, hat das Nachfragepotenzial bezüglich der Vermittlung so genannter Schlüsselqualifikationen auch auf europäischer Ebene keine besonders signifikante Bedeutung. – Dass im europäischen eLearning Monitoring im Gegensatz zur MMB-Studie Sprachtrainings einen nicht unbedeutenden Anteil einnehmen, mag daran liegen, dass eLearning gestützte Sprachtrainings vergleichsweise nur selten im Rahmen betriebliche Weiterbildung zu Einsatz kommen und fast ausschließlich von Privatanwendern genutzt werden.

9.2.3 Akzeptanz auf der Mitarbeiter- und Führungsebene

Hinsichtlich der Akzeptanz auf der Mitarbeiter- und Führungsebene liefert die Studie der DEKRA Akademie, die unter dem Titel ‚Klug durch eLearning?' veröffentlicht wurde, einige interessante Hinweise.

[24] Vergl. Attwell u.a. 2005

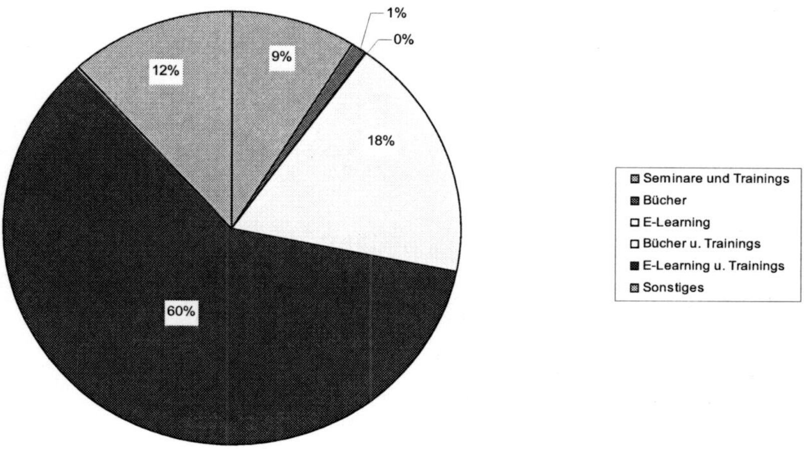

Abb.1: Privat bevorzugte Weiterbildungsformen der Anwender (Quelle: DEKRA Akademie GmbH)

Während die Unternehmensmitarbeiterinnen und –mitarbeiter (hier Anwender genannt) sich für so genannte reine eLearnings kaum begeistern können, scheinen Blended Learning Konzepte (hier: eLearning und Trainings) eine erhebliche Anziehungskraft auf die einzelnen Unternehmensmitarbeiter auszuüben.

Im Gegensatz zu den Unternehmensmitarbeitern (Anwendern) besitzt bei den Führungskräften reines eLearning eine weitaus höhere Akzeptanz, während erheblich weniger Führungskräfte als Anwender Blended Learning bevorzugen. – Möglicherweise mag dies weniger an eigenen Erfahrungen der Führungskräfte mit eLearning bzw. Blended Learning liegen, sondern auch an der Überzeugung eines Teils der Führungskräfte, dass reines eLearning im Vergleich zu Blended Learning Effizienz- und Kostenvorteile bietet.

Generell lässt aber die Befragung der Anwender und Führungskräfte zusammenfassend den Schluss zu, dass eLearning (inkl. Blended Learning) im Bewusstsein beider Gruppen bereits ein hohes Maß an Akzeptanz erreicht hat, was ebenfalls auf eine weitere Steigerung des Durchdringungsgrads von eLearning in der beruflichen Aus- und Weiterbildung schließen lässt.

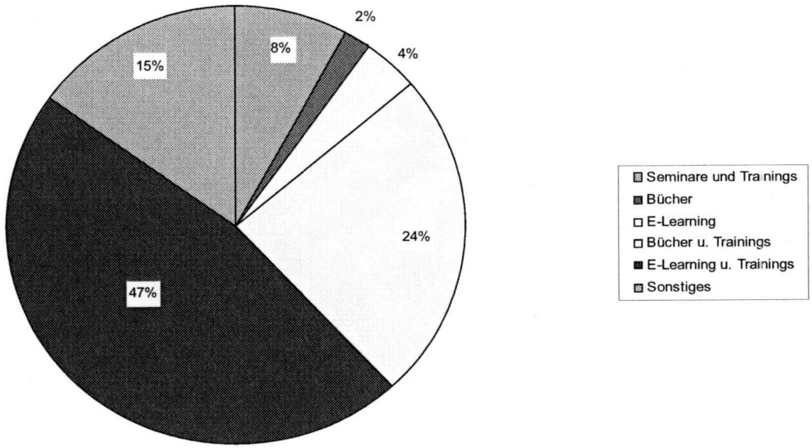

Abb. 2: Privat bevorzugte Weiterbildungsformen der Führungskräfte (Quelle: DEKRA Akademie GmbH)

9.2.4 Eintritt erwarteter Effekte

Die erwarteten Effekte waren die Einsparung von Weiterbildungskosten sowie bessere Bildungsergebnisse.

Nachdem das Kostenargument immer wieder als eines der Hauptargumente für die Einführung von eLearning seitens der Anbieter propagiert worden war, muss diese Argumentation einer erheblich differenzierten Betrachtung weichen. – Studienergebnisse[25] zeigen, dass bei ca. 25 % der befragten Unternehmen, die eLearning einsetzen, die Kosten für Weiterbildung gestiegen sind und nur zwölf Prozent der Unternehmen einen Rückgang der Weiterbildungskosten verbuchen können, der eindeutig auf den Einsatz von eLearning zurückzuführen ist. – Insgesamt kommt die Studie dabei zu dem Schluss, dass die Einführung von eLearning zwei konträre Effekte auslösen kann: Einerseits können dadurch Kosten bei Präsenzseminaren durch den (partiellen) Ersatz einiger Veranstaltungen durch eLearning Angebote eingespart werden, andererseits können auch Kostensteigerungen durch notwendige zusätzliche Investitionen in die technische Infrastruktur im Rahmen der Einführung und auch später zum Erhalt und Ausbau des eLearning Angebots entstehen. – Nicht berücksichtigt sind dabei so genannte indirekte Kosten wie Personalkosten, die sich aus dem täglichen Betreuungsaufwand, aber auch aus dem Aufwand zur Beseitigung künftiger Performance-

[25] Vergl. Littig 2002

probleme etc. ergeben können. – Wie zwischenzeitlich die Erfahrungen vieler Unternehmen gezeigt haben, ist eLearning nicht automatisch in jeder Situation die kostengünstigste Lösung, es kann – falsch eingesetzt – erheblich teurer kommen als erwartet.

Im Gegensatz zum Kostenargument haben allerdings andere Entscheidungskriterien bezüglich eLearning zwischenzeitlich erheblich an Bedeutung gewonnen. – Beispielsweise hat sich eLearning als gut geeignetes Instrumentarium zur Weitervermittlung von Informationen an eine große und möglichst dislozierte Zielgruppe erwiesen. – Gute eLearning Produkte erlauben auch zweifelsfrei die Anpassung an das persönliche Lerntempo jedes einzelnen Lernenden. – eLearning eröffnet darüber hinaus zusätzliche neue Möglichkeiten zu lernen und zur stetigen Einübung neuer Fertigkeiten, um nur einige der wichtigsten Argumente anzuführen.

Im Rahmen betrieblicher Weiterbildung zeigen sich die größten Erfolge von eLearning, wenn es für die Anwender darum geht, Kenntnisse zu erwerben, die eine schnelle Umsetzung zur Lösung aktueller betrieblicher Probleme ermöglichen, wobei eher die gut aufbereitete Vermittlung von Informationen im Vordergrund steht und weniger die Umsetzung komplexer Bildungsprozesse.

9.3 Conclusio

Zusammenfassend lässt sich sagen, dass es für die Weiterentwicklung von eLearning und die Steigerung des Durchdringungsgrades in alle Bildungsbereiche hinein von entscheidender Bedeutung sein wird, ob es gelingt, die Orientierung an den Lernenden voranzutreiben und das methodisch-didaktische Konzept in den Mittelpunkt der Entwicklungsprozesse von eLearning bzw. von Blended Learning zu stellen. – Eine besondere Zukunftschance für eLearning bietet zum Beispiel dessen Einbettung in konstruktivistische Lernkonzepte wie sie zum Beispiel bereits heute in der Automobilbranche im Rahmen von Produktionsprozessen im laufenden Betrieb erprobt werden[26].

[26] Beispielsweise wurde bei DaimlerChrysler in Mannheim ein produktionsorientiertes Lernsystem (PLS) entwickelt und eingeführt, das zurzeit auf europäischer Ebene im Rahmen eines EU Projekts im Hinblick auf dessen breitere Nutzungsmöglichkeiten in der Industrieproduktion weiterentwickelt wird (http:// www.eucam.org)

9.4 Literatur

[1] Attwell, G., Dirckinck-Holmfeld, L., Fabian, P., Kárpáti, A., Littig, P., *E-Learning in Europe – Results and Recommendations, Thematic Monitoring under the Leonardo da Vinci Programme*, Bonn 2005

[2] Dichanz, H., Ernst, A., *eLearning – begriffliche, psychologische und didaktische Überlegungen*, in: Scheffer, U., Hesse, F.W. (Hrsg.), eLearning – die Revolution des Lernens gewinnbringend einsetzen

[3] Littig, P., *Klug durch E-Learning?*, Bielefeld 2002

[4] MMB Institut für Medien- und Kompetenzforschung (Hrsg.), *Corporate Learning 2006*, Essen 2006

10 Projektbeispiel: Innovationsverbund PflegeWissen

Weiterbildung in der Pflege – multimedial und mobil

Ausgezeichnet mit dem European eLearning Award eureleA 2006

Elke Kobbert
GOAB (Gemeinnützige Offenbacher Ausbildungs- und Beschäftigungsgesellschaft)

10.1 Übersicht

Die Lebenserwartung in unserer Gesellschaft steigt ständig. Immer mehr Menschen sind auf professionelle Hilfe in ambulanten und stationären Pflegeeinrichtungen angewiesen. Um eine adäquate Versorgung und ein höchstmögliches Maß an Lebensqualität im Pflegefall zu erhalten, wird qualifiziertes Pflegepersonal benötigt. Doch einmal erlerntes Wissen verliert gerade in den Gesundheitsberufen schnell an Aktualität. Medizin und Pflegeforschung liefern ständig neue Erkenntnisse, die in der täglichen Pflegepraxis zur Anwendung kommen müssen. Bundesweit gibt es ca. 860 000 Pflegende[27], die in ambulanten und stationären Altenpflegeeinrichtungen beschäftigt sind. Um dem hohen Anpassungsbedarf dieser Berufsbranche gerecht zu werden, sollen klassische Fort- und Weiterbildungskonzepte durch neue Ansätze ergänzt werden.

In enger Kooperation mit hessischen Altenpflegeeinrichtungen und ambulanten Pflegediensten entwickelt und erprobt das Projekt „Innovationsverbund PflegeWissen" computergestützte Lernmodule. Unter dem Fokus "Qualifizierung im Prozess der Pflegearbeit" werden Lernstationen am Arbeitsplatz der Pflegenden eingerichtet und die Mitarbeiter/innen an das computergestützte Lernen systematisch herangeführt. Ziel ist es, das computergestützte Lernangebot als festen Bestandteil der innerbetrieblichen Fortbildung in den Pflegeeinrichtungen dauerhaft zu etablieren.

Unter dem Themenschwerpunkt „Ambulante und stationäre Notfallsituationen" wurden bisher die Lernmodule „Akutes Sturzereignis" und „Herz-Lungen-Wiederbelebung" entwickelt. Zurzeit wird das Thema

[27] 2004 waren 860 462 Arbeitnehmer/innen beschäftigt: in Altenpflege- und Altenkrankenheimen, Altenwohnheimen und –pensionen, Tagespflegeheimen, ambulanten sozialpflegerischen Diensten und anderen Einrichtungen; ohne staatliche und kommunale Einrichtungen. Quelle: BGW 2006: Aufbruch Pflege. Moderne Prävention für Altenpflegekräfte, S. 28).

„Schluckstörungen“ multimedial umgesetzt. Mit Hilfe dieser Lernmodule können ausgewählte Pflegefachinhalte sowohl über feste PC-Stationen (Lern- bzw. Informationsstationen) als auch in ambulanten Pflegeeinrichtungen über kleine, mobile Endgeräte (z.B. Smartphones oder PDAs) direkt am Arbeitsplatz abgerufen werden. Pflegerelevante Entscheidungsprozesse und deren fachliche Begründungsstrukturen werden mit Hilfe von Bildern, 3-D-Animationen und Pflegeleittexten veranschaulicht und wesentliche Problemstellungen prägnant herausgestellt. Im Projektverlauf werden die Erfahrungen und Problemstellungen von Seiten der Zielgruppe bei der Nutzung der Lernprogramme erfasst und das Lernarrangement kontinuierlich verbessert und weiterentwickelt.

10.1.1 Projektförderung

Das Projekt „Innovationsverbund PflegeWissen“ wird im Rahmen des Programms „Qualifizierung und Weiterbildung von Arbeitskräften“ mit der finanziellen Unterstützung des Europäischen Sozialfonds, des Hessischen Ministeriums für Wirtschaft, Verkehr und Landentwicklung und der Robert Bosch Stiftung gefördert.

10.1.2 Projektpartner

Das Projekt wird von einem Projektpartnerverbund getragen, dessen Zusammensetzung die Gewähr für die erforderliche fachliche Expertise sowie für eine Umsetzung in der notwendigen Breite bietet. Zu den Projektpartnern gehören mittlerweile 15 hessische Pflegeeinrichtungen aus stationären Altenpflegeeinrichtungen und ambulanten Pflegediensten. Die Lernprogramme werden in enger Zusammenarbeit mit den Projektpartnern entwickelt und von den Mitarbeiter/innen der Einrichtung in der Pflegepraxis angewendet und getestet.

10.2 Zielgruppen und Ziele

Die Zeit, in welcher die Anwender/innen die Lernapplikationen der Lernstationen nutzen können, beschränkt sich auf kurze Leerlaufzeiten im Arbeitsalltag. Deshalb wird mit der Wissensvermittlung über die Lernmodule nicht die lehrbuchhafte Breite angestrebt, sondern auf besonders fehleranfällige, relevante und mit den Mitteln des Computers besonders gut präsentierbare Themenstellung aus der komplexen Welt des Pflegewissens fokussiert. Die neuen Lernanwendungen beziehen sich schwerpunktmäßig auf die ersten drei Säulen der in der Graphik dargestellten Kompetenzprofile der pflegerischen Handlungskompetenz und sollen als Ergänzung zu etablierten und bewährten Fortbildungsarrangements genutzt werden.

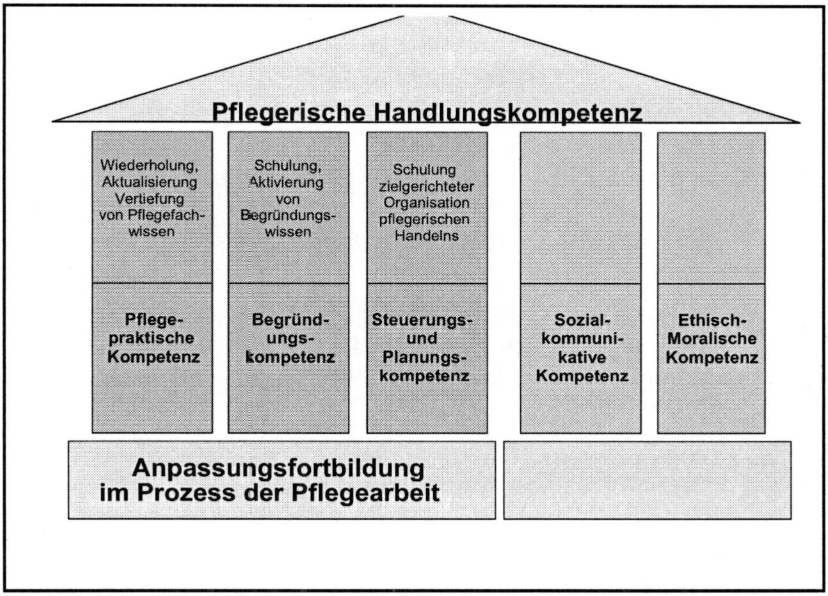

Graphik Kobbert (2004): Anpassungsfortbildung im Prozess der Pflegearbeit. In Anlehnung an das Modell „Berufliche Handlungskompetenz". Kerngruppe Curriculum (2003): Das Stuttgarter Modell: Integrative Pflegeausbildung.

Zum jetzigen Zeitpunkt können ca. 600 Mitarbeiter/innen der beteiligten Projektpartner in den unterschiedlichen Pflegeeinrichtungen die Lernstationen nutzen. Die soziographischen Daten der Mitarbeiter/innen der Projektpartner spiegeln bis zu einer gewissen Bandbreite die Personalsituation in stationären Altenpflegeeinrichtungen und ambulanten Pflegediensten wider:

1. Geschlechterverteilung: 82% Frauen und 18% Männer
2. Altersstruktur: Tendenziell hohes Alter der Mitarbeiter/innen - Altersdurchschnitt beträgt 42 Jahre
3. Qualifikation: 51% Pflegefachkräfte und 49% angelernte Hilfskräfte, die über keinen oder einen anderen Berufsabschluss verfügen, einschl. Auszubildende
4. Herkunft: Für 28% der Mitarbeiter/innen ist Deutsch nicht die Muttersprache
5. PC-Erfahrung: EDV-ungeübte Zielgruppe.

Aufgrund der heterogenen Zielgruppe wurden die Lernprogramme für Pflegekräfte mit unterschiedlichem Qualifikationsprofil entwickelt. Neben den Fachkräften sollen in Abhängigkeit des jeweiligen Fortbildungsthemas auch angelernte Pflegehilfskräfte in der Lage sein, die Lernprogramme zu bearbeiten, um mit Unterstützung von Anleiter/innen fachlich davon zu profitieren.

Die Ziele der Lernanwendungen bei den qualifizierten **Pflegefachkräften** können wie folgt zusammengefasst werden:

- Wiederholung, Vertiefung und Aktualisierung von Pflegefachwissen
- Schulung und Aktualisierung der Begründungskompetenz (z.B. wichtig für die Anleitung und Beratung von Mitarbeiter/innen, Bewohner/innen bzw. Patient/innen und Angehörigen),
- Förderung der Planungs- und Steuerungskompetenz (z.B. zielgerichtete Organisation pflegerischen Handelns, führen von Assessment-Instrumenten, Dokumentation von Pflegeprozessen).

Die Gruppe der **angelernten Hilfskräfte** ist besonders in stationären Altenhilfeeinrichtungen anzutreffen. Eine reine Selbststeuerung bei der Bedienung und Nutzung der Lernanwendungen kann bei dieser Gruppe nicht generell vorausgesetzt werden. Infolge dessen ist bei dieser Zielgruppe eine tutorielle Unterstützung von Seiten der Fachkräfte wichtig.

Folgende Ziele stehen hier im Vordergrund:

- Vermittlung und Aktualisierung von Basiswissen im Bereich pflegerischer Verrichtungen (Förderung der pflegepraktischen Kompetenz und Förderung der Planungskompetenz bezogen auf die Aktivitäten des täglichen Lebens).
- Unterstützung bei der Abgrenzung zu Handlungen, die dem Kompetenzbereich der Pflegefachkräfte vorbehalten sind.

Neben der Fortbildung von Stammpersonal und von Aushilfen können die Lernprogramme auch für **Auszubildende** in der Pflege, für **Berufsrückkehrer/innen** und bei der **Einarbeitung neuer Mitarbeiter/innen** sinnvoll eingesetzt werden. Bei Bedarf können ausgewählte Lernsequenzen auch während der Übergabe bzw. bei Dienstbesprechungen aufgerufen und pflegerelevante Problemstellungen im Pflegeteam diskutiert werden. In Einrichtungen, die im Pflegesektor noch nicht mit EDV arbeiten, werden die Lernstationen genutzt, um die Mitarbeiter/innen an die Arbeit mit dem PC heranzuführen. Für den ambulanten Pflegebereich wird überprüft, inwieweit die Lernprogramme bei der Beratung und Anleitung von pflegenden Angehörigen sinnvoll eingesetzt werden können.

Insgesamt werden folgende Ziele mit dem neuen Lernarrangement verfolgt:

- Terminungebundene Fortbildung - Zugangsmöglichkeit für alle Mitarbeiter/innen (z.B. auch für Teilzeitkräfte und Mitarbeiter/innen, die überwiegend im Nachtdienst eingesetzt sind),
- die Lernenden bestimmen ihr individuelles Lerntempo (Vorteil auch für Mitarbeiter/innen mit Migrationshintergrund bei Sprachbarrieren),
- Förderung des Lerneffektes durch
  - hohe und vielseitige Visualisierungseffekte,
  - Kombination von Bild/Animation, Schrift und Ton,
  - kurze Lernabschnitte, beliebig häufige Wiederholbarkeit der Lerninhalte,
  - eigenverantwortliche Lernerfolgskontrolle,
- „Praxisbezogene Einbindung" pflegewissenschaftlicher Erkenntnisse - enge Verknüpfung von Theorie und Praxis,
- „spielerischer" Abbau von EDV-Widerständen und Förderung der Medienkompetenz bei EDV-ungeübten Pflegekräften,
- Anbahnung einer selbst gesteuerten Lernkultur.

10.3 Anforderungen an die Lernsoftware

Angesichts der heterogenen Zielgruppe und in vielen Fällen geringe Computererfahrung der Pflegekräfte galt es, bei der Entwicklung der ersten Lernmodule (Akutes Sturzereignis, Herz-Lungen-Wiederbelebung) vor allem folgende Aspekte zu berücksichtigen:

- Benutzeroberfläche
  - übersichtliches Basislayout,
  - klare und einfache Bedienungsstruktur,
  - intuitive Benutzerführung einschließlich Hilfen
  - einfache Gliederungsebenen.

- Multimediale Präsentationselemente
  - Fokus auf Bilder, Bildserien, Grafiken, Kurzvideos und Animationen
  - Reduzierung von Textpassagen auf wesentliche Kernaussagen,
  - anregende Farb- und Gestaltungselemente,
  - sinnvolle Verbindung von Ton und Text
  - seriös und ästhetisch wirkende Figuren.
- Zusammenfassungen/Lernhilfen
  - ausgewählte Strukturierungshilfen in Form von Hervorhebungen, Überschriften und Zusammenfassungen,
  - Erläuterung von Fachbegriffen in einem Glossar
  - ergänzende Informationen zu Fachinhalten
  - ausdruckbare Lerninhalte.
- Lernzielkontrolle
  - differenziert nach Qualifikation
  - Multiple-Choice-Aufgaben
  - Drag und Drop Aufgaben.

10.4 Aufbau der stationären Lernmodule

Jedes Lernprogramm beginnt mit einer Startanimation, die den Lernenden in das Thema einführt. Danach erscheinen auf der ersten Bildschirmseite automatisch die Lernziele, die mit der Bearbeitung des Programms erreicht werden sollen.

- Das Seitenlayout unterscheidet sich je nach Themenschwerpunkt bezüglich Farbe und Icons für die Benutzerführung. Die Module, die zu dem übergeordneten Thema „ambulante und stationäre Notfallsituationen" gehören, werden z.B. in abgestuften Rottönen gehalten.
- Im Index werden alle Gliederungsebenen mit Überschriften detailliert aufgeführt. Durch das Anklicken der Überschrift gelangt der Lernende automatisch an die ausgewählte Stelle im Lernprogramm.

- Mit Hilfe einer selbsterklärenden Programmeinweisung wird der Lernende systematisch durch die Menüführung geleitet und ist danach in der Lage selbstständig im System zu navigieren.
- Das Lernprogramm ist mit Bildern, Graphiken, Animationen und Textsequenzen ausgestaltet. Ein Sprecher erklärt den didaktischen Aufbau einer Lernsequenz und hat auf der fachlichen Ebene eine informationsvermittelnde Funktion. Die Kommunikation zwischen Klientin und Pflegekraft wird in Sprechblasen angezeigt. Reflexionsprozesse von Seiten der Pflegenden werden in Gedankenblasen wiedergegeben. Ablaufende Animationen können wie bei einem Videorecorder jederzeit pausiert oder zurückgespult werden.
- Des Weiteren können rot markierte Worte (Wortdefinitionen) und das Symbol mit einem Ausrufezeichen im Lernprogramm angeklickt werden. Das Ausrufezeichen symbolisiert, dass der Lernende zusätzliche Fachinformationen abrufen kann.
- Die Lernsequenzen sind in kleinen Einheiten eingeteilt. Wenn eine Bildschirmseite mit all ihren Darstellungen beendet ist, blinkt der Button „weiter“ auf.

Zusätzlich wurde ein Lernmanagementsystem entwickelt, in das die Lernmodule eingebunden werden. Zum einen können somit einzelne Lernmodule den Mitarbeitern gezielt zugeordnet werden. Fällt beispielsweise ein Themenbereich ausschließlich in den Kompetenzbereich der Pflegefachkräfte, ist es möglich, das entsprechende Lernmodul ausschließlich dieser Zielgruppe zu zuweisen. Zum anderen kann so im System registriert werden, an welcher Stelle der Lernende bei der letzten Sitzung aufgehört hat oder unterbrochen wurde. Gleichzeitig kann mit Hilfe eines Statistikprogramms u.a. abgerufen werden, wie viel Personen, zu welchen Zeiten und mit welcher Qualifikation das Lernsystem genutzt haben. Das Lernmanagement-System registriert auch, ob ein Nutzer im Rahmen der Wissensüberprüfung die Tests erfolgreich durchgeführt hat. Diese Information kann vom Systemmanager zur Ausstellung einer Fortbildungsbestätigung abgerufen werden.

10.5 Die mobile Lernanwendung – „ABC PflegeWissen mobil“

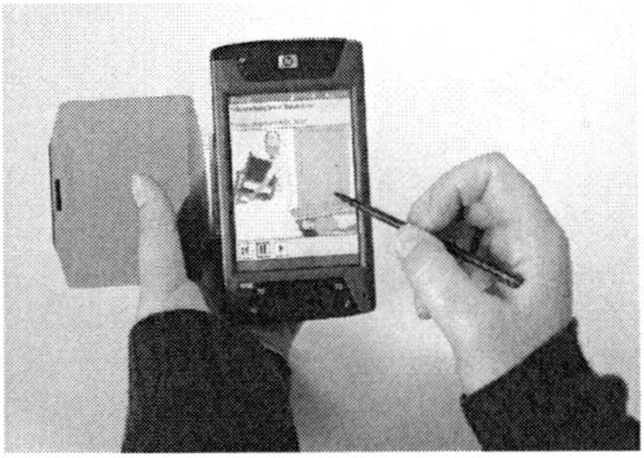

Mobiles Lernen mit einem PDA

Neben dem stationären Lernarrangement ist mit der Verfügbarkeit **mobiler Endgeräte** die technologische Voraussetzung für ein arbeitsplatznahes Informieren und Lernen gegeben. Das Lernen ist somit nicht mehr ausschließlich an die einrichtungsbezogenen Lernstationen gebunden, sondern kann von den ambulant tätigen Mitarbeitern ortsunabhängig erfolgen.

Auf der Startseite hat der User die Möglichkeit sich Lernstoff über die Lexikonfunktion oder anhand einer Themenliste auszuwählen.

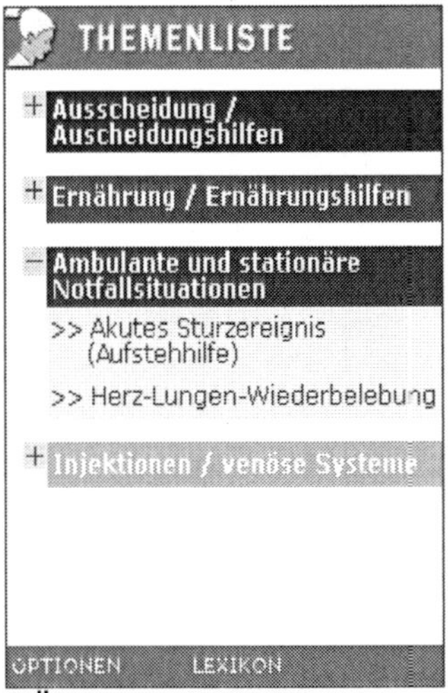

Über einen Klick auf die Themenliste kommt man zur Themenauswahl.

Zur Vermeidung einer zu starken fachlichen Verkürzung werden die Lerninhalte der stationären Applikation mit der mobilen Lernanwendung verknüpft. Für die mobile Lernanwendung wurde in Zusammenarbeit mit der Firma ANOVA ein **Navigationskonzept** entwickelt, das Lernmodul „Herz-Lungen-Wiederbelebung" didaktisch umgearbeitet und in wesentlich verkürzter Form auf die mobile Lernanwendung übertragen.

Die Daten werden in diesem Falle über eine austauschbare Speicherkarte generiert. Die Übertragung über **UMTS** wurde erfolgreich getestet und funktioniert problemlos.

Die Entwicklung weiterer Lernmodule für die mobile Lernanwendung und die Evaluation der Anwendernutzung ist in den nächsten Monaten geplant.

Über die Themenliste kann das komplette Lernprogramm systematisch bearbeitet werden.

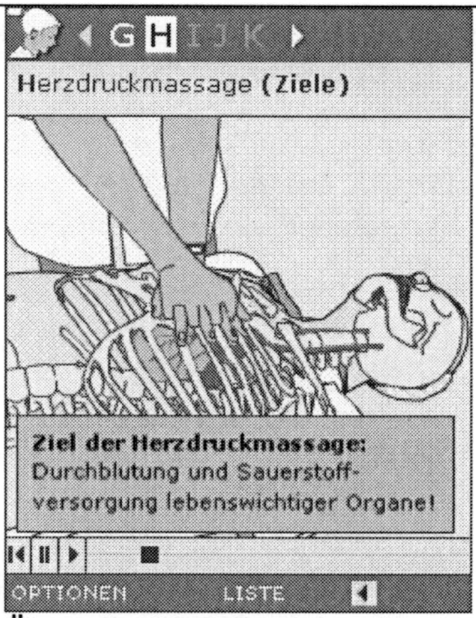

Über die ABC-Funktion können aber auch abgeschlossene einzelne Lerneinheiten abgerufen werden.

10.6 Technische Realisierung

Die technische Realisierung der Lernsoftware erfolgte durch die ANOVA Multimedia Studios (www.elearning.anova.de).

Die Nutzung computergenerierter Filme ermöglicht die Wahrung von Persönlichkeitsrechten dargestellter Personen, gleichzeitig das Ausblenden lernhinderlicher Einzelheiten und das Hervorheben lernförderlicher Details sowie eine Reduktion von Datenmengen durch vektorbasierte Formate.

Dabei ist die Umsetzung der Lerninhalte für die Ausgabe sowohl auf PC (CD-gestützt und webbasiert) als auch auf mobilen Endgeräten als eine technische Herausforderung zu sehen.

10.7 Implementation

10.7.1 Testläufe der stationären Lernmodule

Während des Fertigungsprozesses des ersten Lernmoduls wurden in unterschiedlichen Stadien Testläufe mit den Zielgruppen durchgeführt. Ziele dieser Testläufe waren:

- die Benutzerfreundlichkeit bei den unterschiedlichen Zielgruppen zu testen,
- die Wirkung der Präsentationseffekte zu beurteilen,
- die Verständlichkeit der Lerninhalte aus Sicht der unterschiedlichen Zielgruppen zu erfassen,
- im unvollkommenen Zustand des Produktes Schwachstellen aufzudecken, und
- technische Fehler aufzuspüren.

84 Pflegepersonen mit unterschiedlichem Qualifikationsprofil haben das 1. Lernprogramm getestet, bewertet und den Nachbesserungsbedarf analysiert. Anhand dieser ersten Ergebnisse wurde die Menüführung permanent modifiziert.

Testläufe im Bildungszentrum des Frankfurter Verbandes für Alten-und Behindertenhilfe e.V.

Über Beobachtung der Teilnehmer/innen bei der Navigation im System sowie mit Hilfe eines Fragebogens und in Nachgesprächen wurden u.a. die Rückmeldungen über die Menüführung, die graphische Gestaltung und didaktische Aufbereitung der Lerninhalte erfasst und ausgewertet.

Die Ergebnisse der Testläufe der Vollversion übertrafen bei weitem die zuvor formulierten Erwartungen. Auch EDV-ungeübte Mitarbeiter/innen konnten durch die selbsterklärende Einführung und die bedienerfreundliche Nutzerführung das Lernprogramm problemlos bedienen. Der hohe Visualisierungsgrad der Lerninhalte und die Vertiefungsmöglichkeiten durch das „Glossar“ sowie die Funktion „Fachwissen“ trafen auf positive Resonanz bei den Testpersonen. Besonders gelobt wurden die klare und übersichtliche Gliederung sowie die didaktische Präsentation der Lerninhalte. Den eigenen Wissensstand nach Bearbeitung des Lernprogramms selbstständig und mit abwechslungsreichen Bedienungselementen überprüfen zu können, wurde nahezu von allen Testpersonen für gut befunden. Auch Mitarbeiter/innen mit Migrationshintergrund und Sprachbarrieren bewerteten das Lernsystem sehr positiv. Die Möglichkeit, das eigene Lerntempo selbst bestimmen zu können und die Informationsvermittlung über die Kombination von Bild, Sprache und Text wurden von allen, aber ganz besonders von dieser Zielgruppe begrüßt.

Über die teilnehmende Beobachtung bei den Testläufen und durch verbale Rückmeldungen konnten auch einige Problemstellungen identifiziert werden, die bei der Einführung der Lernsysteme in den Praxisbetrieb und bei der Mitarbeitereinweisung besonders berücksichtigt werden sollten:

- EDV-ungeübte Mitarbeiter/innen zögerten Navigationsfunktionen auszuprobieren, aus Angst einen Fehler zu machen.
- Die einfache Darstellung der Lerninhalte birgt die Gefahr, dass Wissensinhalte unterschätzt und zu oberflächlich aufgenommen werden.
- Die strikte Führung durch das Programm kann EDV-geübte Mitarbeiter/innen und Lernende mit schneller Auffassungsgabe auf Dauer langweilen.
- Wenn das Fachwissen nicht angeklickt wird, können die Wissensfragen nicht vollständig beantwortet werden, was zu Frustrationen führen könnte.

10.7.2 Die Einweisung der Mitarbeiter/innen in die Lernanwendungen

Nach der Fertigstellung der ersten beiden Lernmodule und des Lernmanagementsystems wurden die Lernstationen in den Pflegeeinrichtungen installiert. Um die Mitarbeiter/innen für die Anwendung der Lernmodule zu motivieren und die Akzeptanz für die Lernanwendungen positiv zu beeinflussen, wurden auf den unterschiedlichen Hierarchieebenen Informationsveranstaltungen durchgeführt. EDV-ungeübte Mitarbeiter/innen wurden in gesonderten Einweisungen mit der Bedienung der Lernprogramme vertraut gemacht.

Insgesamt waren die Rückmeldungen der Mitarbeiter/innen bei der Einweisung in das neue Lernarrangement in den unterschiedlichen Einrichtungen sehr positiv. Besonders honoriert wurden:

- das partizipative Vorgehen: die Einbeziehung der Zielgruppe bei der Gesamtentwicklung des Projektes
- die große Praxisnähe der Lerninhalte
- der hohe Visualisierungsgrad und die klare Lernstruktur der Lernprogramme
- die Einbindung von Assessment-Instrumenten (z.B. Sturzereignisprotokoll)
- der Wissensüberprüfungsteil in Verbindung mit dem Erhalt einer Fortbildungsbestätigung.

Vielfach wurde der Zeitmangel im Arbeitsalltag von den Mitarbeiter/innen bereits bei den Informationsveranstaltungen problematisiert.

10.8 Erste Erfahrungen mit der Nutzung der Lernstationen

Die Erfahrungen mit der Nutzung der Lernstationen in den Pflegeeinrichtungen sind bisher sehr unterschiedlich. In einigen Einrichtungen wurden die Lernstationen von den Mitarbeiterinnen sehr positiv angenommen. Die Lernmodule wurden weitgehend selbstständig bearbeitet und die Pflegekräfte haben sich gegenseitig stark motiviert und unterstützt. In anderen Einrichtungen wurde das Heranführen der Mitarbeiter/innen an die Lernstationen von den Leitungskräften anfangs als sehr mühsam wahrgenommen. Es wurde eine mangelnde Eigeninitiative kritisiert. Die Pflegekräfte mussten häufig an das Lernarrangement erinnert und systematisch herangeführt werden. Die Rückmeldungen nach der Bearbeitung der Lernmodule waren dann allerdings sehr positiv. In einzelnen Einrichtungen vor allem, wenn die Führungskräfte ihre Coachingaufgabe nicht wahrgenommen haben, wurden die Lernstationen nur unzureichend genutzt.

Daraufhin wurden in weiteren Workshops die Nutzungsprobleme und Strategien zur Erhöhung des Nutzungsverhaltens mit den Leitungskräften der Einrichtung vertiefend bearbeitet.

Insgesamt zeigte sich, dass die Mitarbeiter/innen dieser Zielgruppe, wie in vielen anderen Berufsbranchen auch, vielfach noch keine selbst gesteuerte Lernkultur entwickelt haben. Bei vielen Mitarbeiter/innen liegt die Pflegeausbildung lange Zeit zurück, so dass die selbstständige Wissensaneignung häufig noch nicht ausgebildet wurde. Bei den angelernten Hilfskräften ohne Berufsabschluss handelt es sich um eine sehr heterogene Zielgruppe, mit sehr unterschiedlichen und teilweise niedrigen Bildungsvoraussetzungen. Hinzu kommt, dass die Mitarbeiterinnen größtenteils nur traditionelle Fortbildungsformen (z.B. in Form von In-house-Schulungen) gewohnt sind, bei denen sie eine eher passive Lernrolle einnehmen. In der Diskussion mit den Leitungskräften konnten folgende Probleme identifiziert werden:

Vor allem bei personellen Engpässen auf den Stationen wird das neue Lernarrangement als „zusätzliche Anforderung“ und als „Belastung“ wahrgenommen.

- Die Tatsache, dass „Selbst gesteuertes Lernen“ erst gelernt werden muss und ein Unterstützungsbedarf notwendig macht, wird vielfach unterbewertet.
- Das Bewusstsein der mittleren Führungsebene (Wohnbereichsleitungsebene) für Personalentwicklungsaufgaben bzw. für deren Zuständigkeit ist nicht immer ausreichend ausgeprägt.
- „Selbstqualifizierung der Mitarbeiter/innen im Prozess der Arbeit“ wird zum Teil zu isoliert betrachtet. Die Bedeutung für die Unternehmensentwicklung wird vielfach verkannt.
- Auch in Einrichtungen, die mit einer EDV-gestützte Pflegedokumentation arbeiten, wird die EDV-Kompetenz der Mitarbeiter zum Teil überschätzt.

Im Rahmen der Workshops wurden die zunehmende Bedeutung der selbst gesteuerten Lernkultur für die Pflegeeinrichtungen und die Rolle der Führungspersonen hierbei vertiefend diskutiert und individuelle Handlungsstrategien zur Unterstützung und Begleitung der

Mitarbeiter/innen erarbeitet. Hier einige Beispiele, die das Nutzungsverhalten unterstützen sollen:

- Klare personelle Zuständigkeit bei der Heranführung der Mitarbeiter/innen an das neue Lernarrangement – Mitarbeiter gezielt fördern und fordern
- Schärfung des Bewusstseins der mittleren Führungsebene für die Bedeutung des Selbstgesteuerten Lernens in Verbindung mit den Unternehmenszielen
- Lernzeiten verbindlich festlegen - die Mitarbeiter/innen werden anfangs bei der Inanspruchnahme von Lernzeiten unterstützt (Lernzeiten werden z.B. im Dienstplan ausgewiesen)
- Bildung von Lerntandems – z.B.
    - EDV-geübte / EDV-ungeübte
    - Fachkräfte / angelernte Helfer/innen
    - Wertschätzender Umgang mit den „Lernproblemen/Widerständen" der Mitarbeiter/innen
- In Zielvereinbarungsgesprächen Lernbereitschaft, Lernbedürfnisse/-methoden und Kenntnisse zum Thema machen
- Die Übergabe von Fortbildungsbestätigungen offiziell „zelebrieren" – extrinsische Motivation fördern

10.9 Schlussbemerkungen

Die Evaluation des Nutzungsverhaltens und die Erhebung von Rückmeldungen von Seiten der Lernenden bezüglich Inhalte, Didaktik und Technik werden im Projektverlauf Juni/Juli 2006 erfolgen. Bis zum Projektende im Juni 2007 werden weitere Lernmodule für die stationären Lernstationen und für die mobile Lernanwendung entwickelt. Die gewonnenen Erfahrungen werden im Sinne eines kontinuierlichen Verbesserungsprozesses im laufenden Projekt umgesetzt bzw. gesammelt und dokumentiert. Am Ende des Projektes sollen folgende Fragen für die Berufsbranche der Pflegenden in der stationären und ambulanten Altenpflege beantwortet werden können:

- Welche Chancen liegen in der Nutzung von E-Learning Modulen für die Pflegebranche?
- Welche Voraussetzungen müssen erfüllt und welche Schwierigkeiten überwunden werden:

    - Bei der Entwicklung der Lernmodule?
    - Von der technischen Seite?
    - Von Seiten der Lernenden in der Pflegepraxis?
    - Von Seiten der Leitungen in den ambulanten und stationären Einrichtungen im Rahmen der Personalentwicklung?
- Wie kann im Rahmen des neuen Lernarrangements der Theorie-Praxis-Transfer im Pflegealltag sinnvoll hergestellt werden?

Bereits zum jetzigen Zeitpunkt zeigen unsere Erfahrungen und Ergebnisse, dass PC-gestützte Lernformen auch für heterogene und eher EDV-ungeübte Zielgruppen sinnvoll eingesetzt werden können und eine Chance für den zukünftigen E-Learning-Markt darstellen.

10.10 Weitergehende Informationen

Weitergehende Informationen sind auf den Webseiten des Projektträgers GOAB (Gemeinnützige Offenbacher Ausbildungs- und Beschäftigungsgesellschaft mbH) http://www.goab.de oder des Projektes http://www.projekt-pflegewissen.de abrufbar, Kontaktadresse der Projektleiterin siehe Autorenverzeichnis.

11 Projektbeispiel: *DiKo* - ein Fortbildungskonzept der Polizei Baden-Württemberg

Ausgezeichnet mit dem European eLearning Award eureleA 2006

Uwe Seidel
Landespolizeipräsidium Baden-Württemberg

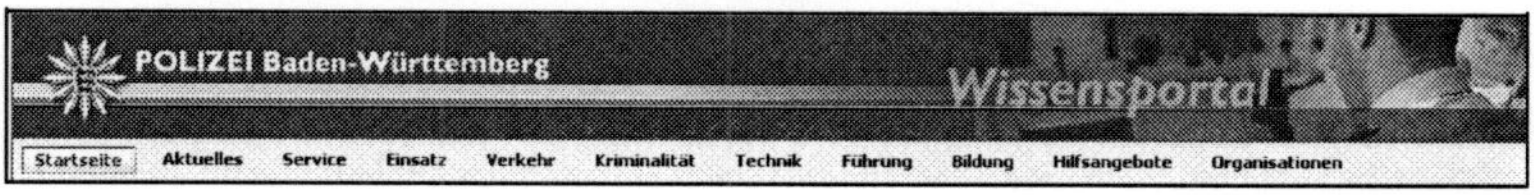

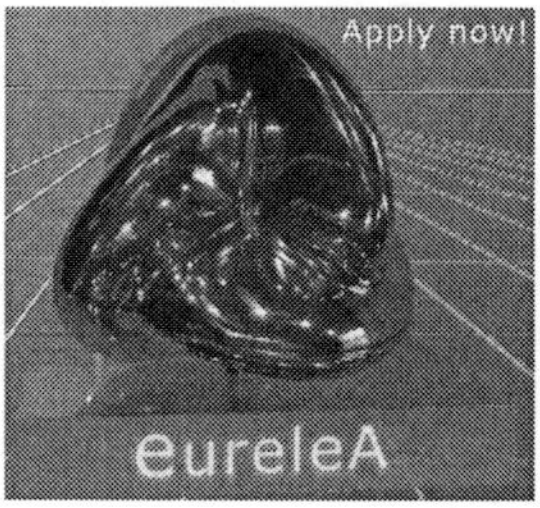

11.1 Einführung

Das zusammenwachsende Europa mit offenen Grenzen und einer veränderten Sicherheitsarchitektur stellt die Polizeien Europas stets vor neue Herausforderungen.

Seit Januar 2006 müssen Neufahrzeuge der EU für den gewerblichen Güter- und Personenverkehr mit einem so genannten digitalen Kontrollgerät ausgestattet sein, das den traditionellen, analogen Fahrtenschreiber ersetzt.

Neue Gerätetechniken und die einhergehenden Rechtsnovellierungen bedeuten: Speditionsunternehmen und Fahrer, aber auch die Kontrollbeamten und -beamtinnen der Polizei sind mit diesen Änderungen vertraut zu machen.

Folglich müssen die Mitarbeiterinnen und Mitarbeiter des Streifendienstes, des Verkehrsüberwachungsdienstes und teilweise auch Angehörige der Kriminalpolizei flächendeckend fortgebildet werden.

11.2 Blended Learning als Baustein der polizeilichen Fortbildung in Baden-Württemberg

Für die Polizei in Baden-Württemberg bedeutete die Einführung des Digitalen Kontrollgeräts die besondere Herausforderung, einem personellen Fortbildungsbedarf von weit über 10.000 Beamtinnen und -beamten gerecht zu werden. Nur so konnte das Land den Anforderungen an eine professionelle und vor allem kundenorientierte Verkehrsüberwachung weiterhin auf einem hohen Niveau entsprechen.

Methodisch notwendig und didaktisch sinnvoll war es deshalb, die Fortbildungen in diesem Bereich als Blended-Learning-Maßnahme mit einem hohen Selbstlernanteil zu konzipieren. Warum? Entscheidend war, die Abwesenheit der Lernenden von ihren Dienststellen auf ein Minimum zu reduzieren - schließlich sollten polizeiliche Präsenzverluste vermieden werden.

Das Fortbildungskonzept sieht für die große Zielgruppe des so genannten polizeilichen „Sofortdienstes“ zwei Module vor: Eine E-Learning-Anwendung und die anschließende praktische Einweisung am Gerät.

Die E-Learning-Anwendung „DiKo“ wurde durch Spezialisten der Aus- und Fortbildungseinrichtungen, durch Polizeipraktiker aus den Verkehrsdiensten sowie technische Experten des Medienzentrums der Polizei Baden-Württemberg entwickelt.

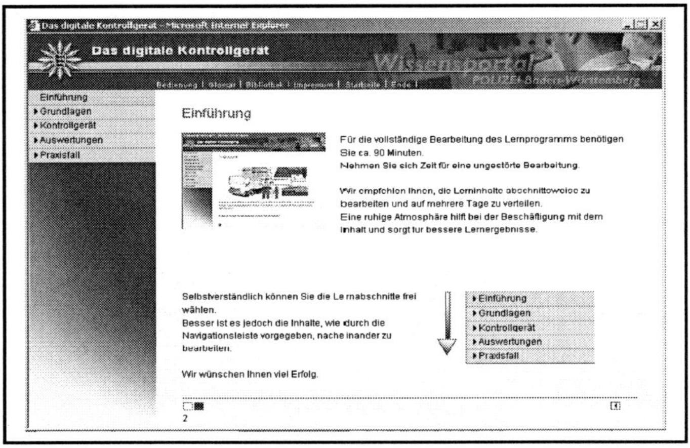

Abb.1: Einführung in die Lernanwendung

11.3 Die Integration in das Intranet der Polizei

Die Polizei Baden-Württemberg ergänzt seit einigen Jahren die konventionelle Schulung durch Blended Learning.

Dazu verfügt u.a. jeder Lerner im Intranet über eine „Persönliche Seite", die den Zugriff auf die Lernanwendung ermöglicht. Die Lernanwendung ist methodisch für den polizeilichen Alltag maßgeschneidert: So ist beispielsweise ein Wiedereinstieg (z.B. nach Abbruch auf Grund eines plötzlichen polizeilichen Einsatzes) an der selben Stelle möglich, an der der Lerner zuvor aus der Anwendung ausgestiegen ist.

Die konzeptionellen Grundlagen sehen vor, dass die Fortbildungsteilnehmer durch ihre Dienststellen gebucht werden. Auf diese Weise ist gewährleistet, dass der richtige Personenkreis die Fortbildung absolviert, denn das Wissen, wer genau die spezifischen Kenntnisse benötigt, ist nur „vor Ort" vorhanden. Die für die jeweilige Organisationseinheit der Polizei - in der Regel die Polizeidirektionen auf Landkreisebene - zuständigen sog. Sachbearbeiter für Aus- und Fortbildung buchen die Lerner aus ihrem Zuständigkeitsbereich in das System ein.

Nachdem er eingebucht wurde, erhält jeder Lerner zusätzlich eine E-Mail mit dem Hinweis auf die Einbuchung. Die Zugangsmöglichkeit zur Lernanwendung erscheint anschließend auf der jeweiligen „Persönlichen Seite".

Während der Laufzeit der Maßnahme werden in wöchentlichen Abständen Berichte über den Bearbeitungsfortschritt der gebuchten Teilnehmer generiert und den Verantwortlichen der Dienststellen zur Verfügung gestellt.

Nach Abschluss der beiden Fortbildungsmodule wird der Fortbildungsnachweis jedes Teilnehmers im Bildungsmanagementsystem der Polizei aktualisiert. Auf der Grundlage dieses Systems verfügen die Personalverantwortlichen der Polizei Baden-Württemberg über die komplette „Fortbildungshistorie" der einzelnen Beschäftigten - und damit über wichtige Informationen für Zwecke der Personalentwicklung.

11.4 Die Lernanwendung und ihre methodisch didaktischen Anforderungen

Die Lernenden werden asynchron durch Online-Tutoren betreut, die über E-Mail und eigens eingerichtete Foren erreichbar sind. In den von den Tutoren moderierten Foren findet ein begleitender Erfahrungsaustausch der Teilnehmer statt. Im Wissensportal der Lernplattform wurde darüber hinaus ein frei zugänglicher Informationsbereich rund um die Lernanwendung DiKo bereit gestellt. Hier findet jeder Interessierte u.a. Grundlageninformationen, die Fortbildungskonzeption sowie die Lernanwendung selbst, als Nachschlagewerk ohne Kapitelsperren.

Die Lernanwendung garantiert, dass alle erforderlichen Grundlagen im Selbststudium erschlossen werden können.

Dabei werden neben rechtlichen Grundlagen besonders der Aufbau und die Funktionsweise der Geräte erläutert. Durch die Einbindung interaktiver Elemente kann die Bedienung der neuen Geräte innerhalb der Anwendung sehr praxisnah simuliert werden.

Bild und Text sind so aufeinander abgestimmt, dass der Nutzer ein Optimum an Lernerfolg erfährt. Dieser Erfolg stellt sich u.a. dadurch ein, dass die Spannung der Lernanwendung durchgehend konstant bleibt und so ein Höchstmaß an Motivation garantiert ist.

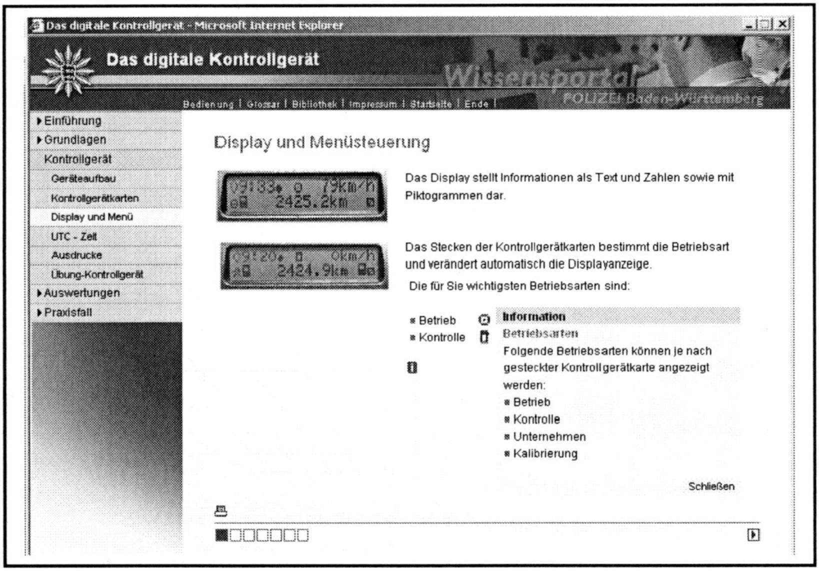

Abb.2: Beispiel einer Inhaltsseite der Lernanwendung

Um den individuellen Fähigkeiten und Fertigkeiten der einzelnen Anwender gerecht zu werden, lässt sich das Lerntempo den persönlichen Bedürfnissen anpassen. Das E-Learning-Produkt kann wahlweise als geschlossenes Web-based-Training mit interner Navigation eingesetzt oder nach dem SCORM-Standard gegliedert generiert werden.

Nach dem Motto: „Von der Praxis für die Praxis“ ist in die Lernanwendung eine umfangreiche Sammlung an ergänzenden Informationen, Checklisten und Bedienungsanleitungen integriert, die ausgedruckt in den polizeilichen Einsatz mitgenommen werden können. Die Lernanwendung selbst wird ständig aktuell gehalten. Insbesondere die Beschreibung und Erläuterung neuer Geräte erfolgt unmittelbar nach deren Markteinführung.

Die Lernanwendung wird in der Regel in einer Bearbeitungszeit von 90 – 120 Minuten absolviert.

Am Ende eines jeden Kapitels wird der Lerner mit mehreren Lernzielkontrollfragen konfrontiert, die durch ein Zufallsprinzip aus einem Pool generiert werden. Nur wenn mindestens 60% der Antworten richtig sind, kann er zum nächsten Kapitel wechseln.

Werden weniger als 60 % der Fragen richtig beantwortet, muss man sich erneut mit dem Lehrstoff des aktuellen Kapitels auseinandersetzen.

Auch hier wird ausschließlich durch einen Test die wiederholte Wissensvermittlung abgeschlossen

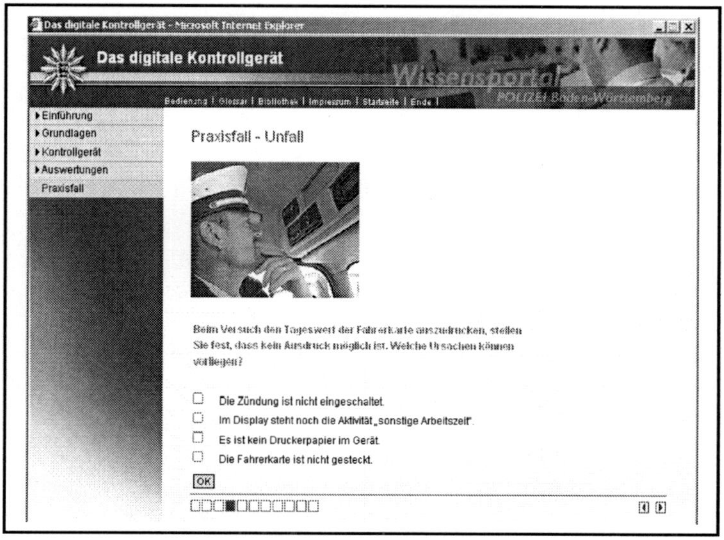

Abb.3: Beispiel einer Lernzielkontrollfrage im Praxisteil

Durch die sogenannten Kapitelsperren in Verbindung mit Lernzielkontrollfragen werden ein didaktisch sinnvolles Vorgehen der Lernerinnen und Lerner gewährleistet und ein bloßes Konsumieren des Inhalts ausgeschlossen.

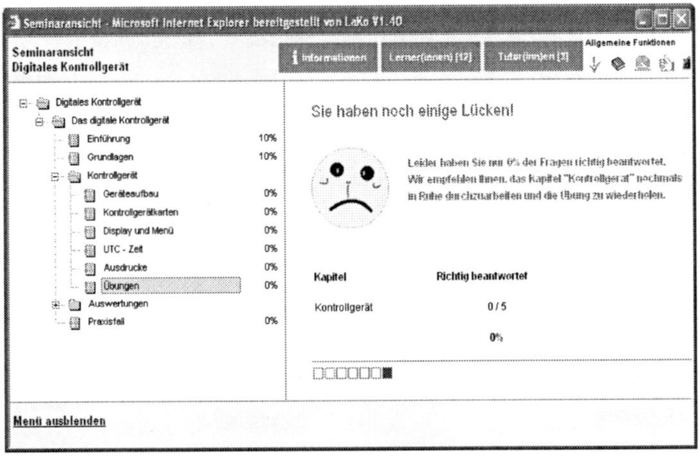

Abb. 4: Rückmeldung der Kontrollfrage

Am Ende der gesamten Lernanwendung steht - auf die Praxis der Verkehrsüberwachung vorbereitend - die Lösung eines Falls (Verkehrskontrolle).

Ist die Theorie über den E-Learning-Part erfolgreich absolviert, schließt sich eine praktische Einweisung der Lerner an. Eine Unterweisung durch speziell ausgebildete Multiplikatoren ergänzt hier das theoretische Wissen und schafft Handlungssicherheit, die später in der Kontrollsituation unabdingbar ist.

Die Einweisung der Lerner erfolgt in einer rund dreistündigen Veranstaltung bei den jeweiligen Dienststellen durch die dort vorhandenen „Spezialisten" der Verkehrspolizei. Die relativ kleine Gruppe der Spezialisten hat vorher in einem gesonderten Modul eine Intensivqualifikation erfahren, die auch methodische und didaktische Aspekte der Wissensvermittlung beinhaltet.

Ziel des praktischen Trainings ist es, vor allem eine mögliche Scheu vor einem Umgang mit der neuen Technik zu beseitigen, die Bedienung der Geräte zu trainieren und ergänzende Fragen im Kreis der Kollegen und Experten zu erörtern. Den Dienststellen werden zu diesem Zweck Schulungsgeräte zur Verfügung gestellt.

11.5 Technische Rahmenbedingungen

Innerhalb des Integrierten Bildungsmanagementsystems kommt das Lernmanagementsystem „Corporate Learning Vers. 2.6“ der Deutschen Telekom AG zum Einsatz.

Diese Anwendung unterliegt der ständigen Weiterentwicklung des Projektes „POLIZEI-ONLINE/Bildung 21“.

Die Lernanwendung DiKo wurde mittels der Autorensoftware „E-Learning Studio Vers. 2.5“ des Herstellers „digital spirit“ entwickelt. Diese Software enthält einen umfassenden Satz von speziell für die Polizei entwickelten Templates (Vorlagen), die alle benötigten Funktionalitäten zur Verfügung stellt, eine einfache Bedienung (Usability) gewährleistet und das einheitliche Corporate Design sicherstellt.

11.6 Das Projekt POLIZEI-ONLINE/Bildung 21

Das Projekt POLIZEI-ONLINE/Bildung 21, Bestandteil einer Public Private Partnership zwischen dem Land Baden-Württemberg und der Deutschen Telekom AG, dient dem Aufbau eines integrativen Systems des Wissensmanagements für Polizei und Verwaltung in Baden-Württemberg.

Diesen für die öffentliche Hand immer noch nicht selbstverständlichen Weg des partnerschaftlichen Zusammenwirkens mit der Privatwirtschaft beschreiten die Partner bereits seit 1999. Bis zum Jahre 2004 kooperierten Polizei und Telekom AG zunächst alleine. In der Folge stieß die Führungsakademie Baden-Württemberg als Dritter im Bunde hinzu.

Trotz auch vorhandener unterschiedlicher Interessenlagen überwiegen die Vorteile dieser Partnerschaft deutlich, da die Chance genutzt wird, die jeweiligen spezifischen Kompetenzen miteinander zu verschmelzen und positive Synergien für alle Partner zu erzeugen.

Die Polizei nimmt im Projekt die Rolle des Schrittmachers und Pilotanwenders für die gesamte Landesverwaltung ein. Sie entwickelt und erprobt hierbei die dem Projekt zu Grunde liegenden Gesamtkonzepte zur Unterstützung von Personal- und Organisationsentwicklung. Die Ergebnisse und Vorgehensmodelle werden über die Führungsakademie Baden-Württemberg auch der gesamten Landesverwaltung zur Verfügung gestellt.

11.7 Meilensteine eines Projekterfolges

Im Zeitraum vom 15. August bis zum 31. Dezember 2005 wurden ca. 10.100 Teilnehmer für die Blended-Learning-Maßnahme gebucht.

Besonders das E-Learning-Modul findet bei den Beschäftigten der Polizei Baden-Württemberg sehr große Akzeptanz.

Nennenswerte technische oder organisatorische Probleme traten nicht auf. Die Rückmeldungen, Fragen oder Kommentare an die Tutoren erfolgten in sehr geringem Umfang.

Parallel zur Durchführung der Fortbildungsmaßnahme erfolgte eine Betrachtung der Wirtschaftlichkeit, vor allem im Vergleich zu traditionellen Lehrmethoden, wie beispielsweise reine Präsenzschulungen oder Multiplikatorenschulungen. Die ersten Erhebungen lassen mit Blick auf Arbeitszeit und Reisekosten erhebliche Einsparungen prognostizieren.

Kurzum: Die Vorteile dieses Konzeptes bestehen vor allem darin, dass keine Reisekosten anfallen, keine Schulungsräume vonnöten sind und dass vor allem der Lernende jederzeit verfügbar ist, wenn im polizeilichen Alltag „Not am Mann“ ist.

Dass die Polizei Baden-Württembergs im Vergleich zu anderen Polizeien und Verwaltungen im bundes-, sogar europäischen Vergleich eine Vorreiterrolle einnimmt, die Maßstäbe setzt, zeigt eine Reihe von Anfragen aus dem In- und Ausland. Bundesländer, wie z.B. Bayern und Brandenburg, haben die Lernanwendung bereits erworben. Auch ein Expertengremium der Schweiz empfiehlt den Erwerb der DiKo-Anwendung.

Die E-Learning-Anwendung kann frei erworben werden. Der Vertrieb im In- und Ausland erfolgt auf Grundlage eines Vermarktungsvertrags über einen Industriepartner. Durch die Verfügbarkeit als Web-based Training (WBT), Computer-based Trainig (CBT) und der Einhaltung der anerkannten SCORM-Standards ist eine Implementierung als Einzelplatz- oder Netzwerkanwendung auch bei anderen Nutzern möglich. Schon aus ihrem eigenen Bedarf heraus garantiert die Polizei Baden-Württemberg dabei die Fortschreibung der Lernanwendung und somit deren ständige Aktualität.

Das Fortbildungskonzept ist auf jeden anderen polizeilichen Tätigkeitsbereich übertragbar. Die selbstproduzierte Lernanwendung gewährleistet fachliche Richtigkeit und stetige Aktualität. Individuelle Anpassungen sind mit geringem Aufwand möglich. Dadurch kann die Lernanwendung auch von anderen Behörden und Einrichtungen genutzt werden.

Das Fortbildungskonzept DiKo verbindet maximalen Fortbildungserfolg mit minimalem Aufwand - in Zeiten knapper öffentlicher Haushalte ein hervorzuhebender Faktor.

Festhalten kann man eines: DiKo ist ein Bildungsinstrumentarium der baden-württembergischen Polizei im Allgemeinen und ein Beitrag für das erweiterte Europa im Speziellen.

Mit Hilfe dieser Online-Anwendung gelingt es, zeitnah - und vor allem wirtschaftlich - auf geänderte, europäische Rahmenbedingungen zu reagieren. Dieser Meilenstein zeigt, dass die Polizei Baden-Württemberg ihre Aufgaben in der Welt des 21. Jahrhunderts wirksam und erfolgreich wahrnimmt und der gewachsenen Verantwortung in einer sich ständig ändernden Sicherheitslandschaft gerecht wird.

11.8 Und was sagen die Lerner selbst?

Die Polizei Baden-Württemberg verfügte zwar bereits über vielfältige Erfahrungen mit E-Learning und Blended-Learning. In keinem Fall war aber bislang eine derartig große Zielgruppe in eine solche Maßnahme eingebunden gewesen. Daher wurden die Teilnehmer im Rahmen einer Evaluation zum empfundenen Lernerfolg und zu ihrer Zufriedenheit befragt. Das Ergebnis dieser repräsentativen Erhebung, bei der knapp 1.300 Beschäftigte innerhalb von nur zwei Wochen die Online-Fragebögen beantworteten, war überaus positiv.

Die wichtigste Erkenntnis vorweg: Von den Mitarbeiterinnen und Mitarbeitern wird die Blended-Learning-Maßnahme hinsichtlich des Lernerfolgs als mindestens gleichwertig zu einer klassischen Präsenzfortbildung eingeschätzt. Dabei erscheint ganz wichtig, dass E-Learning - wie geschehen - durch ein praktisches Training ergänzt wird. Erst dann ergibt sich die notwendige Handlungssicherheit für die tägliche Arbeit der Polizistinnen und Polizisten.

Der Schwierigkeitsgrad der elektronischen Lernanwendung wird überwiegend als angemessen bewertet. Elemente wie Lernzielkontrollfragen, die mit Kapitelsperren verbunden waren, werden mehrheitlich positiv gesehen. Form und Aufbau der Lernanwendung erhalten sogar durchweg Spitzenbewertungen. Natürlich hat die Evaluation auch Hinweise auf Verbesserungsmöglichkeiten ergeben: Die Information der Fortbildungsteilnehmer muss weiter verbessert werden. Die Zeitläufe zwischen theoretischem und praktischem Teil erschienen in vielen Fällen zu lang. Ganz wichtig: E-Learning-Maßnahmen am Arbeitsplatz bedürfen unbedingt der Unterstützung durch Vorgesetzte. Nur so kann erreicht werden, dass die notwendigen Rahmenbedingungen vor Ort gewährleistet sind.

11.9 Wirtschaftlichkeit ist Pflicht!

Die Steigerung von Effizienz und Effektivität, auch im Bereich von Bildungsmaßnahmen, ist nicht zuletzt in Zeiten zunehmender knapper öffentlicher Haushaltskassen Pflicht. Diesem Erfordernis gerecht zu werden, kann auch ein effizienter methodischer Ansatz, wie der Einsatz von E-Learning, dienen. Auf diese Weise können Abwesenheits- und Reisezeiten reduziert und die Bildungsmaßnahmen selbst qualitativ verbessert, zeitgerechter durchgeführt sowie in ihrer Nachhaltigkeit gesteigert werden. Von daher erscheinen E-Learning und Blended-Learning nicht als "Kür", sondern vielmehr als "Pflicht". Vorteile die leicht nachvollziehbar sind. Welches Ergebnis bringt aber eine echte Vollkostenbetrachtung?

Im Rahmen eines Projektauftrags wurden die möglichen Lernszenarien, Präsenzfortbildung, Multiplikatorenfortbildung, dezentrale Fortbildung durch reisende Lehrer sowie die durchgeführte Blended-Learning-Maßnahme auf ihre Wirtschaftlichkeit hin untersucht und verglichen. Mit erstaunlich deutlichem Ergebnis! Unter dem Strich reicht die Bandbreite der errechneten bzw. prognostizierten Gesamtkosten von knapp einer Million bis knapp unter drei Millionen Euro. Dabei stellt Blended-Learning die kostengünstigste Lösung dar, die reine Präsenzfortbildung die Teuerste.

Im Ergebnis lässt sich festhalten, dass es mit der Bildungsmaßnahme gelungen ist, Präsenzverluste zu vermeiden und Reisekosten zu sparen, ohne Zugeständnisse an die Qualität der Bildungsmaßnahme zu machen und die Mitarbeiterinnen und Mitarbeiter über Gebühr zu belasten.

11.10 Weitergehende Informationen

Umfassende Informationen zum Projekt POLIZEI-ONLINE sind im Internet unter www.polizei-online.bwl.de abrufbar.

12 Strategische Überlegungen und Anwenderhinweise für die berufliche Bildung und Weiterbildung

Helmut Poppe
Poppe Interactive Media

Hand aufs Herz – würden Sie mit vollem Elan, meinetwegen online oder anders, heiß geliebte Themen aus der Schulzeit wie Integralrechnungen oder das komplizierte Küngeln der Molekule noch einmal nacharbeiten? Bei allen tiefsinnigen Gedanken und Analysen zu eLearning und Wissensverwaltung bleibt der Nutzer leider immer noch zu oft außen vor: man weiß nicht so recht, wie er zu motivieren ist, man kennt ihn nur ungenau. Bei kritischem Hinterfragen nach Profilen, nach der Nutzung der angebotenen teuren Lernsystemen, PCs und Programmen und Investitionsrückzahlungen stellt sich leider all zu oft heraus, dass die Anzahl, die Zeit und Intensität der angesprochenen Zielgruppen mit neuen Lerntechnologien bemerkenswert niedrig sind. Die Menge der Personen, die sich an institutionalisierten Firmen-Lerncommunities beteiligen, ist ebenfalls häufig sehr unbefriedigend. Die Generierung von neuen Teilnehmern bleibt ein zähes Geschäft dort. Im Gespräch mit den Akteuren allerdings gewinnt man den Eindruck, dass keiner dies so recht zugeben mag. Sind es mangelndes Interesse? Fehlende Analyse oder nicht geeignete Analyseinstrumente, die hierzu führen?

Personen, die aus Eigeninitiative den Weg in die berufliche Weiterbildung gehen, haben naturgemäß einen weniger zögerlichen Umgang mit den neuen Lernmethoden. Der angehende Meister, der sich dazu entschlossen hat, online zu lernen, bereitet sich intensiv auf die nächste Stufe seines beruflichen Lebens vor. Nur in der Regel verrät er es nicht dem Vorgesetzten oder selbst nicht einmal seinen Kollegen. Was er von der Qualität und der Praxis des neuen Lernens hält, bleibt somit zu einem guten Teil im Verborgenen.

Ein Großteil der Akademien und der anderen Aus- und Weiterbilder in Deutschland hält sich bei dem Einsatz neuer digitaler Lernszenarien noch zurück. Sie verfolgen zwar mit hohem Interesse die Szene, scheuen aber in der Regel ein zukunftsgerichtetes Engagement. Für klassische Weiterbildungsanbieter oder für solche, die sich in einem Übergangsstadium befinden, gilt, sich den Lernenden sehr genau anzuschauen. Viel von ihm bleibt nämlich ohne geeignete Analyse- oder Evaluierungsinstrumente unentdeckt, neue Geschäftschancen oder eine sich anbahnende Konkurrenz laufen Gefahr unerkannt zu bleiben.

12.1 Fragestellungen

Zur Beantwortung der Königsfrage *„Wie gehen wir am besten vor?“* und *„Wer kann uns Tipps geben?“* stellt sich erst einmal die Frage nach *„Wer tut's denn schon?“* und *„Mit welchem Ergebnis?“* Sicher, es liegen mittlerweile mannigfaltige Daten gesammelt aus 8-10 Jahren eLearning vor. Nur, ein wenig genauer hinterfragt, zeigt sich, dass wenn man eine weit gefasste Definition von eLearning und von Wissensmanagement (Knowledge Management, „KM“) gelten lässt, es über 30 Mio. Anwender in Deutschland gibt. Die Zahlen für eine eng definierte berufliche Nutzung nämlich eine, die systematische web-basierte Lernarrangements einsetzt, stellen sich noch recht niedrig dar. Die Anzahl der Personen, die in Deutschland im 1. Halbjahr 2006 systematisches Wissensmanagement in Unternehmen betreibt, nutzt und zusätzlich eLearning einsetzt, beläuft sich noch auf einem recht niedrigen Niveau mit geschätzten 5% (Resultat aus geführten persönlichen Telefoninterviews-siehe Anhang).

Wichtig ist diese Zahl unter mehreren Aspekten: Wer sind die tatsächlich nutzenden Branchen? Ist eLearning für spezielle Branchen prädestiniert oder gehören die bereits Einsetzenden zu den „Early Adaptors“, denen die anderen irgendwann folgen? Was können wir von den Vorläufern lernen? Wie lauten die anderen Formen des eLearning und des „KM“? Sprechen andere und vielleicht informellere und persönlichere Formen des eLearning spezielle Personentypen an, Menschen mit typologischen Lernbiografien oder sind diese neuen Lernformen schlichtweg für alle Anwender attraktiver? Können mit derartigen Lernszenarien berufliche Bildungs- und Weiterbildungsziele schneller erreicht werden?

Weisen etwa die noch niedrige Durchdringung und in Anspruchnahme darauf hin, dass ein falscher Weg eingeschlagen wurde? Oder handelt es sich bei der Zielsetzung „eLearning-Einsatz“ und „Wissen teilen“ schlichtweg nur um einen ‚langen Weg', an dessem Ende in vielleicht 10 Jahren eine Selbstverständlichkeit steht?

Insgesamt hatten diese Fragestellungen starke Relevanz bei der Redaktion dieses Beitrages, da nach unmittelbaren und aktuellen Erfahrungen von Anwendern gefragt werden sollte. Diese galt es zu identifizieren und persönlich zu befragen. Die im Folgenden dargestellten Daten und Zahlen beruhen somit bis auf wenige Ausnahmen nicht auf online generierten Fragebögen. Sie wurden in Gesprächen mit verschiedenen Akteuren, unterschiedlicher Branchen, in KMUs wie auch in Großunternehmen, in schulischen Einrichtungen, in Akademien und bei den Lernenden selbst ermittelt.

Ein wesentliches Ergebnis sei an dieser Stelle bereits vorweg genommen: das informelle Netzwerklernen nimmt bei der Nutzungsdauer und bei der Verbreitung einen stark wachsenden Anteil ein. Dies stellt somit einen Beleg dafür dar, dass personenbezogene, affektive Aspekte im eLearning wie auch der rasche Nutzennachvollzug bei Lernvorgängen eine wesentliche Rolle spielen. Beide Elemente – das lernende Individuum mit seiner Lernbiografie, seinem Verhalten beim Lernen und den unbekannten Motivationsgründen – und – die Ökonomie des Lernens (definiert ebenfalls durch den einzelnen Lernenden) spielen weiterhin in der Forschung des noch relativ neuen eLearning eine untergeordnete Rolle. Ein Grund hierfür ist in der mangelnden Interdisziplinarität zu suchen. Gemeint sind hierbei wissenschaftliche Mess- und Managementverfahren aus der Kommunikations-, Konsumentenforschung, der Mediaanalyse und der Betriebswirtschaft. Die einzelnen Verfahren wurden in der Studie „eLearning in Deutschland 2005“ (Hanke, Poppe, Hightext-Verlag) vorgestellt.

Diese Überlegungen seien vorangestellt. Praktische und schnelle Analyseinstrumente und Handlungsempfehlungen für den Einsatz von „KM“ und damit verbundenem eLearning werden in diesem Beitrag gegeben. Grundsätzlich sollte immer– so banal dies auch klingen mag – die Frage nach den Nutzern bei dem Einsatz von eLearning gestellt werden: Wer sind diese? Was zeichnet sie aus? Wie motiviere ich sie? Wie erreiche ich die Lernenden? Wo sind die Vorbilder? Auf diese einzelnen Fragen wird im Zusammenhang mit zu wählender Strategie und zu gebenden Empfehlungen in der beruflichen (Weiter-)bildung in diesem Beitrag immer wieder eingegangen werden. Der berufliche Hintergrund des Autors bringt mit sich, dass zum einen Vertriebs-, Marketing und Unternehmenssteuerungsaspekte im Fokus stehen. Methodisch-didaktische und IT-Aspekte werden ebenfalls berücksichtigt.

12.2 Zum Entwicklungsstand

12.2.1 Die Nutzer

Studien über eLearning füllen mittlerweile halbe Bibliotheken. Wenn es um die Anwender geht, stocken die Informationen. Auf Grundlage einer Onlinebefragung hat der Weiterbildungsanbieter *Management Circle* herausgefunden, dass der Kenntnisgewinn der E-Learner deren Vorgesetzte offensichtlich nur wenig interessiert. Demzufolge machen sich die Mitarbeiter auf der Suche nach geeigneten Weiterbildungsmöglichkeiten selbst auf die Suche. eLearning-Angebote werden zumeist von zu Hause aus genutzt (43%), am Arbeitplatz zu 34% (Diese Zahlen fanden bereits eine Bestätigung 2004/2005 in der Studie „eLearning in Deutschland 2005“ in der über27.000 lernenden Personen online in ihre Aktivitäten mit innovativen Mesmethoden analysiert wurden. Hier zeigten sich Lern“peaks“am Samstag von zu Hause und Dinetsgas vormittags am Arbeitspaltz-PC.).

Ein weiteres Ergebnis der (nichrepräsentativen) Studie: mobiles Lernen findet noch wenig Verbreitung. Diese dürfte aber nach einer eigenen Einschätzung gerade in den wertschöpfungs-intensiven Bereichen Vertrieb und Produktentwicklung gute Zukunftschancen haben.

Die am meisten gefragten Themen sind zu 70% Fachthemen, EDV 63% und Produktschulungen 58%. Klassische Tests werden bevorzugt, zwei Drittel der E-Learner wünschen ein Zertifikat. Schaut man sich die einzelnen Untergruppen der E-Learner an, haben von etwa 1,3 Mio. Berufsschüler immerhin 70% die Möglichkeit im schulischen Unterricht individuell am PC zu arbeiten und zu lernen. Die Möglichkeit für außerschulisches Lernen ist recht hoch infolge der Quasi-Vollanschlussrate dieser Zielgruppe. Massenmedien wie Tageszeitungen, Funk und TV leiden bekanntlich darunter. Junge Leute wenden sich zunehmend dem PC und dem Internet zu. Systematisches berufsbezogenes Lernen web- oder PC-basiert findet aber nur eher marginal statt (BIBB, Fogolin, Zinke).

Über die Nutzung von systematischem Wissensmanagement und eLearning durch 38,6 Mio. Berufstätige in Deutschland liegen keine gesicherten Daten vor. Es lässt sich aber vermuten und zahlreiche Beispiele belegen dies, dass einige Branchen und dort bestimmte Unternehmenstypen nicht nur ‚prädestiniert‘ für deren Einsatz sind, sondern ihn bereits intensiv betreiben:

Land- und Forst-wirtschaft, Fischerei	**Produzieren-des Gewerbe ohne Baugewerbe**	**Bau-gewerbe**	**Handel, Gastgewerbe und Verkehr**	**Finanzierung, Vermietung und Unterneh-mens-dienstleister**	**Öffentliche und private Dienstleister**

Abb. 1: Klassiizierung der Erwerbstätigen nach Wirtschaftsbereichen

Hinter diesen allgemeinen Klassifizierungen verbergen sich Firmen und Körperschaften unterschiedlichster Größe und Ausrichtungen. Vor allem die Wirtschaftsbereiche Handel, (Unternehmens)-Dienstleister und das produzierende Gewerbe ziehen potenziellen Nutzen aus der Verfügungsstellung von KM. Konkrete Beispiele zeigen, dass dieses und eLearning bevorzugt Einsatz finden in großen Unternehmen, in solchen internationaler Ausprägung, in IT-Unternehmen und Unternehmen aus der Medien- und der Kommunikationswirtschaft. Die Gründe liegen dafür auf der Hand: Schnelle Produkt- und Angebotswechsel und somit hoher Schulungsbedarf, hohe Wettbwerbsintensität und somit Bedarf an raschem Informations- und Wissensaustausch. Dezentral vernetzte Arbeits- und Kommunikationsformen gestalten auch das betriebliche Lernen digital. Kurzfristig auftretende, "massenhafte" Bildungsbedarfe und strategische Bildungsbedarfe in speziellen Management-gruppen. Man denke nur an die „Generation 55+“. Ganz wesentlich bei der zunehmenden Nutzung von Knowledge Management und von eLearning in Unternehmen dieser Branchen ist die zunehmende Durchdringung von IT-Strängen in den Prozessabläufen, die eine ‚Ankopplung' neuer Lern- und Wissensvorhaltungsszenarien nicht nur erleichtert sondern zwingend macht. Konkret heißt dies, dass ein Agrarzulieferer seine breite Produktpalette in einem Internetauftritt für die Kundschaft abbildet und die einzelne Angebote dem in Europa verteilten Außendienst mit allen möglichen Features, Konditionen und Verkaufsargumenten nach Key Accounts aktuell darstellt. Die quartalsüblichen Meetings weichen halbjährlichen Treffen. Bestehende digitale Informations- und Buchungskanäle werden auch zu Produktschulungsräumen. Die geleisteten Investitionen gestalten sich degressiv, zumal kundenseitig in der Regel ähnliche Entwicklungen ablaufen und sich somit eine höhere Kundenbindung realisieren lässt. Man geht gemeinsame Wege und zwar digital.

Zu dem Thema Lernender lässt sich sagen, dass die jüngst enorm steigende Verbreitung der Instant Messaging-Technologie, Internettelefonie und von Videokonferenzen mit Zusatzfeatures einen erheblichen Schub für „KM“ und eLearning bedeuten. Diese liefern nicht nur eine Technologie für ein schnelles Austauschen von Wissen sondern ungleich mehr eine Disposition zu der Nutzung von Lernszenarien in einem Kontext der Alltagskommunikation. In Deutschland nutzen derzeit über 80% der 14-29jährigen solche Technologien. Bei den Älteren und nicht nur bei den Berufstätigen liegen die jährlichen Zuwachsraten im zweistelligen Prozentbereich. Die Anzahl der Deutschen, die Instant Messaging nutzen mit seinen nach gelagerten Features, die „KM“ unterstützen wie „Open Space“, Kalendern etc. liegt bei über 10 Millionen. (Zahlen nielsen-netratings) Ganz interessant ist der Umstand, dass es offenbar eine hohe Anzahl von ‚eLearnern' gibt, die sich sozusagen im Verborgenen weiterbilden. Diese Personengruppen sind nicht sonderlich auskunftsfreudig, dürften aber in ihrem weiteren Berufsleben eine wichtige Treiberfunktion darstellen, denn sie kennen persönlich die Tücken und Hürden. Es gilt, diese Mitarbeiter bei betriebsinternen „KM-„ und eLearning-Maßnahmen stark zu beteiligen.

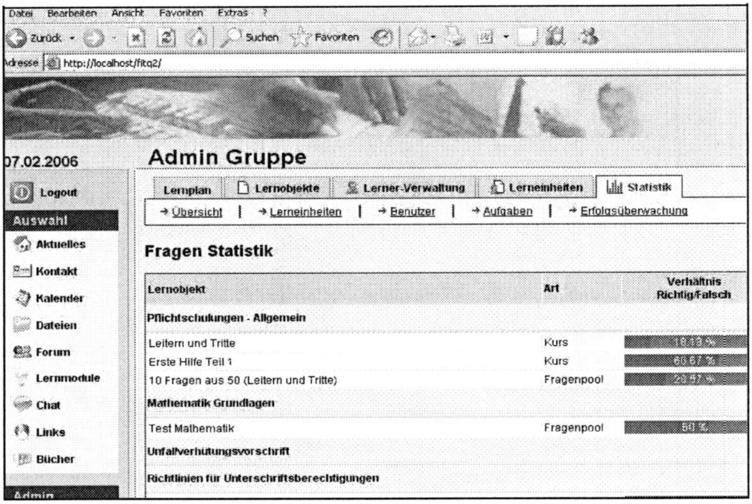

Abb. 2: Die Oberfläche des Anbieters Provadis, welche Organisations-, Kommunikations- und Lernbereich gemeinsam ausweist (Kostenpflichtig). Teilnehmerkommunikation wird unterstützt.

12.3 Welche Fehler gilt es zu vermeiden bei der Einführung von Wissensmanagement und von eLearning?

Halbherzigkeit, schlechte Ausführung, mangelndes Weiterverfolgen und fehlende Nachhaltigkeit werden von den einzelnen Nutzern und Anbietern als hauptsächliche Hürden bei der Einführung neuer Wissens– und Lernszenarien genannt in der beruflichen Aus- und Weiterbildung. Weitere Fehler sind die mangelnde Integration von Knowledge Management und eLearning in bestehende Weiter-bildungskonzepte durch externe Unternehmen oder Spezialisten. Eine Begleitung durch die Dozenten steht mitunter aus oder diese zeigen Desinteresse an den Projekten. Häufig werden große Technik- lastige Projekte gestartet. Ein modularer – und rasch änderbarer Aufbau – erfolgt nicht. Kleine „Learning-Nuggets" sind überschaubar und durchaus reizvoll. Nicht nur bei den Kosten. Curriculare und methodisch-didaktische Vorgaben fehlen häufig. Ohne Empfehlungen zu geben, wann, wie und in welchem Umfang welche Lerninhalte durch wen vermittelt und erworben werden sollen, laufen „KM"- und eLearning-Projekte schnell auf Grund.

Der Lernende wünscht Unterstützung und Einfachheit. Demzufolge sind die technischen Voraussetzungen einfach zu halten. Ein Tutor muss zur Seite gestellt werden. Er sollte, wenn nicht live so doch zumindest in einem kurzen Zeitabstand helfen, motivieren und nachhaken. Es gilt, dauernd die Motivation hochzuhalten und mögliche Schlupflöcher zu stopfen.

12.3.1 Was muss die Leitungsebene beachten?

Grundsätzlich wird sie sich die Frage nach der Art des Wissensmanagements und des Wissenserwerbs der Mitarbeiter stellen. Handelt es sich um eine Verfügungsstellung von intern angesammeltem Wissen und gilt es ‚nur' geeignete Pfade zu legen? Hier gibt es zahlreiche Tipps zu einer effizienten Dokumentation und ist nicht Gegenstand dieses Beitrages. Prinzipiell wird sich ein Wirtschaftsunternehmen die Frage stellen bei sich ergebenden Wissendefiziten, ob diese ‚eingekauft' oder ‚outgesourct' werden können, ob der betroffene Unternehmensbereich gefördert oder eingestellt werde soll. Wenn ‚gelernt' werden soll, gilt es zu entscheiden, ob dies in einem klassischen, in gemischten Verfahren oder mit eLearning geschehen soll.

Die Leitungsebene sollte folgende Fragen beantworten können:

- Erreichen wir mit den neuen Wissenvorhaltungs– und Lernszenarien unsere Strategischen Unternehmensziele und die allgemeinen Geschäftsziele?
- Werden die Geschäftsprozesse effizienter gestaltet?
- Steht eindeutig der Lernende im Vordergrund und nicht die Technik?
    - Lässt sich der Nutzen- Kostenvorteil darstellen?
    - Engagieren wir Externe oder mischen wir - in welchem Ausmaß - die Task Force mit bestehenden internen Mitarbeitern? Haben die Personen, die solche Lernumfelder installieren eine berufliche Praxis, die sich mit den zu vermittelnden Inhalten deckt? Kommen sie aus Produktion, Controlling und anderen Unternehmensbereichen?
    - Wie kommuniziere ich mit welchen Kanälen unser Projekt?
    - Gebe ich Verbindlichkeiten?

Inwieweit Wissensmanagement und eLearning mit einzelnen Unternehmensbereichen verknüpft sind, zeigt diese schematische Darstellung einer Vertriebsorganisation:

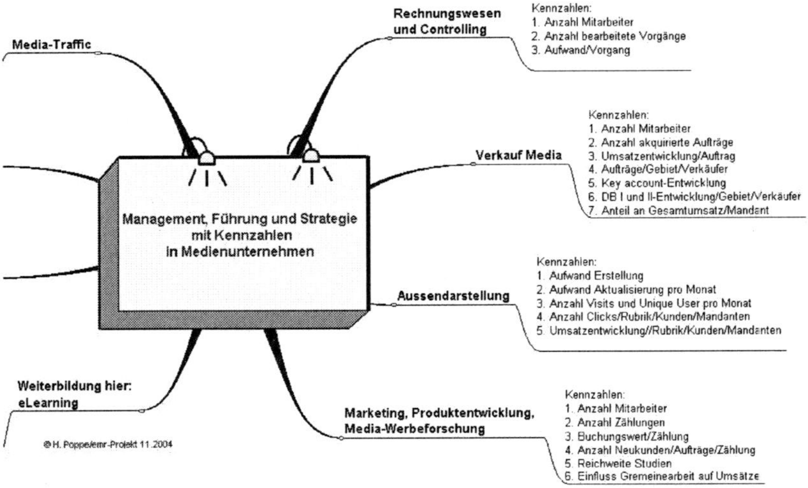

Abb. 3: Vertriebsorganisation

Eine Vorteilhaftigkeit des Einsatzes neuer Szenarien der Vorhaltung betriebsinternen Wissens lässt sich mit Kennzahlen in einer Zeitreihe darstellen.Betroffen sind also alle Unternehmensbereiche, besonders kritisch ist bei dem Einsatz von „KM“ und eLearning die Rolle der Personalabteilung. Diese verfügt in der Regel nicht über parktische Erfahrung, wie das neue Instrumentarium wirkt. Sie verfügt nicht über wenig Vergleichsmöglichkeiten und sollte deshalb für einen ersten Zeitraum in einem Übergang eine Verbindlichkeit und Konsequenzen gleitend gestalten. Sie muss mit den Mitarbeitern genau so wie die Geschäftsleitung über die neue Plattform mit dem Personal kommunizieren. Und sie sollte mit den Fachabteilungen die Lerninhalte abstimmen, die Lernzeitbudgets und anderes Involvement der Mitarbeiter im Auge haben.

Die kritischen Erfolgsfaktoren auf Seiten der Personalabteilung lauten somit:

Vermittlung der Kompetenz von eigen gesteuertem Lernen, Unterstützung, Evaluierung und Analyse sowie Honorierung. Schaffung von Vergleichsmöglichkeiten zu klassischen Weiterbildungsformen. Kommunikation und Abstimmung mit den einzelnen Fachabteilungen. Eigenbeteiligung.

Dergleichen gilt für die Fachabteilungen. Eigene Nutzung, Kommunikation mittels der neuen Technologie und eine interdisziplinäre Mitgestaltung von Darbietung und Inhalten sind ein Muss.

12.3.2 Was empfehlen die Unternehmen, Akademien, die Schulen, die Nutzer?

Es bestehen fünf entscheidende Felder, die für ein wirksames betriebsinternes Lernen ausschlaggebend sind. Dies sind

1. Der administrative Aufwand. Anzahl der involvierten Mitarbeiter, Höhe der Investitionskosten.
2. Der zeitliche Horizont. Wann werden welche Zielstufen erreicht.
3. Rückgriff auf und Verknüpfung mit bestehenden internen Weiterbildungsangeboten und Vorerfahrungen. Mitarbeiterbedarfe. Passung mit den internen organisatorischen und fachlichen Gegebenheiten.
4. Relevanz und Qualität des Inhaltes und seiner Darstellung
5. Verbindlichkeit und Nachweis in Personalakte. Vorgabe eines internen Ausbildungsweges. Gratifizierungsmöglichkeit und Kompensation.

Die entsprechenden Empfehlungen für Unternehmen lauten somit:

- Halten Sie den administrativen Aufwand überschaubar, starten Sie modular.
- Prüfen Sie die Nutzung, gerade wenn das Thema für Sie neu ist mit bereits eingeführten Open Source-Angeboten (siehe Anhang)
- Formulieren Sie mit den entsprechenden Fachabteilungen Zielvorgaben mit einer Beschreibung der technischen Lösungen und mit einer Beschreibung des Einsatzes der Ressourcen
- Wählen Sie, wenn möglich, eine Mischung aus externen und internen Task Force-Verantwortlichen für den Aufbau der neuen Wissens- und Lernstrukturen. Achten Sie darauf, dass unvoreingenommene Berufspraktiker dazu zählen
- Fordern Sie einen Klärung der curricularen Anforderungen und Abstimmungen mit bestehenden betrieblichen Ausbildungsinhalten
- Testen Sie die Lernplattformen selbst

- Stimmen Sie mit dem Betriebsrat oder anderen Personalvertretern ab, welche gehaltsrelevanten Auswirkungen im Rahmen von eLearning-Maßnahmen und von Beiträgen in kollaborativen Lern- und Wissensplattformen realisiert werden zugunsten des Arbeitsnehmers. Klären Sie eventuelle Fragen der Kompensation von Arbeitszeit durch Freizeit und von Onlinekosten.
- Kommunizieren Sie regelmäßig über die Wissens- und Lernplattform mit Ihren Mitarbeitern.
- Fördern Si die regelmäßige kontinuierliche Nutzung des neuen Angebotes, indem Sie auf dem Lern-Intranet auch alltägliche und alltagsnützliche Informationen verbreiten.

Im Geschäftsleben honorieren Unternehmen ihre Mitarbeiter für Produktverbesserungen oder für Vorschläge, die zu effizienteren Arbeitsabläufen führen mit Sonderprämien. Diese ‚Erfindungen' erfolgen zumeist aus dem individuellen Ausprobieren und Entdecken mit einem anschließenden Gespräch und einer Demonstration. Betriebsinterne Wissensmanagementsysteme, in denen der einzelne Mitarbeiter dergleichen alleine entwickelt oder in Kooperation mit anderen, stellen nicht nur eine zeitgemäße Lösung für IT-Berufe und deren Produkte dar sondern auch für klassische Unternehmen. Die Automobilindustrie betreibt mit „Eucam" beispielsweise ein Lernsystem für die Produktion, in dem die Arbeiter quer durch Europa mit dem „Learning by doing" und dem Zugriff auf Lerninhalte an ihrem Arbeitsplatz mittels Terminals vertraut gemacht werden, anstatt traditionelle Lernmethoden in Anspruch zu nehmen. Somit wird die technische Kommunikation zwischen Herstellern, Lieferanten und Ingenieuren und die mit kleinen Lieferanten verbessert. Durch eine vertikale technische Kommunikation zwischen Konstruktion, Produktionsplanung, Qualitätsmanagement und Werkbereich werden Abläufe optimiert. Hier entsteht also ein lernendes Zusammenarbeiten, das Nachahmer nicht nur in internationalen Unternehmen finden sollte.

Bei Unternehmenstypen, die im Bereich Dienstleistungserbringung angesiedelt sind, empfiehlt es sich, einen pragmatischen und arbeitsprozessorientierten Zugang zu wählen, der sich an notwendigen Kompetenzen statt an abstrakter Qualifikation oder an reiner Produktkenntnis fest macht. Ganz rasch und immer wieder stellt sich die Frage, „was der Aufwand denn soll?" Diese Frage lässt sich beantworten, indem Kompetenzen im Bereich planender, steuernder, verwaltender, beratender oder führender Tätigkeiten in unternehmenstypischen Kommunikationssituationen und Entscheidungen sichtbar bzw. wirksam gemacht werden. Das heißt, Kommunikations- und Entscheidungssituationen werden "nachgestellt" bzw. medial repräsentiert und der Lerner so in ein praxisnahes Szenario gestellt, in dem er sich mit seiner ihm zugedachten Rolle identifiziert. Dies ist ein Grundaspekt der praktischen und erfolgreichen eLearning Programme, die bei den Lernern bzw. den sie einsetzenden Unternehmen auf eine gute Resonanz stoßen.

12.3.3 Wie lauten die kritischen Erfolgsfaktoren auf der Ebene der Fachabteilungen?

Auch hier gilt, wer nicht mitmacht - verdient wenig Glaubwürdigkeit. Die einzelnen Fachabteilungen, Produktion, Vertrieb, Marketing, Controlling werden erfolgreiches „KM" in Ihrem Unternehmen durchsetzen, wenn sie die Inhalte darauf abklopfen, ob sie sich digital (und dies muss nicht unbedingt multimedial und interaktiv lauten) besser vermitteln lassen und die Chancen für einen höheren Lernerfolg bieten. Auch hier lautet die Devise: klein und modular anfangen, das Angebot omnipräsent gestalten und zu einer Alltagsroutine werden lassen. Es sei verwiesen auf mehrere Open Source-Angebote, die am Ende dieses Beitrages dargestellt werden. Diese sind mit etwa 10-20 Mannstunden installiert, kostenlos, weit verbreitet und somit auf ihren Einsatz geprüft.

12.4 Berufliche Ausbildung in Schulen

Wie zuvor angemerkt, sind die Möglichkeiten für eLearning und das Kennenlernen von neuen Möglichkeiten des Wissensteilens und das Üben selbst im Umgang damit schon aus Gründen der gegebenen Infrastruktur in beruflichen Schulen immer noch eingeschränkt. Laut einer Untersuchung des BIBB können etwa 70% der Berufsschüler selbstständig an PCs in Schulen arbeiten. Der Weg dahin, sich tatsächlich mit neuen Lernszenarien zu beschäftigen, erscheint noch recht weit, zumal die häusliche Nutzung in diesem Kontext auch limitiert zu sein scheint. Eine Analyse der Lehrpläne für berufliche Schulen der KMK und einzelner Kultusministerien zeigt, dass Terminologien rund um das Lernen mit Netzwerken und Computer nicht verwendet werden. Man ist noch damit beschäftigt, Infrastrukturen zu schaffen und Pädagogen für den Umgang mit neuen Lernszenarien zu motivieren und auszubilden.

Die Installation von KM- und eLearning-Plattformen ist mittlerweile kostenfrei möglich mit „Open Space", „Manhattan", „Instant Messaging", Videokonferenzen, gemeinsamen Kalendern und Groupwarelösungen. Dies gilt nicht nur für Schulen sondern auch für ‚normale' Unternehmen. Der Einsatz solcher Lösungen schafft entweder einen ersten Schritt zu gemeinsamen Wissensplattformen oder stellt eine einfache häufig und dauerhaft genutzte Basis hierfür.

Abb.4: Plattform für eLearning und Knowledge Management für Schulen des Main-Taunus-Kreises. Kostenfreies Open Source-Angebot. Dieses ist anpassbar für Unternehmenszwecke.

Die aufgezeigte relativ enttäuschende IST-Situation sollte aber nicht den Blick darauf verstellen, dass der Umgang in Communities und die damit verbundene Möglichkeiten einer Hinführung zu solchen Lernaktivitäten in Gruppen und im Austausch hoch ist. Junge Leute sind gewohnt, mit teils recht komplexen Rollenspielen multimedial umzugehen. Auch dies stellt eine positive Weiche zu dem Umgang mit neuen Lernszenarien. Die Erwartungen, die Berufsschüler an eLearning und Knowledge Management stellen, sind aus eigener Erfahrung im Umgang mit der Zielgruppe: „nicht nervende" Avatare, klare Bedienungsanleitungen, die Möglichkeit außerhäusig und außerschulisch das System nutzen können, Chatmöglichkeiten und eine attraktives Design.

Je nach Definition der Begriffe Wissensmangement/Knowedge Management („KM“) und eLeaning nutzen zwischen 5% und 35% der deutschen Unternehmen solche neuen Formen der Wissensvermittlung. Diese finden verbreitet ihren Einzug im Rahmen der allgemeinen Digitalisierung von Geschäftsprozessen. Berufliche Schulen dürfen da nicht länger außen vorstehen. Es empfiehlt sich, Verbindlichkeiten in den Lehrplänen aufzustellen, die den Einsatz von Wissens-Intranets und von systematischen web-basierten Lernarrangements vorsehen. Die Lehrpläne sollten konkrete inhaltliche Vorgaben geben. Sie sollten festlegen, welche Lerninhalte mit eLearning für welche Berufszweige behandelt werden sollten und Organisationsempfehlungen aussprechen, was den Stellenwert anbelangt. Sollen 10% der Schulzeit oder sogar 30% mit neuen Lernszenarien abgedeckt werden? Außerschulische Lernorte müssen geschaffen werden. Konkret sollte der Inhalt sich darstellen in überschaubaren Lernmodulen und interaktiven Rollenspielen. Eine Verknüpfung mit den Unternehmen ist vorteilshaft. Diese verfügen über das praxisnahe Wissen, das sie auf gemeinsame Plattformen stellen. Schüler fungieren als Bindeglied und Botschafter Ihres Unternehmens in den beruflichen Schulen. Es ist abzusehen, dass ein Wettbewerb bei solchen Aktivitäten zwischen Unternehmen schon alleine aus Imagegründen entsteht, alleine schon aus Imagegründen.

12.5 Anregungen für ein Gesamtkonzept für das Wissensmanagement der beruflichen Bildung und Weiterbildung, in dem eLearning eingebunden ist.

Mit folgender Checkliste lassen sich einzelne Handlungsfelder in einem frühen Stadium erkennen. Die Fragestellungen bieten zahlreiche Anregungen für die Bildung eines Gesamtkonzeptes von KM und für eLearning. Das Konzept sollte die Aspekte: Mitarbeiter- einbezug, Dauerhaftigkeit, Selbstverständlichkeit, Ökonomie und eine überlegte Verknüpfung von Bisherigem mit Neuem berücksichtigen.

Deutschland steht in einem Umfeld, das beeinflusst wird durch die-Megatrends wie Kostenlosigkeit von Wissen, Übergang zu einer Gesellschaft, die nicht durch Konsum bestimmt wird, Weiterbildung alternder Arbeitnehmer, Migrationsproblemen (40% Schulabbrecher bei Einwanderern) und zunehmenden Ressourcenmängeln. Wissensteilung und das Lernen mit neuen Technologien stellen einen Wettbewerbsvorteil dar, den es zu nutzen gilt solange die Strukturen bestehen.

12.6 Checkliste für den Einsatz von eLearning

Angelehnt an BIBB, Krause u.a. („...zur Auswahl und zum Einsatz von Online-Communities".)

1. Bestehen Themen und Problemfelder, die mit bisherigen Weiterbildungsinstrumenten nicht genügend abgedeckt werden?
2. Möchten Sie eine stärkere Umsetzungsorientierung der Lerninhalte realisieren und haben Sie den Eindruck, dass die eingesetzten Lernangebote nicht reichen?
3. Gibt es für Ihre Beschäftigten wechselnde unternehmens- bzw. arbeitsprozessbezogene Lernanlässe?
4. Gibt es Mitarbeiter, die ‚bildungsfern' sind und wenig Möglichkeiten haben, sich am internen Wissens- und Erfahrungsaustausch zu beteiligen?
5. Haben die Mitarbeiter an ihrem Arbeitsplatz einen Zugang zu PC zu Intra- oder Internet?Dergleichen zu Hause?
6. Verfügen die Mitarbeiter über die notwendige Medienkompetenz im Umgang mit PC und Internet?
7. Können Ihre Mitarbeiter miteinander mit einer gemeinsamen Sprache schriftlich und fachbezogen kommunizieren?
8. Erfordern und ermöglichen die Arbeitsinhalte und Arbeitsprozesse der Mitarbeiter deren fortlaufende Kompetenzentwicklung?
9. Sind die Mitarbeiter im laufenden Arbeitsprozess auf die praktischen Erfahrungen anderer Beschäftigter angewiesen?
10. Gibt es Beschäftigte, die ihr Wissen, ihre Erfahrung bzw. Expertise mit anderen kommunizieren könnten/sollten?
11. Gibt es Beschäftigte in unterschiedlichen Bereichen oder an verteilten Standorten Ihres Unternehmens, die sich intern (punktuell, projektbezogen etc.) austauschen müssen?
12. Müssen Beschäftigte in Ihrem Unternehmen organisations- ode branchenübergreifend, extern Wissen austauschen?
13. Können die Beschäftigten (oder Teile der Belegschaft) Lern- und Arbeitszeiten so verbinden, dass sie während der Arbeitszeit „on demand" und „just in time" Hilfen für aktuelle Problemstellungen anfordern können?

14. Ist ein solches arbeitsprozessbezogenes Lernen kulturell in Ihrer Organisation verankert?
15. Sind die Lerninhalte eins zu eins übertragbar auf eLearning?
16. Lassen sich die Bemühungen unter ‚Anrechnung' bereits erfolgter Investitionen anderer digital abgebildeter Unternehmensbereiche ökonomisch nachvollziehen?

13 Entwicklungsstand des eLearnings in Schulen

Uwe Schöpe
Bonner Akademie, Zurich Gruppe

13.1 Einführung

Das eLearning an deutschen Schulen unterscheidet sich deutlich von Formen des elektronisch unterstützten Lernens in Unternehmen oder Universitäten. Denn hier fehlen häufig immer noch die wesentlichen Grundvoraussetzungen: Computer und ein breitbandiger Internet-Anschluss. Aber auch geeignete Lernplattformen, pädagogische Konzepte zur Einbindung moderner Medien in den Unterricht und auf diesem Gebiet qualifizierte Lehrerinnen und Lehrer sind häufig Mangelware.

Zwar gibt es in Deutschland etliche eLearning-Pilotprojekte und diverse Initiativen auf Landes-, Bundes- und EU-Ebene, doch es mangelt an übergreifenden Konzepten und landesweiter Koordination. Wenn eLearning an den Schulen zum Alltag werden soll, müssen sich vor allem drei Punkte verändern:

1. Langfristig muss es in Deutschland zu einer Abkehr von der Kostenlos-Mentalität im Bildungswesen kommen: Wenn Eltern mit den dafür notwendigen finanziellen Mitteln etwas für die Zukunft ihrer Kinder tun wollen, müssen sie darin investieren – etwa durch Anschaffung der notwendigen Hardware oder in andere infrastrukturellen Maßnahmen.
2. Veränderung der Lehrsituation an den Schulen: Neben einer guten Allgemeinbildung geht es nicht mehr darum, möglichst viele Daten und Fakten im Kopf zu speichern – stattdessen müssen die Kinder lernen, wo und wie sie sich Wissen aneignen können.
3. Verbesserte Qualifizierung der Lehrkräfte: Nur wenn es genügend engagierte Lehrerinnen und Lehrer gibt, die die neuen Medien – eingebettet in ein umfassendes pädagogisches Konzept – im Unterricht nutzen, wird der Computer mehr als eine Spielkonsole sein.

13.2 Schlusslicht im PISA-Vergleich

Deutschland ist laut Auswertung der PISA 2003-Studie unter allen Industriestaaten das Land, in dem der Computer am seltensten als regelmäßiges Lernwerkzeug eingesetzt wird. Während im OECD-Durchschnitt 39 Prozent der Schüler in der Schule Computerkenntnisse erwerben, sind es in Deutschland gerade einmal 21 Prozent.

In Ungarn liegt diese Quote dagegen bei 77 Prozent, im „kleinen" Dänemark bei 65 Prozent. Die Folge der "roten Laterne" im PISA-Vergleich: Mehr als 20 Prozent der deutschen Fünfzehnjährigen haben erhebliche Defizite im Umgang mit neuen Medien – beispielsweise fehlen ihnen technische Kompetenzen oder computerbezogene Lernstrategien, um den Computer angemessen nutzen zu können.

Es besteht außerdem – ähnlich wie bei den anderen in PISA erhobenen Kompetenzen – eine starke Koppelung zwischen der sozialen Herkunft der Jugendlichen und ihren Computerkenntnissen. Den Schulen in Deutschland ist es bisher nicht gelungen, Chancengleichheit in Bezug auf den Erwerb computerbezogener Kenntnisse zu gewährleisten. Es droht die Gefahr des "Digital Divide" – des Auseinanderklaffens der Gesellschaft in Menschen mit und ohne ausreichendes Computerwissen.

Medienkompetenz stellt heute – neben Lesen, Schreiben und Rechnen – die "vierte Kulturtechnik" dar. Mit dem Übergang in eine Informationsgesellschaft ist klar, dass es in der Bildung nicht mehr darum gehen kann, möglichst viel Wissen im Kopf zu speichern. Stattdessen müssen junge Menschen lernen, wo und wie sie sich Wissen aneignen können. Elektronische Hilfsmittel im Unterricht und insbesondere das eLearning können dazu einen wesentlichen Beitrag leisten.

13.3 eLearning an deutschen Schulen

Nach einer Analyse des Beratungsunternehmens A.T. Kearney hat alleine die öffentliche Hand in Deutschland seit dem Jahr 2000 in allen 16 Bundesländern auf kommunaler, Landes- und Bundesebene mehr als 1,1 Mrd. Euro in unterschiedliche eLearning-Einzel- und Pilotprojekte investiert. Ohne jedoch dabei – so das Fazit der Consultants – ein übergreifendes Konzept oder eine überregionale Koordination zur Steigerung der Effizienz erkennen zu lassen.

So identifiziert die A.T.Kearney-Untersuchung als entscheidendes Problem bei der bisherigen Einführung von eLearning-Modellen das Fehlen eines überregionalen Ansatzes: Die Investitionen der öffentlichen Hand sind danach in zahllose vereinzelte Initiativen geflossen – mit allen Risiken und Nachteilen einer solchen Zersplitterung. So wurden und werden zwangsläufig Mehrfachentwicklungen getätigt, außerdem konnten kaum Skaleneffekte im Einkauf genutzt werden. Zudem ist die Kompatibilität unterschiedlicher Lernkonzepte über Schul- und Ländergrenzen hinaus nicht gesichert.

Entsprechend kommt die Untersuchung zu dem Schluss, dass die öffentliche Hand sich von den bisherigen halbherzigen Ansätzen verabschieden und das Thema eLearning gemeinsam mit allen Beteiligten – einschließlich der Industrie sowie Eltern und Schülern – konsequent und zentral neu aufstellen muss.

Den Einwand, dass den Kommunen dazu das Geld fehle, kann man nach Meinung der Managementexperten nicht gelten lassen, denn die zur Verfügung stehenden Mittel könnten viel effektiver genutzt werden – ergänzt durch die bereits in mehreren Pilotprojekten nachgewiesene Bereitschaft der Eltern, sich mit speziellen Leasingangeboten finanziell an einer besseren Ausstattung der Kinder mit Notebooks zu beteiligen.

Das Fazit der Analyse: Nur wenn alle deutschen Schüler, ohne Berücksichtigung der sozialen Herkunft, frühzeitig und mit großer Nachhaltigkeit geschult werden, mit neuen Internet-basierten Lern- und Recherche-Werkzeugen umzugehen, wird sich das Bildungsniveau an den deutschen Schulen wieder im internationalen Vergleich messen lassen können.

13.3.1 Notwendige Voraussetzungen für eLearning-Angebote

Nach den Daten der fünften bundesweiten Erhebung zur "IT-Ausstattung der allgemeinbildenden und berufsbildenden Schulen in Deutschland" sind mittlerweile 99 Prozent der Bildungseinrichtungen mit stationären oder mobilen Computern für den Unterrichtseinsatz ausgestattet. Die durchschnittliche Versorgung liegt allerdings nur bei einem Computer für elf Schüler. Damit ist Deutschland im internationalen Vergleich weit abgeschlagen.

Bei der Verfügbarkeit breitbandiger Internet-Zugänge sieht es Dank des Engagements der Initiative "Schulen ans Netz" und des T@-School-Programms der Deutschen Telekom deutlich besser aus. Insgesamt können rund zwei Drittel der Schulen in Deutschland mit hoher Geschwindigkeit das Internet nutzen. Netzwerke sind in 72 Prozent aller deutschen Schulen installiert.

Bei den Lernplattformen, die ebenfalls ein wichtiges Element in einem schulischen eLearning-Konzept darstellen, existiert eine bunte Vielfalt. Hohe Anschaffungspreise und fehlende Schnittstellen zu den vorhandenen Lerninhalten hemmen den flächendeckenden Einsatz.

Mit IT@School haben die Telekom-Tochter T-Systems und die beiden Schulbuchverlage Cornelsen und Ernst Klett jedoch eine umfassende und modular aufgebaute Lösung entwickelt, die bereits an einer Reihe von Schulen zum Einsatz kommt. Sie besteht aus einer Basisinfrastruktur (Server, Router, Software, Service und Management) und einer leicht bedienbaren pädagogischen Oberfläche. Außerdem aus der Applikationsverwaltung und dem Lizenz- und Rechtemanagement der Schul-PCs sowie einem Lernmanagement-System.

Multimediale Lerninhalte – ein weiteres wichtiges Element für eLearning in der Schule – gibt es in Hülle und Fülle. Neben den klassischen Schulbuchverlagen haben sich auch eine Reihe von Softwarehäusern und Multimediaagenturen auf dieses Thema spezialisiert. Zahlreiche Lernanwendungen entstehen auch in den Schulen selbst und könnten gut an anderen Orten genutzt werden.

So stehen die im Rahmen des Lehrerfortbildungsprogramms "Intel – Lehren für die Zukunft" entwickelten Inhalte kostenfrei auf einer Online-Plattform zur Verfügung. An der Weiterbildungsinitiative des Chipherstellers nahmen bis Ende 2004 über 200.000 Lehrkräfte teil. Bereits im Jahr 2003 wurde der Aufbaukurs "Intel – Lehren für die Zukunft – online trainieren und gemeinsam lernen" gestartet, der inzwischen bis zum Jahr 2009 verlängert worden ist.

Die Evaluation des ersten Intel-Lehrerfortbildungsangebotes ergab eine hohe Zufriedenheit bei allen Beteiligten. Als gelungenes Beispiel für Public-Private-Partnership hat es in Zeiten angespannter öffentlicher Haushalte neue Maßstäbe für die Qualität von Lehrerfortbildung gesetzt. Insbesondere die Verknüpfung von technischem Grundwissen mit didaktischen Ideen zum Einsatz des Computers im Unterricht wurde positiv bewertet.

Ein Computer allein kann keine bessere Bildung schaffen. Es ist vielmehr notwendig, die neuen Medien in ein pädagogisches Konzept einzubetten, damit sie nicht kontraproduktiv wirken. Effektives Lernen ist von vielen Faktoren abhängig. Nicht ein einzelnes Medium, sondern das didaktische Umfeld und die eingesetzten Methoden sind entscheidend. Nur ein systemisch ganzheitlicher Ansatz kann verhindern, dass Investitionen in Ausstattung und Software ohne nachhaltigen Bildungseffekt verpuffen.

13.4 Beispiele für eLearning-Projekte in Deutschland

Im Ergebnis von "Intel – Lehren für die Zukunft" und anderer Initiativen sind an deutschen Schulen zahlreiche eLearning-Pilotprojekte entstanden. Dazu hat auch wesentlich das eTwinning-Programm der EU beigetragen, das europäische Schulpartnerschaften über das Internet fördert und an dessen knapp 900 Projekten derzeit über 11.000 Schulen in 28 europäischen Ländern teilnehmen. Mit Hilfe einer einfach zu bedienenden Internetplattform tauschen sich die Partnerklassen über ein gemeinsames Unterrichtsthema aus, das jeden Monat neu festgelegt wird.

13.4.1 Beispiel Sonderpädagogisches Förderzentrum München Nord

Ein Beispiel dafür ist das eTwinning-Projekt der Fünft- bis Neuntklässler des Sonderpädagogischen Förderzentrums München Nord, die ihre Partnerschüler am St. Ludgercollege in Doetinchem in den Niederlanden in Deutsch unterrichten. Das Besondere: Sozial benachteiligte Kinder und Jugendliche helfen Realschülern und Gymnasiasten – und gewinnen dadurch eigenes Selbstvertrauen. Alles, was mit dem Projekt zu tun hat, wird dokumentiert und kommt in ein gemeinsames Weblog. Das Online-Tagebuch enthält mittlerweile selbst geschriebene Raptexte, Artikel zum Projekt, Bilder und Filme oder persönliche Informationen und bietet die Kommunikationsbasis, um zwischen den gegenseitigen Besuchen der Klassen in Kontakt zu bleiben.

13.4.2 Beispiel Schulnetzwerk "Unit21" in Unna

In dem bundesweit bisher einmaligen Pilotprojekt "Unit21" in Unna wurde die gesamte Stadt im östlichen Ruhrgebiet versuchsweise zum drahtlos vernetzten Campus. Die von den Wirtschaftsbetrieben der Stadt betriebene IT-Infrastruktur eröffnet 10.000 Schülern und rund 620 Lehrern an 21 Schulen völlig neue Lernwelten. Über leistungsfähige Funk-Verbindungen wird die Verbindung zu einem zentralen Rechenzentrum hergestellt. Die angeschlossenen Schulen verfügen jeweils über zwei Notebook-Wagen, dazu gibt es mehrere Klassen mit privat finanzierten Notebooks. Die bisherigen Erfahrungen zeigen, dass die an das eLearning-Projekt gestellten Erwartungen zum größten Teil eingelöst werden. Insbesondere der Austausch zwischen allen Beteiligten wird einfacher und intensiver.

13.4.3 Gymnasium Ottobrunn

Im Gymnasium Ottobrunn gibt es seit dem Schuljahr 2002/03 Klassen, die mit von den Eltern finanzierten Notebooks ausgestattet sind. Die erste Notebook-Klasse diente dazu, ein nachhaltiges Konzept zum Lernen mit den mobilen Computern zu entwickeln. Inzwischen verfügt die Schule für ihre insgesamt fünf Notebook-Klassen ab der Jahrgangsstufe 8 über ein eigenes Curriculum. Die Geräte werden mindestens drei Jahre lang täglich im Unterricht und zur häuslichen Vor- und Nachbereitung genutzt. Die Erfahrungen aus den einzelnen Klassen und das Feedback von allen Beteiligten fließt fortlaufend in die Weiterentwicklung des Curriculums ein, um die Arbeit in diesen und zukünftigen Klassen auf eine tragfähige konzeptionelle Grundlage zu stellen. So wird auf Grund der bisherigen Erfahrungen inzwischen z.B. besonderer Wert auf die Integration medienpädagogischer Module und den Aufbau von kritischer Medienkompetenz gelegt. Ziel des vom Chiphersteller Intel unterstützten Projekts ist es, das Lernen für eine möglichst große Zahl von Schülern erfolgreich zu machen und eine zukunftsweisende Lernkultur in verschiedenen Fächern und über Fächergrenzen hinweg zu unterstützen. Dabei gilt die Formel „use to learn“ und nicht nur „learn to use“.

13.4.4 Beispiel Hauptschule Geretsried

In Bayern gibt es insgesamt 50 Notebook-Klassen, davon 40 im Rahmen des Projektes "i lern" der Stiftung Bildungspakt Bayern. Um zu sehen, wie sich durch den Einsatz der mobilen Computer und von eLearning der Unterricht und die Motivation der Schülerinnen und Schüler verändert, haben die Augsburger Medienpädagogin und eLearning-Expertin Prof. Dr. Gabi Reinmann und ihr Team ein Jahr lang drei Notebook-Klassen im Mittlere-Reife-Zug der Hauptschule Geretsried wissenschaftlich begleitet.

Das Ergebnis: Schüler lernen in Notebook-Klassen selbstständiger, der Unterricht macht gerade den jüngeren Kindern mehr Spaß und motiviert sie zum Lernen. Ebenfalls ein interessanter Aspekt: Die Lehrer in den Notebook-Klassen nutzen stärker offene Unterrichtsformen und schlüpfen in eine neue Rolle, nämlich in die eines Beraters.

Die Schüler in den Notebook-Klassen – so das Ergebnis der Studie – üben sich mehr in Problemlösefähigkeit, in sozialer Kompetenz wie beispielsweise Teamfähigkeit sowie in Medienkompetenz. Durch die Arbeit mit den Notebooks können sie auch Informationen besser recherchieren, diese klarer strukturieren und präsentieren.

Gleichzeitig hat sich aber auch gezeigt: Die mobilen Computer in der Klasse führen nicht automatisch zu besseren Noten. Wesentlich für den Erfolg ist laut der Studie neben der Professionalität des Lehrers und seiner Auffassung von Unterricht vor allem die Unterstützung der Schulleitung, des Kollegiums und der Eltern.

13.5 Bildung erfordert eigenen finanziellen Einsatz

Eine Studie der Bertelsmann-Stiftung hat ergeben, dass für eine flächendeckende Beschaffung von Notebooks an deutschen Schulen rund 40 Milliarden Euro aufgewendet werden müssten. Laut einer anderen Berechnung würde der breite Einsatz von Computern an den Schulen den Unterricht um rund 20 Prozent verteuern.

Da dies vom Staat alleine nicht finanzierbar ist, sind andere Wege zu finden. So müssen sich vor allem die Eltern darauf einstellen, dass künftig ein eigenes finanzielles Engagement für die Zukunft ihrer Kinder erforderlich ist. Die Bereitschaft, selbst etwas für die Bildung des Nachwuchses zu tun, wächst auch in Deutschland. Das zeigen zum Beispiel die Notebook-Klassen an verschiedenen Schulen.

13.5.1 Hilfe zur Selbsthilfe

Um diesen engagierten Eltern unter die Arme zu greifen und gemeinsam etwas gegen den Computer-Analphabetismus zu tun, hat sich die Bildungsoffensive 2006 gegründet. Ihr erstes Projekt war die mobile Lernstation EduBook – ein Business-Notebook mit sinnvoll zusammengestellten Lernprogrammen und weiterer Software zu einem erschwinglichen Preis.

Initiiert wurde die Bildungsoffensive 2006 von der Bonner Akademie, einem Unternehmen der Zurich Gruppe, die eine Reihe von weiteren Unterstützern und Sponsoren gewinnen konnte. Darunter für die zweite Phase des Projekts die Firmen Braingame Publishing, cancom Deutschland, Computersysteme Stein, co.Tec, DHL, digital publishing, Hewlett-Packard (HP), Imago, Intel, Master Solution, Oracle Deutschland, die PE-Stiftung, Promethean, Symantec Deutschland, Thomson NETg, Viwis und die Zurich Gruppe. Für die einzelnen Teilnehmer ist das Engagement in der Bildungsoffensive 2006 meist nicht die einzige Aktivität in diesem Bereich.

13.5.2 Unternehmen engagieren sich

So unterstützt der Logistikkonzern DHL weltweit zahlreiche Programme, die sich schwerpunktmäßig auf Kinder und Jugendliche konzentrieren. Unter anderem können DHL-Vertragskunden ihre Punkte aus dem Ship&More-Prämienprogramm für ein „Schul-Startset“ spenden, mit dem Kindern in Entwicklungsländern ein Schulbesuch ermöglicht wird. Auch in Deutschland engagiert sich der Transportdienstleister: etwa als Sponsor des bundesweiten Schülerbandfestivals „SchoolJam 2005/2006“, für das sich über 800 Schulen aus ganz Deutschland beworben haben. Oder beim Wettbewerb business@school, einer Bildungsinitiative der Boston Consulting Group. In deren Rahmen werden Oberstufenschüler, die sich in der Schule und in ihrer Freizeit mit Wirtschaftsthemen beschäftigt haben, ein Jahr lang von Beschäftigten von Deutsche Post World Net bei der Umsetzung ihrer Geschäftsideen beraten und unterstützt.

Der Chiphersteller Intel hat mit seiner Fortbildungsinitiative "Intel – Lehren für die Zukunft" nicht nur bisher über 200.000 Lehrkräfte in Deutschland mit den Grundlagen des Einsatzes von Computern im Unterricht vertraut gemacht. Im Rahmen der Initiative "Intel Innovationen im Bildungswesen" wird auch in mehr als 20 Ländern auf fünf Kontinenten die mathematische, naturwissenschaftliche und technische Ausbildung unterstützt. Ziel ist dabei u. a. die Förderung der effektiven Nutzung von Computertechnik im Klassenunterricht, breiterer Zugang zur Informationstechnologie und die Steigerung der Zahl derjenigen, die eine Karriere in einem technischen Beruf anstreben – besonders unter den Frauen und Minoritäten.

Auch die Zurich Gruppe engagiert sich schon länger für die Unterstützung der Leistungsträger von morgen. Ihr Tochterunternehmen Bonner Akademie ist seit Jahren in der Weiterbildung für Jugendliche aktiv. So werden zum Beispiel Kompetenzchecks für Schüler durchgeführt, um sie bei ihrer Berufswahl zu unterstützen.

Im Rahmen des Wettbewerbs „Mobiles Lernen an Schulen“ des Kultusministeriums Baden-Württemberg und des Landesmedienzentrums unterstützt der Technologiekonzern HP entsprechende Aktivitäten in verschiedenen Landkreisen für den kreativen und innovativen Einsatz von Notebooks im Unterricht. Ähnliche Schulwettbewerbe werden auch in Nordrhein-Westfalen gefördert. Im Rahmen der Medien-Initiative Schule@Zukunft in Hessen ist HP in einem Verbundprojekt der Schulträger des Kreises Bergstraße, des Rheingau-Taunuskreises und des Kreises Offenbach aktiv. Ein weiteres Beispiel für das Engagement des Unternehmens auf dem Bildungssektor ist ein gemeinsames eLearning-Portal zwischen Bayern und Tschechien, über das jeweils fünf Schulen aus beiden Ländern ihren Unterricht in verschiedenen Fächern organisieren. Als exklusiver Partner der bundesweiten Initiative „Mobiles Lernen“, die ihre Arbeit in Hessen, NRW, Rheinland-Pfalz und dem Saarland begonnen und Pilotprojekte in weiteren Ländern gestartet hat, steuert HP die notwendige Hardware bei.

Mit der "Oracle Education Foundation" fördert auch der Softwarehersteller Oracle Projekte im Bildungsbereich. Darunter Think.com, die Online-Lerngemeinschaft für Schüler, oder den Wettbewerb ThinkQuest für die Gestaltung von Schulwebseiten. Die kostenlos zur

Verfügung gestellte mehrsprachige Plattform Think.com wird derzeit in Deutschland von über 200 Schulen genutzt. Weltweit haben sich bereits mehr als 7.300 Schulen, 500.000 Schüler sowie 75.000 Lehrer registriert. Darüber hinaus vergibt die Oracle-Stiftung Zuschüsse an ausgewählte Schulen und gemeinnützige Organisationen, um deren technische Ausstattung zu verbessern.

13.5.3 Bildungsoffensive 2006 fördert Vernetzung

Nach dem Start der Bildungsoffensive 2006 konzentrierten sich die Partner mit dem EduBook zunächst vor allem auf die Bereitstellung einer kostengünstigen Lernstation als "Hilfe zur Selbsthilfe" für die Eltern, um so erst einmal die Basis für eLearning-Angebote in den Schulen zu schaffen. In der zweiten Phase des Projekts, die im Herbst 2006 begonnen wurde, wird dieser Ansatz mit dem erweiterten EduBook II fortgeführt.

Gleichzeitig soll aber nun auch verstärkt die schulübergreifende Vernetzung mit anderen Projekten und damit der Gedanke der Community im Mittelpunkt stehen. Deshalb wurde die mobile Lernstation mit einer Schnittstelle zur Einbindung in gängige Schulnetzwerke ausgestattet.

Die erste EduBook-Klasse in Deutschland, die im Winter 2005 am Thomas-Strittmatter-Gymnasium (TSG) in St. Georgen (Schwarzwald) eingerichtet wurde, sammelt dazu bereits Erfahrungen. Insgesamt bekam die Klasse 6b 20 EduBooks von der Bildungsoffensive 2006 zur Verfügung gestellt, die während des gesamten Unterrichtstages zur Verfügung stehen. Sie sind über das NetEducation Center von HP mit dem TSG-Schulnetz und dem Internet verbunden.

Zwei Kinder teilen sich einen Rechner und unterstützen sich somit gegenseitig in der praktischen Anwendung. Die oft sehr unterschiedlichen Voraussetzungen bei der Medienkompetenz werden nicht zusätzlich verstärkt, sondern eher ausgeglichen. Kinder lernen hier von und mit Kindern, zumal auch fünf Mentoren aus der Oberstufe die 15 Notebookteams technisch unterstützen. Zur Erweiterung der Medienkompetenz in der Erziehungspartnerschaft von Elternhaus und Schule sind privat finanzierte EduBooks ausdrücklich erwünscht und können in das Konzept schrittweise integriert werden.

Das Spektrum der Fächer, in denen die EduBooks eingesetzt werden, reicht in der ersten Phase vom Kernkompetenzfach Mathematik über das Profilfach Musik bis hin zu Fremdsprachen (zunächst Französisch) und zu Nebenfächern wie Geschichte, Geographie oder Religion. Das übergreifende pädagogische Schulziel des selbstverantwortlichen Lernens kann durch eine Öffnung und neue Rhythmisierung des Schulalltags erreicht werden. Starre 45-Minuten-Blöcke in ständig wechselnden Fächern werden zunehmend durch längere Blöcke und Projektarbeit abgelöst, womit nun längere Zeit bei einem Thema verweilt werden kann.

Insgesamt hat der EduBook-Einsatz zu einer positiven Veränderung der Lern- und Lehrsituation geführt. Sowohl bei den Schülern als auch bei den beteiligten Lehrkräften werden die bisherigen Erfahrungen – wenn auch differenziert nach einzelnen Fächern und Lernprogrammen – überwiegend positiv bewertet. Gleichzeitig hat es sich aber auch gezeigt, dass ein solches Projekt sehr stark von der Kompetenz und vom persönlichen Engagement der Lehrerinnen und Lehrer lebt. Kommt es hier zu Ausfällen verantwortlicher Personen – etwa durch Krankheit oder Elternzeit – lässt die Nutzung der mobilen Lernstationen schnell nach. Diese Erfahrung unterstreicht noch einmal nachdrücklich die Bedeutung der kontinuierlichen Aus- und Weiterbildung der Lehrkräfte auf diesem Gebiet, welche auch an der St. Georgener Pilotschule in Phase II der Bildungsoffensive verstärkt wird.

13.6 eLearning 2.0 an Schulen

Durch die zunehmende Verflechtung von elektronischem Lernen und Internet entwickelt sich das eLearning in eine ganz neue Richtung, die häufig als "eLearning 2.0" bezeichnet wird. Weblogs, Podcasts, Wikis und Social Software sind aktuelle Trends, die aus dem bisherigen statischen World Wide Web ein Web 2.0 machen, dessen Inhalte von den Nutzern selbst gestaltet werden. Gerade bei Jugendlichen haben Online-Communities wie mySpace, Knuddels, Flickr oder YouTube inzwischen einen hohen Stellenwert.

Im Zuge des eLearnings 2.0 können solche Entwicklungen aufgegriffen und für den Unterricht genutzt werden. Etwa durch die Gestaltung von Klassen- und Schul-Weblogs oder durch die Produktion eigener Podcasts. Erste Ansätze dafür gibt es bereits. Etwa an der Klasse 8b des Mariengymnasiums in Arnsberg, wo der Englischlehrer seinen Schülern über eine eigene Website Hausaufgaben per Podcast weitergibt. An der Hauptschule West in Landau werden im Musikunterricht eigene Radiosendungen erstellt und über das Internet verbreitet. Mit dem Vorlese-Podcast der Haupt- und Realschule Suderburg können die Eltern der Schüler über das Internet am Deutschunterricht ihrer Sprösslinge teilnehmen.

Diese und viele andere Beispiele zeigen, wie eLearning sinnvoll an den Schulen eingesetzt wird. Mit der Weiterentwicklung zum eLearning 2.0 ergeben sich viele neue Möglichkeiten, die ohne großen Aufwand realisiert werden können und gleichzeitig sehr schnell sichtbare Erfolge bringen.

13.7 Fazit

Damit eLearning zum Schulalltag in Deutschland werden kann, müssen erst einmal die Voraussetzungen dafür geschaffen werden: Zugang zu einem Computer und zum Internet für möglichst alle Schülerinnen und Schüler. Ideal wäre dabei – so die Meinung vieler Experten – die Ausstattung mit einem Notebook.

Die Vorteile liegen auf der Hand: Jeder Schüler hätte tatsächlich seinen eigenen Computer und könnte sich alle erforderlichen Kenntnisse auch individuell zulegen und anwenden. E-Books, die auf dem mobilen Rechner gespeichert sind, reduzieren drastisch die Ausgaben für Lehrmittel. Die Familie kann außerdem leichter in den Lernprozess einbezogen werden, wenn die Kinder auch zu Hause mit dem Gerät arbeiten.

Die möglichen Risiken wie Missbrauch für Spiele, sinnloses Zapping im Internet, Verlust oder Diebstahl lassen sich dann schnell in den Griff bekommen, wenn wirklich jeder Schüler sein Gerät hat - ähnlich wie das bei Handys heute auch schon der Fall ist. Eingebunden in ein pädagogisches Konzept und unter Anleitung ihrer Lehrer – so das Ergebnis verschiedener Studien – lernen die Schüler in den bereits existierenden Notebook-Klassen selbstständiger, der Unterricht macht ihnen mehr Spaß und motiviert sie stärker.

Doch bisher können in Deutschland erst sehr wenige Schülerinnen und Schüler mit Hilfe moderner Medien ihre Chancen verbessern. Nach dem letzten Bericht der Bundesregierung kam im Jahr 2005 hier zu Lande auf 117 Schüler ein Notebook. In den Grundschulen stand für 173 Schüler ein einziger mobiler Rechner zur Verfügung, in den Sekundarstufen 1 und 2 betrug dieses Verhältnis 115:1. Es ist also noch viel zu tun, um einen „Digital Divide“ in der Gesellschaft zu verhindern.

Angesichts der rund 40 Milliarden Euro, die eine flächendeckende Notebook-Ausstattung in Deutschland nach einer Studie der Bertelsmann-Stiftung kosten würde, ist private Initiative gefragt. Der Staat alleine kann diesen Betrag nicht aufbringen. Gemeinsam müssen Politik, Wirtschaft, Schulen und Eltern künftig stärker in die Zukunft des Nachwuchses investieren. Initiativen wie die „Bildungsoffensive

2006" leisten dabei „Hilfe zur Selbsthilfe". Sie schaffen so die Grundlagen dafür, dass in Zukunft eLearning auch an den Schulen in Deutschland eine wichtigere Rolle spielt und das lebenslange Lernen mit Hilfe moderner Medien schon von Kindesbeinen an geübt wird.

14 Projektbeispiel: European Medi@Culture online

Finalist im European E-Learning Award 2005

Jörg Schumacher
Landesmedienzentrum Baden-Württemberg

14.1 Das Projekt

Wir, vor allem aber unsere Kinder und Jugendlichen, leben in einer von Medien aller Art geprägten Welt. Die Schule darf sich diesem Umstand nicht verschließen. Medienkompetenz bzw. die „media literacy" des englischen Sprachraums sind grundlegende Kompetenzen, die unter anderem helfen können, dem vorherrschenden passiven und unreflektierten Gebrauch der Medien ein Gegengewicht zu geben. Darüber hinaus sind Medien – vor allem die neuen Medien - auch unter kognitionspsychologischer Betrachtung wertvolle Hilfen und eine Bereicherung im Unterricht. Vieler Orts hört man noch immer, es gebe keine neuen Medien. Medien seien immer nur traditionelle Medien wie Film, Bild, Ton, und so weiter. Dem möchte ich entschieden widersprechen. Neue Medien sind digitale Medien. Diese können über ein Gerät, den Computer, dargestellt, präsentiert und bearbeitet werden. Dies ermöglicht eine hohe Flexibilität und Interaktivität. Das ist eine neue Qualität, die uns Lehrer bei unseren Mühen unterstützt, schülerzentriert zu arbeiten, zu individualisieren und zu „binnendifferenzieren". Aus diesem Grunde fordern die neuen Bildungsstandards auch eine weitgehende Integration der Medienanwendung in die Unterrichtsfächer. „European Medi@Culture-online", kurz Em@c-online, liefert Wissen rund um Medien und Medientechnik und zeigt auf, wie man diese Medienintegration im Fremdsprachenunterricht, vor allem im Rahmen von grenzüberschreitenden Schul- und Klassenpartnerschaften leisten kann.

Anfang 2003 startete das Landesmedienzentrum Baden-Württemberg das Projekt European Medi@Culture-online, das aus Mitteln der Medienoffensive Schule II des Landes Baden-Württemberg und der eLearning Initiative der Europäischen Kommission über eine Laufzeit von zwei Jahren (2003 – 2004) gefördert wird. Im Rahmen des Projektes wurden zwei Online-Module entwickelt und im WWW bereitgestellt:

a) **www.european-mediaculture.org**
(auch www.european-medaiculture.de) eine dreisprachige (englisch, französisch, deutsch) **Informationsbasis** zu medi-

enpädagogisch und -technisch relevanten Themen mit Hintergrundinformationen zu Medieneinsatz, Medientechnologie, Medienarten, sowie Anleitungen zur Medienproduktion (Multimedia) und –publikation;

b) **emac-projects.org** (auch emac-projekte.de) eine **Produktionsplattform** für Online-Projekte (Em@c-Projektplattform) mit deren Hilfe Projektschulen eigene, grenzüberschreitende Projekte mit ihren europäischen Partnerklassen realisieren, wobei sie bei Bedarf auf das medienpädagogische und technische Know-how der Informationsbasis zugreifen können. In die Plattform sind auch **Foren** integriert, die sowohl der interessierten Öffentlichkeit (moderiertes, der Außenwelt zugängliches Forum), als auch den Projektpartnern (internes, extern nicht zugängliches Forum) Gelegenheit zur Kommunikation mit den Projektteams geben. Ein weiteres wichtiges Feature ist der so genannte „Offline-Generator“, das es dem Lehrer ermöglicht, ein Online-Projekt für die Verwendung auf CD-Rom auszugeben. Seit März 2004 wurde ein **Videokonferenz-Modul** an die Em@c-Plattform angekoppelt, das es Schulen gestattet, mittels Webcam, audiovisuelle Konferenzen mit der Partnerschule durchzuführen.

Projektpartner der ersten Stunde sind Schulen (Grundschulen und Gymnasien) aus Finnland, Frankreich, Deutschland (Baden-Württemberg) und Österreich, sowie institutionelle Partner aus Frankreich (CRDP Strasbourg) und Österreich (media wien medienpädagogik), wobei die Schulen vornehmlich die Online Plattform für grenzüberschreitende Online-Projekte nutzen. Die institutionellen Partner koordinieren dabei die Aktivitäten der Schulen (LMZ-BW, Media Wien) und kooperieren mit der Online Redaktion des Projektes (CRDP Alsace, LMZ-BW, Media Wien).

Im Verlauf des ersten Projektjahres wurden die beiden Projektmodule entwickelt und erste Erfahrungen mit der Arbeit der Online-Plattform gemacht, die wiederum zu Optimierungen und Anpassung des Systems an den Arbeitsbereich Schule führten.

Abb. 1: Im Em@C-Computercamp 10/2003: Schüler und Lehrer lernen gemeinsam

14.2 Arbeiten mit der Em@c-Plattform

Ausgangspunkt der Projektkonzeption waren Erfahrungen des Tandemlernens. Hier arbeiten zwei Personen unterschiedlicher Muttersprachen zusammen, um voneinander und miteinander die Sprache des Tandempartners zu lernen. Dabei ist jeder Partner Experte seiner eigenen Sprache. Die Lerner bearbeiten ein gemeinsames Thema, lesen gemeinsam Texte, stellen Fragen, helfen sich gegenseitig und korrigieren den anderen, wechseln also ständig die Rollen, sind Lehrer und Lerner gleichzeitig, was sich höchst motivierend auswirkt. Dabei lernen sie viel über die Sprache, die Kultur und die Person des Tandempartners. Unsere Überlegungen bauen auf diesem Konzept auf, wobei wir die Möglichkeiten des Internets zur Virtualisierung der Tandems nutzen:

- Schülergruppen **produzieren** zu einem gemeinsamen Thema über die Landes- und Sprachgrenzen hinweg eigene multimediale Unterrichtsmaterialien mit Text, Bild, Ton und teilweise Video in der jeweiligen Muttersprache. Anschließend **publizieren** die Partner die Inhalte in der Em@c-Plattform im WWW oder auf CD-ROM.
- Diese **authentischen fremdsprachlichen Materialien** werden dann von den Projektpartnern zum Lernen der jeweiligen Fremdsprache im Fremdsprachenunterricht eingesetzt.

Dabei können die Schüler die fremdsprachlichen Medientexte im Sinne eines Sprachbades unbegrenzt wiederholen.

- In einem weiteren Schritt führen die Klassen dann über das Internet **Videokonferenzen** durch, in denen sie vorher vereinbarte deutsch- und französischsprachige Strukturen anwenden. So lässt sich beispielsweise per „application-" oder „document sharing" ein Bildschirminhalt, also ein Bild, ein Arbeitsblatt oder ein Text, auf den PC beider Lerngruppen in Deutschland und Frankreich gleichzeitig darstellen, während sich die Schüler und Schülerinnen über den Bildschirminhalt unterhalten. Dieses Szenario lässt sich vielfältig variieren. So sind hier Arbeitsformen in grenzüberschreitenden Zweiergruppen bis hin zum Arbeiten in einem gemeinsamen virtuellen Klassenverband möglich.

Als Zielgruppen eignen sich vor allem internationale Klassen- bzw. Schulpartnerschaften, die neben ihren punktuellen Treffen die partnerschaftlichen Aktivitäten mit Unterstützung des Em@c-Systems während des gesamten Schuljahres fortsetzen können. Es geht also hier nicht um ein Ersetzen realer Partnerschaften durch eine virtuelle, sondern um eine ergänzende Maßnahme, die unter anderem dazu beitragen kann, eine Schulpartnerschaft über einen längeren Zeitraum am Leben zu erhalten.

14.3 Online Publizieren mit „emac-projects.org"

Der Zugang zum System erfolgt über das WWW mit Hilfe eines Browsers („emac-projects.org"). Herz der Projektplattform ist ein CMS- oder Online-Redaktionssystem. Diese Systeme sind in der Online-Publikationswelt weit verbreitet. Alle großen Online-Publikationen im WWW wie etwa der Spiegel oder die Zeit werden mit solchen Systeme veröffentlicht. Ein wesentliches Merkmal eines Online-Redaktionssystems ist seine hierarchisierte Anwenderverwaltung mit der Vergabe nur ganz bestimmter Rechte für die Journalisten (Schüler) und dem Redakteur (Lehrer).

Als **Lehrer** können Sie Online-Publikationsprojekte initiieren und jedem Projekt Schüler und Schülerinnen zuweisen, die ausschließlich eigene Artikel verfassen, bearbeiten und auch löschen können. Auch ist es Schülern und Schülerinnen möglich, alle notwendigen Bilder, Grafiken, Audios oder Videos in die zentrale Projektbibliothek aufzuladen. Erst nach Freigabe der Seite durch den Redakteur (Lehrerinnen oder Lehrer) wird eine Seite freigeschaltet – d.h. für die Außenwelt sichtbar.

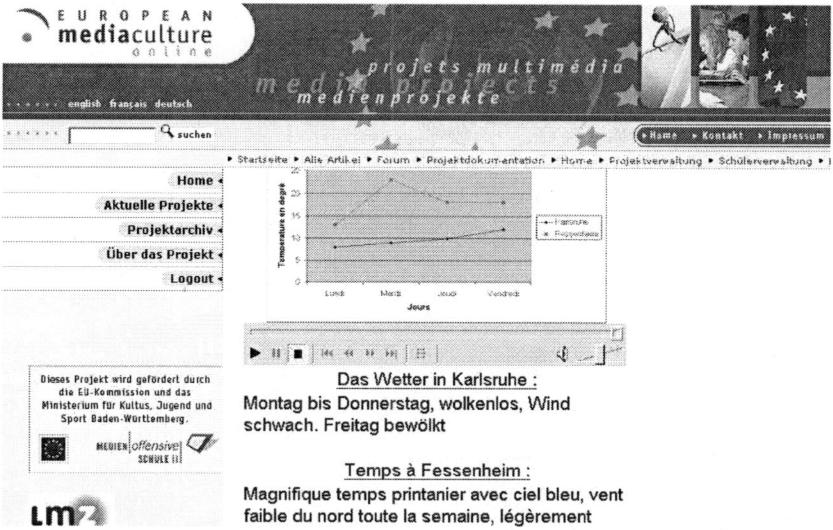

Abb. 2: Em@C-Projekt: Das Wetter in Karlsruhe und Fessenheim le bas

Auf diese Weise ist ein dezentrales Arbeiten eine organisatorische Aufgabe, nicht aber ein technisches Problem. Die Aufteilung der Arbeitsgruppen ist hier sehr flexibel. In der Regel machen die Schüler digitale Bilder, Grafiken, Texte und erstellen und bearbeiten digitale Ton- oder Videosequenzen. Erst im letzten Arbeitsschritt, dem Publizieren, ist ein Web-Zugang erforderlich. Die notwendigen Programme sind in der Regel entweder bereits auf Computer verfügbar oder als Freeware im Netz zu finden. Wir benötigen zum multimedialen Online-Publizieren keine großen professionellen Software-Lösungen um zu nahezu professionellen Ergebnissen zu gelangen. Es genügen hier einfache Tools:

- **Texte** kann man mit jedem verfügbaren Textbearbeitungsprogramm, wie z.B. Word oder Wordpad erstellen. Im letzten Arbeitsschritt werden diese Texte direkt in den Online-Editor kopiert (Strg + C) und online formatiert.

- **Bilder/Grafiken** können mit dem Bildbearbeitungsprogramm **Irfanview** (Freeware; freier Download: www.irfanview.com) nachbearbeitet werden. Eine praktische Arbeitsanleitung finden Sie auf dem Informationsserver www.european-mediaculture.org (auch in englischer Sprache).

- **Digitale Audiodateien** kann man ebenfalls mit einfach zu bedienenden Audiobearbeitungsprogrammen realisieren. Em@c unterstützt die wichtigsten Soundformate für das WWW: mp3, mp4 und wav. Als Bearbeitungsprogramm hat sich der auf den meisten PC mit eingebauten Brennern befindliche **Nero Wave-Editor** bewährt (Das Programm ist ein Programm-Modul des verbreiteten Brennprogramms Nero Burnig Rom). Daneben gibt es die Freeware Audacity (audacitiy.soundforge.net), die in Verbindung mit dem ebenfalls kostenlosen Lame3-Codec auch die Bearbeitung und Ausgabe von mp3-Dateien unterstützt.

Abb.3: Kinder bei der Audiobearbeitung

- Auch **digitale Videos** lassen sich problemlos in ein Em@c-Dokument integrieren. Das System unterstützt hier die wichtigsten Videoformate, wie z.B. mp2, mp4 oder wmv. Auch für Video finden sich kostenlose Werkzeuge im WWW. Im Projekt hat sich bisher Pinnacle Studio 8 hervorragend bewährt. Diese Software ist zwar keine Freeware, zeichnet sich aber durch eine sehr intuitive Bedienung aus.

14.4 Erste Erfahrungen und Ausblick

Im Projektzeitraum von Oktober 2003 bis Dezember 2004 nutzten lediglich die Em@C- Projektschulen aus Deutschland, Finnland, Frankreich und Österreich die Plattform, wobei sie das System testeten und neue Funktionen anregten. Besonders die Grundschulen aus Karlsruhe, Fessenheim le Bas und Wien publizierten konsequent einfache deutsche und französische Beiträge in Text, Bild und Ton im Online-Projekt „Blitzlicht der Woche – Le Flash de la Semaine", wobei die Grundschulen aus Karlsruhe und dem Elsässischen Fessenheim le Bas die publizierten Materialien der Partnerklasse im Französisch- bzw. Deutschunterricht verwendeten. Bis Ostern werden die beiden Schulen erste Videokonferenzen durchführen. Vor allem der Möglichkeit, der direkten Kommunikation zwischen den Schülern in der jeweiligen Fremdsprache über das Videokonferenzmodul messen die Pädagogen einen sehr hohen Stellenwert bei. So kommentierte der französische Kollege eine frühere Videokonferenz-Session zwischen seiner Klasse und einer deutschen Partnergruppe, seine Schüler hätten während dieser Stunde Videokonferenz mehr Deutsch gelernt als in einer Woche Klassenunterricht, zumal es auch für die meisten das erste Mal war, dass sie die Fremdsprache direkt im Dialog mit einem Muttersprachler ausprobieren konnten.

Abb.4: Schüler und Lehrer lernen gemeinsam mit einander und von einander

Seit Beginn des Jahres 2004 ist das Projekt besonders im Oberrheingebiet vielfach präsentiert worden, wo es vor allem bei den badischen Grundschulen, die mit dem frühen Französischunterricht begonnen haben auf sehr positives Echo stieß.

Auf der gymnasialen Seite ist das Echo etwas verhaltener. Während im Moment ca. 8 Grundschulpartnerschaften – also 16 Schulen auf deutscher und elsässischer Seite – Interesse für den Einsatz der Em@C-Plattform bekundeten, haben sich erst zwei deutsch-französische gymnasiale Gruppen für den Einsatz des Systems entschieden. Hier rächt sich vor allem die ausgeprägte Fachorientierung des Gymnasiums. Der Computer ist ein integrierendes Medium auf vielerlei Art, auch im Sinne von „integrieren mehrerer Fächer".

Im Kontext von Em@C schafft er einen neuen virtuellen Klassenraum. Er überwindet Grenzen; Nationalgrenzen, Grenzen von Fächern und Fachräumen, auch Grenzen der Zuständigkeiten im Lernkontext, die Grenzen von Schüler und Lehrern bezogen auf ihre Rollen kehren sich zeitweise ins Gegenteil um: Lehrer werden zu Schülern ihrer Schüler. Damit scheinen sich Grundschulen leichter zu tun.

15 Projektbeispiel: Digitale Oberstufe (DigiO)

Finalist im European E-Learning Award 2006

Maren Dors, Jasmine Ait-Djoudi
Klett Verlag, Cornelsen Verlag

Digitale Oberstufe/DigiO ist ein innovatives, den Unterricht ergänzendes und begleitendes Lehr- und Lernsystem für die gymnasiale Oberstufe, bestehend aus **internetbasierter Lernplattform** und **digitalen Fachinhalten.**

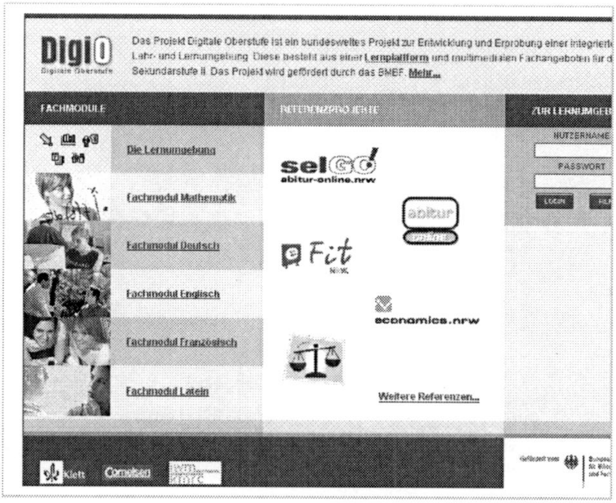

Das Projekt wird vom Bundesministerium für Bildung und Forschung gefördert und von den Verlagen Ernst Klett und Cornelsen entwickelt und durchgeführt. Zudem ist das Institut für Wissenschaften (IWM) für die wissenschaftliche Evaluation beteiligt.

Die internetbasierte Lernplattform ist eine gemeinsame Entwicklung der Verlage Klett und Cornelsen. Der Cornelsen Verlag bietet CD-Rom basierte Fachinhalte für die Fächer Deutsch und Englisch, der Ernst Klett Verlag digitale Fachinhalte (=Online-Fachmodule) für die Fächer Mathematik, Französisch und Latein.

DigiO ist ein **Werkzeug zur Planung und Gestaltung von Lernprozessen im unterrichtlichen Zusammenhang** und dient dazu, den Schülerinnen und Schülern Hilfestellung bei der individuellen Abiturvorbereitung zu geben.

15.1 Die Lernplattform

Die internetbasierte Lernplattform steht als virtuelle Arbeits- und Kommunikationsumgebung zur Verfügung. Neben der Distribution der digitalen Lerninhalte bietet die Plattform Funktionalitäten, die zur Durchführung und Ergänzung des herkömmlichen Unterrichts und für das selbstständige Lernen erforderlich sind. Von zentraler Bedeutung sind in diesem Zusammenhang die Tools, die den Kommunikations- und Dokumentenaustausch zwischen Lernenden und Lehrenden ermöglichen, die die Lehrkräfte bei der Unterrichtsvorbereitung und -durchführung unterstützen und die die Verwaltung von Nutzerdaten erleichtern.

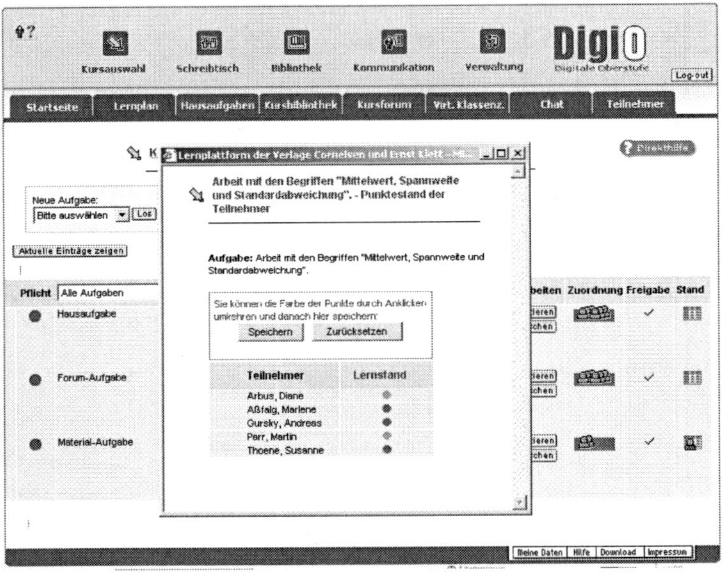

Weitere Charakteristika sind:

- Einfache Bedienung: pädagogische und administrative Benutzeroberfläche für IT-Beauftragte, Lehrer und Schüler
- Sicherheit: lokale Trennung von Schul- und Verwaltungsnetz, Verhinderung von unberechtigtem Zugriff
- Zentrale Wartung: Plattform wird zentral von den Verlagen betrieben, so dass den Schulen kein Wartungsaufwand entsteht

- Zukunftsfähige Lösung: Verwendung von Standard-Technologien und etablierten Metadaten- Standards wie SCORM (LOM, AICC) sichern langfristig flexiblen Einsatz und Kompatibilität (Investitionssicherheit)

Insgesamt bietet die Plattform folgende Funktionalitäten:

1. Dienste zur Ermöglichung der Distribution von Lehr- und Lerninhalten über die Plattform (Lehr- und Lernumgebung mit Online-Modulen).
2. Administrationsfunktionalitäten zur Benutzerverwaltung
3. Lernmanagementfunktionalitäten (LMS), zur Organisation von Lernprozessen
4. Zentrale Kommunikationsdienste für Nachrichtenaustausch und Zusammenarbeit (synchron und asynchron)

15.2 Die Klett Online-Fachmodule

Die Fachmodule von Klett gehen auf spezifische Anforderungen des Lernens mit neuen Medien ein.

Sie ermöglichen durch die Lernortverknüpfung völlig neue Lernszenarien: Über das Internet kann auf sämtliche Materialien, auf die Lernstände und die Arbeitsergebnisse von jedem Rechner mit Online-Anbindung zugegriffen werden. Dadurch werden die selbstständige Vor- und Nachbereitung von zu

Hause aus, das freie Arbeiten im Computerraum und in Selbstlernzentren in der Schule sowie unterrichtsunabhängige Abiturvorbereitung jederzeit und von jedem Ort aus möglich.

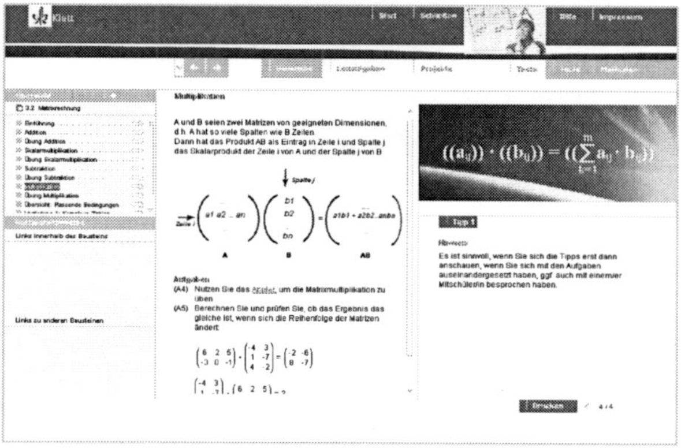

Die Online-Fachmodule ermöglichen den Erwerb wesentlicher Schlüsselqualifikationen der Wissenschaftspropädeutik – vor allem die selbstständige Aneignung fachlicher und methodischer Kompetenzen – sowie eine gezielte individuelle Förderung und Vertiefung. Eine klar strukturierte Lernumgebung, didaktisch hochwertige Materialien und Aufgabenstellungen bieten ein differenziertes Lernangebot. Interaktive Übungen, Tests sowie Arbeitsblätter erlauben die Überprüfung von erreichten Lernständen sowie die Dokumentation dieser Arbeitsergebnisse. Für weitere individuelle Schwerpunktbildungen bietet jedes Modul zusätzlich Vertiefungseinheiten, strukturierte Übersichten, Suchmöglichkeiten und Verlinkungen.

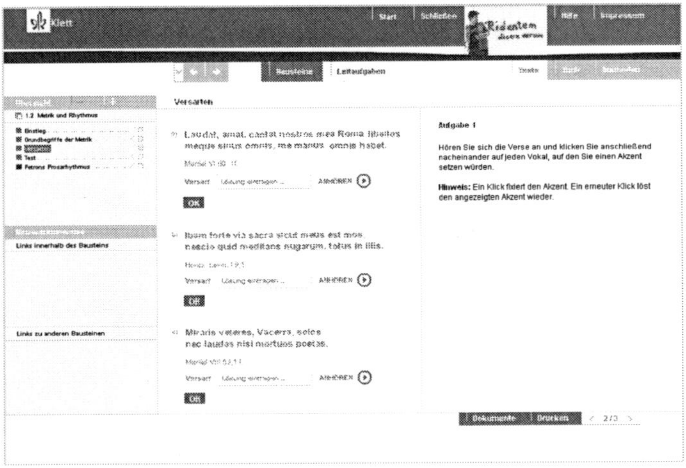

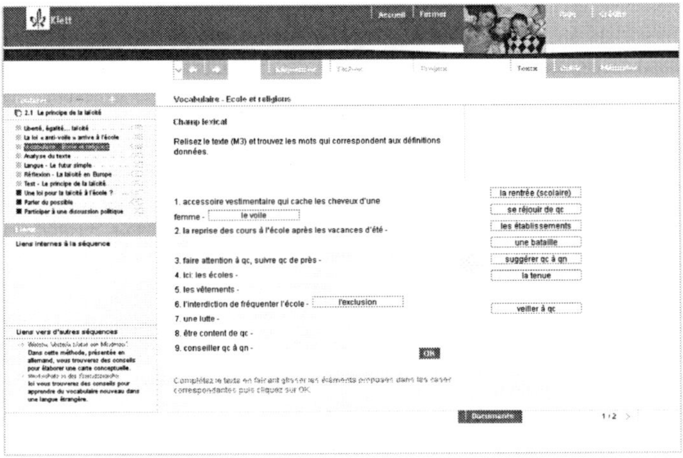

15.3 Die Cornelsen Lerninhalte

15.3.1 Texte, Themen und Strukturen interaktiv

Texte, Themen und Strukturen interaktiv ist modular aufgebaut und umfasst vier Module. Die CD-ROM Literatur und Gattungen ist bereits erschienen und wurde mit dem digita 2005 ausgezeichnet. Die Module können unabhängig voneinander eingesetzt und variabel miteinander kombiniert werden. Jedes Modul berücksichtigt verschiedene thematische Schwerpunkte. Dabei werden alle Anforderungen und Lerninhalte des Deutschunterrichts der gymnasialen Oberstufe abgedeckt. Auch lehrwerksunabhängig eingesetzt ist die Software eine sinnvolle und effektive Unterrichtsergänzung: So kann die CD-ROM als Lehr- und Lernmedium mit Kurseinheiten und didaktischen Arrangements genutzt werden, als Materialfundus zur Unterrichtsvorbereitung dienen oder die Schülerrecherche und Vorbereitung auf Referate unterstützen. In allen Modulen spiegeln sich die spezifischen Aufgaben- und Zielvorgaben der Sekundarstufe II: Wissensstände aktivieren, Arbeitstechniken und Methoden anwenden, in übergreifenden Zusammenhängen und komplexen Strukturen (fächerübergreifend und fächerverbindend) arbeiten, sich auf das Abitur vorbereiten.

Neben einer Vielzahl von Primär- und Sekundärtexten bietet Texte, Themen und Strukturen interaktiv Fotografien, Mitschnitte von Dichterlesungen oder Theateraufführungen, Vertonungen, historische Hörfunksendungen, Literaturverfilmungen und vieles mehr. Zu diesem umfangreichen multimedialen Materialfundus werden Arbeitsaufträge angeboten und Anregungen für die Bearbeitung gegeben. Die Programme lassen sich durch Navigationsleisten, Arbeitsmappen, Schreibfelder für Notizen, Tipps und Musterlösungen einfach bedienen. Verschiedene Werkzeuge und Instrumente wie Lexika, Mind-Mapping, Textmarker und Zitierfunktion stehen bereit. Das Lehrertool von Texte, Themen und Strukturen interaktiv hilft Lehrkräften, die Lernwege jedes einzelnen Schülers nachzuvollziehen, gespeicherte Lernstände einzusehen und Lerneinheiten für die Lerngruppen auszuwählen. Zudem geben umfangreiche Begleitbücher didaktische Hinweise zum Einsatz jedes Moduls, zum Beispiel Stundenskizzen und Lösungen, unterrichtspraktische Tipps und Übersichten über den Materialfundus.

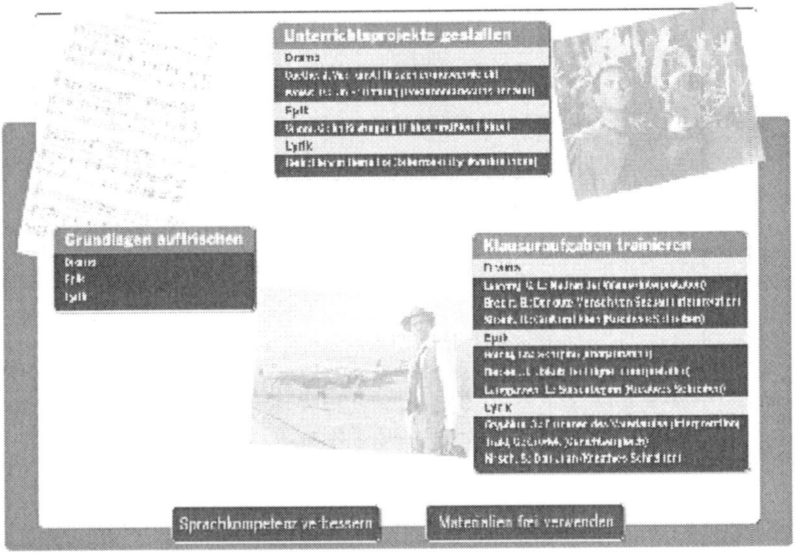

15.3.2 English Interactive

Die Materialien sind aktuell und authentisch – die Themen orientieren sich an den Interessen junger Erwachsener. Es finden sich jederzeit alle notwendigen Werkzeuge wie Texteditor, Tabellenwerkzeug, Collage- und Präsentationstool, Mindmap- und Sound-Editor. Das vollständige einsprachige Oxford Advanced Learner's Dictionary ist integriert. Zudem hält jede CD-ROM eine Vokabeltest-Funktion, die Cornelsen English Grammar sowie mehrere Glossare zum Nachschlagen parat. Editierbare Vorlagen wie Auswertungsbögen, Fehlerprotokolle und Lernertagebuch dokumentieren den Lernerfolg. Mit den multimedialen Lerneinheiten können die Schüler den Stoff in der Gruppe oder selbstständig erarbeiten und vertiefen. Gruppenprojekte fördern das kooperative Lernen in Teamarbeit. Die Entwicklung von Methodenkompetenz, auch im Hinblick auf spätere Anforderungen in Studium und Beruf, spielt eine zentrale Rolle: English Interactive bietet Materialien und Übungen zu allen zentralen oberstufenrelevanten Fertigkeiten sowie Tipps rund um das Thema ‚Lernen lernen' an. Das Programm liefert automatisches und differenziertes Feedback. Für Referate, Hausaufgaben und Projekte steht ein umfangreicher Materialienpool bereit. Individuelle Erweiterungen und Aktualisierungen sind durch den Import eigener Dateien jederzeit möglich.

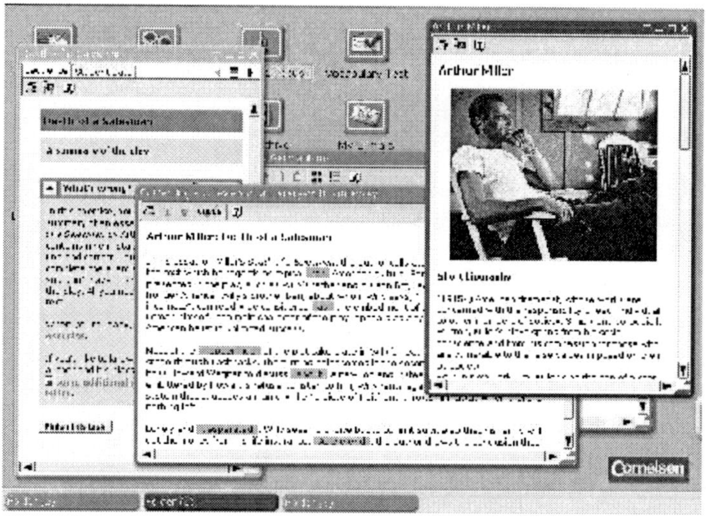

15.4 Einsatz im Unterricht

Im Zusammenspiel von Plattform und digitalen Fachinhalten stehen die folgenden Aspekte im Mittelpunkt:

15.4.1 Flexible Unterstützung unterschiedlicher Lehr- und Lernformen

- Durchführung unterschiedlicher Lernszenarien (Lernortverknüpfung; Einsatz in der Klasse, in Selbstlernphasen, beim projektorientierten und kooperativen Arbeiten) Beispiel: Unterstützung kooperatives Arbeiten durch Kommunikationsfunktionen, gemeinsame Ablage/Bibliotheken, gemeinsame Terminpläne
- Organisation von Lernszenarien, z.B. durch Tools für Kursplanung

15.4.2 Individuelle Förderung

- Flexible Bildung von Lerngruppen
- Differenzierte Lernangebote für unterschiedliche Gruppen
- Überprüfung von Lernständen
- Dokumentation von Aufgaben und Ergebnissen

15.4.3 Förderung selbstorganisierten Arbeitens

- Organisation:
  Flexible Hilfe bei Strukturierung von Arbeitsabläufen (Lernplan);
  Zentrale Dokumentation von Arbeitsergebnissen und Lernständen
- Methodik:
  Lerneinheiten zu fachspezifischen und fachübergreifenden Methoden
- Evaluation:
  Eigen- und Fremdevaluation durch integrierte Tests mit direktem Feedback
- Lernortverknüpfung:
  Unabhängigkeit von Ort und Zeit

15.4.4 Umfassende Kompetenzbildung

1. Fachkompetenz: Interaktive, multimedial aufbereitete Lerninhalte
2. Medienkompetenz: Anwendung und Hinführung zur kritischen Nutzung
3. Prozess- und Methodenkompetenz: Unterstützung des selbständigen, explorativen Lernens
4. Soziale Kompetenz: Kommunikation und Kollaboration

15.4.5 Organisatorische Entlastung der Lehrkräfte

- Administration von regelmäßigen Abläufen/Prozessen, wie z.B. Kursplanung, Hausaufgaben
- Zentrale Administration und Dokumentation von Lernständen und Lernprofilen
- Flexible Verwaltung Schüler-/Kursdaten

16 E-Learning-Entwicklungsstand an Hochschulen

Dr. Thomas Jechle, Karen Markowski, Prof. Dr. Ullrich Dittler
Hochschule Furtwangen

Nach der E-Learning-Euphorie Anfang der 90er Jahre und der anschließenden Konsolidierung Anfang dieses Jahrzehnts zeichnet sich ein Bedeutungszuwachs von E-Learning für die Hochschullehre ab: Der Bologna-Prozess stellt derzeit eine treibende Kraft und nachhaltigen Impuls für die verstärkte Einführung von E-Learning-Elementen zur Unterstützung der zunehmenden Selbstlernphasen dar. Einhergehend hiermit kommt es derzeit auch zu einer stärkeren Beachtung der Einsatzmöglichkeiten und Grenzen elektronischer Lehr- und Lernmedien in der Hochschullehre. Bisher waren die meisten E-Learning-Projekte auf die Erstellung einzelner Lernmodule fokussiert (BMBF, 2004a); deren nachhaltige Integration in die Präsenzlehre galt eher als zusätzliche Anforderung statt als notwendiges Erfolgskriterium. Die im Rahmen von Bachelor- und Masterstudiengängen vorgesehenen umfangreichen Selbstlernphasen erfordern zunehmend E-Learning-Angebote die nicht mehr länger „nur" als eine ergänzende Lehr- und Lernform, sondern als notwendige Methode verstanden werden, um die Anforderungen, die sich durch den Bologna-Prozess ergeben, sinnvoll erfüllen zu können. Gefordert wird in der aktuellen Diskussion um den Einsatz von E-Learning in der Hochschullehre daher ein Wechsel vom lehrerzentrierten zum lernerzentrierten Unterricht, eine Wendung weg von der Vermittlung von Faktenwissen hin zur Vermittlung von Handlungskompetenzen. Hier können sich derzeit europaweit E-Learning-Elemente als erfolgreiches Instrument der Veränderungen erweisen (Dittler, Kahler, Kindt, Schwarz, 2005).

Darüber hinaus hat auch das Konzept des lebenslangen Lernens in der Bologna-Strategie zentralen Stellenwert und lässt eine weiter steigende Nachfrage von Berufstätigen nach Bildungs- und Qualifizierungsangeboten erwarten. IT-gestützte Kurs-Angebote ermöglichen die erforderliche zeitliche und räumliche Flexibilisierung auf Seiten der Anbieter – ohne dabei auf Diskurs und Kooperation unter den Studierenden verzichten zu müssen. Der Einsatz von internetbasierten Informations- und Kommunikationstechnologien wird mehr und mehr zur notwendigen Bedingung, je transparenter verschiedene Lehr- und Forschungsschwerpunkte und kulturelle Unterschiede europäischer Hochschulen wahrgenommen und genutzt werden. Voraussetzung für virtuelle Mobilität seitens der Studierenden ist seitens der Hochschulen eine Basisinfrastruktur mit internetgestützter Verwaltung, Beratungs- und Betreuungsangeboten und mit direktem Zugriff auf Studienmaterialien.

Vor dem Hintergrund dieser aktuellen Entwicklungen werden in diesem Beitrag zunächst die aktuellen Strategien der Bundes- und Landesförderung von elektronischen Lehr- und Lernmaßnahmen dargestellt und anschließend werden die sich ergebenden Einsatzkonzepte und -szenarien für E-Learning an Hochschulen aufgezeigt, ehe abschließend auf die zentralen Erfolgskriterien eingegangen wird.

16.1 E-Learning-Strategie des BMBF (Bundesebene)

In der Bundesrepublik Deutschland gibt es 365 Hochschulen (davon sind 95 nichtstaatliche Hochschulen[28]) wobei folgende Hochschularten unterschieden werden: Universitäten/Gesamthochschulen/Technische Universitäten/Technische Hochschulen (100), Pädagogische Hochschulen (6), Theologische Hochschulen (16), Kunsthochschulen/Musikhochschulen (52), Fachhochschulen (162), Verwaltungsfachhochschulen (29) sowie Berufsakademien (seit 1974 in acht Bundesländern). Gemäß dem Grundsatz der Freiheit von Forschung, Lehre und Kunst sind die Hochschulen in ihren Entscheidungen weitgehend autonom. Als Folge der Autonomie der Hochschulen besteht auf Seiten der Bundes- oder Landesregierungen keine Möglichkeit, die Medien- und E-Learning-Strategien der einzelnen Hochschulen unmittelbar festzulegen. Als ein wirksames Instrument der politischen Institutionen, um die Medien- und E-Learning-Strategien der Hochschulen zu beeinflussen, haben sich neben Empfehlungen vor allem die Förderprogramme des Bundes und der Länder herausgestellt.

Die strategische Positionierung des Bundesministeriums für Bildung und Forschung (BMBF) zur Entwicklung der Neuen Medien ist im „Handlungsplan Informationstechnik in der Bildung" (BMBF 2000) niedergelegt, der ein zentrales Element des Aktionsprogramms „Innovation und Arbeitsplätze in der Informationsgesellschaft des 21. Jahrhunderts" ist. Das BMBF unterstützte in diesem Rahmen in den vergangenen Jahren die Entwicklung und den Einsatz von E-Learning an den Hochschulen unter anderem mit folgenden Förderprogrammen:

- Das Leitprojekt „Virtuelle Fachhochschule" (1998-2003, 43 Mio. DM), das unter der Federführung der FH Lübeck von

[28] Quelle: http://www.bmbf.de/de/655.php

einem Konsortium von elf Fachhochschulen und zwei Universitäten aus acht Ländern sowie weiteren Partnern (auch aus der Wirtschaft) durchgeführt wurde, hatte das Ziel neben den technischen Aspekten eines virtuellen Studiums durch die Nutzung von neuen Informations- und Kommunikationstechnologien auch Aspekte einer virtuellen Organisation, die von allen beteiligten Partnern getragen wird, besonders zu berücksichtigen. Aus diesem Förderprogramm sind verschiedene Online-Studiengänge hervor gegangen, die inzwischen von der oncampus GmbH vertrieben werden.[29]

- Im Förderschwerpunkt „Neue Medien in der Bildung“ (2000 - 2003, 267 Mio. EUR) wurden in 100 Verbundprojekten aus den drei Bereichen Schule, berufliche Bildung und Hochschulen die Entwicklung, Erprobung und die Umsetzung innovativer, multimedialer Lehr- und Lernformen in den Normalbetrieb der Hochschule unterstützt. Hiermit und mit der Entwicklung neuer Lehr- und Lernformen sollten zugleich die Qualität der Lehre verbessert, eine bessere Organisation des Studiums und eine kürzere Studiendauer erreicht werden. In einem im Dezember 2003 veröffentlichten Expertenaudit zu den Ergebnissen des Förderprogramms für die Hochschulen (DLR 2003) wird auf grundsätzliche Probleme des Förderprogramms hingewiesen: (1) Bei der Ausschreibung lag der Schwerpunkt auf der Entwicklung von mediengerechten Inhalten, ebenso wichtig wäre aber die Entwicklung mediengerechter Lernarrangements, die neben den Inhalten auch die Aspekte Methodik, Betreuung und Kommunikation in den Blick nehmen. (2) Um die Projektergebnisse nachhaltig zu verankern ist deren Einbettung in eine hochschulweite Strategie der Medienentwicklung und in dauerhafte Strukturen an den Hochschulen erforderlich.
- In der Förderinitiative "Notebook-University" (2002-2003, 25 Mio. Euro) wurden Vorhaben zur Entwicklung und Einführung einer innovativen Gesamtkonzeption für die Integration von mobilem Lernen auf dem Campus in den Regelbetrieb der Hochschule gefördert.[30]
- Aufgrund dieser Erfahrungen wurde für die Jahre 2005-2007 im Rahmen des Förderschwerpunktes „Neue Medien in der Bildung“ ein weiteres Förderprogramm unter dem Titel „E-Learning-Dienste für die Wissenschaft“ aufgelegt. „Ziel des

[29] Weitere Informationen zum Projekt unter: http://www.bmbf.de/de/2104.php
[30] Weitere Informationen zum Projekt unter: http://www.medien-bildung.net/notebook/notebook_3.php

neuen Förderangebots ist es, die Entwicklung und Erprobung von Organisationsmodellen finanziell zu unterstützen und damit zu beschleunigen („Anschubfinanzierung"), die – insbesondere in Verbindung mit Medienentwicklungskonzepten der Hochschulen – zu einer verstärkten Nutzung von E-Learning und E-Teaching führen, die Qualität und Effizienz von Lehren, Lernen und Prüfen in Hochschulen nachhaltig steigern und die Erschließung neuer Nutzergruppen im In- und Ausland verfolgen, insbesondere im Hinblick auf die Erzielung zusätzlicher Einnahmen" (BMBF 2004b, S. 1). Im Rahmen dieses Förderprogramms werden 24 Projekte im Umfang von ca. 30 Mio. EUR unterstützt.[31]

16.2 E-Learning-Projekte der Bundesländer (Landesebene)

Fast jedes der 16 Bundesländer der Bundesrepublik Deutschland hat inzwischen mehr oder weniger umfangreiche Projekte zur Förderung des E-Learning an Hochschulen umgesetzt:

- Die Virtuelle Hochschule Baden-Württemberg[32] ist eine Sammlung verschiedener Multimedia- und E-Learning-Projekte, die aus Landesmitteln gefördert wurden (hierzu werden auch Zielvereinbarungen mit Hochschulen gezählt),
- die Virtuelle Hochschule Bayern[33] ist ein virtuelles Lehrangebot der bayerischen Hochschulen,
- die Virtuelle Universität Berlin/Brandenburg[34] ist ein Hochschulverbund für Multimedia und E-Learning in Brandenburg[35],
- EStudent Hamburg[36] betreibt ein Portal zu E-Learning des Consortium Hamburg (‚Multimediakontor Hamburg, Regionales Rechenzentrum Hamburg).

Weitere Landesprojekte sind:

- Hessisches Telemedia Technologie Kompetenz Center[37],

[31] Übersicht zu den geförderten Projekten unter: http://www.medienbildung.net/projekte2005/projekte2005_uebersicht_db.php
[32] http://www.virtuelle-hochschule.de/
[33] http://www.vhb.org/
[34] http://www.vu-bb.de/
[35] http://aruba.mmz.tu-cottbus.de/hvmbcms/
[36] http://www.estudent-hamburg.de/index.html
[37] http://www.httc.de/

- Learning Lab Lower Saxony[38] (Niedersachsen),
- Centrum für e-Competence an Hochschulen Nordrhein-Westfalens[39],
- Virtueller Campus Rheinland-Pfalz[40],
- Virtuelle Saaruniversität[41],
- Bildungsportal Sachsen[42] sowie
- Bildungsportal Thüringen[43].

Ähnlich wie auf Bundesebene wird auch auf Landesebene in erster Linie über Förderprogramme Einfluss auf die E-Learning-Strategien der einzelnen Hochschulen genommen. Folgende Förderprogramme wurden hierbei in den einzelnen Bundesländern aufgelegt:

- Baden-Württemberg: Virtuelle Hochschule Baden-Württemberg[44]
- Hamburg: Sonderprogramm E-Learning und Multimedia (2000-2006)[45]
- Hessen: Landesinitiative Hessen-Media (Start 1998)[46]
- Niedersachsen: E-Learning Academic Network Niedersachsen (2002-2006)[47]
- Nordrhein-Westfalen: campus source[48].

16.3 Entwicklung von E-Learning: Entwicklungsstrategien im Bereich der neuen Medien an Hochschulen

Bereits in den 90er Jahren entstanden an vielen Hochschulen die ersten E-Learning-Projekte, die in erster Linie auf dem Engagement von einzelnen Akteuren basierten; motiviert waren diese Projekte zunächst durch fachliche Interessen (z.B. Projekte an Fakultäten mit Informatik-, Medien- oder Didaktikbezug). Erst mit der rasant

38 http://www.l3s.de/
39 http://www.cec.nrw.de
40 http://www.vcrp.de/index.php
41 http://web.swi.uni-saarland.de/visu/root-htm/index.htm
42 http://www.bildungsportal-sachsen.de/
43 http://www.bildungsportal-thueringen.de/
44 http://www.virtuelle-hochschule.de/
45 http://www.mmkh.de/index.php?idcatart=21&lang=1&client=1
46 http://www.hessen-media.de/
47 http://www.elan-niedersachsen.de/
48 http://www.campussource.de/

zunehmenden Verbreitung von PCs und Internetanbindungen und angeregt durch die verschiedenen Förderprojekte des Bundes und der Länder (siehe oben) fand die Idee, PC und Internet für die Unterstützung der Hochschullehre einzusetzen, auch in anderen Fächern weite Verbreitung.

Es zeigte sich gerade auch in den verschiedenen Förderprogrammen, dass eine nachhaltige Einführung und Etablierung von E-Learning an Hochschulen nicht ohne unterstützende Strukturen möglich ist. Die Bereitstellung solcher Strukturen erfordert notwendigerweise eine entsprechende strategische Entscheidung der Hochschulen. In diesem Zusammenhang stellt Bremer (vgl. Bremer 2004) noch 2004 fest, dass die Entwicklung einer Gesamtstrategie für den Einsatz von E-Learning an deutschen Hochschulen bisher noch eine Ausnahme darstellt. Auch wenn mittlerweile einige Hochschulen „ihre Entwicklungsziele im E-Learning-Bereich in schriftlichen Multimediakonzepten und Zielvereinbarungen" (HIS 2005b, S.3) festgelegt haben.

E-Learning-Strategien, die an deutschen Hochschulen verfolgt werden, sind vielfältig und befinden sich in unterschiedlichen Entwicklungsstadien. Entscheidende Einflussfaktoren auf die Entwicklung von E-Learning-Strategien sind nach einer Studie des Hochschulinformationssystems (HIS 2005b, S. 3) (a) der Grad der Virtualisierung, (b) das allgemeine Hochschulprofil, (c) die Hochschulentwicklungsplanung, (d) die Unterstützung durch Bundes- und Landesförderprogramme, (e) das Vorhandenseinsein starker Mediensupport-Infrastrukturen oder (f) der Grad der institutionellen Vernetzung der E-Learning-Aktivitäten auf Landes- und Hochschulebene. Die folgende Aufzählung benennt daher aufeinander folgende Maßnahmen und Schritte, die auf dem Weg zu einer E-Learning-Strategie notwendig erscheinen[49]:

- Leitung von E-Learning überzeugen
- Wichtige Stakeholder einbeziehen
- Ideensammlung/ Szenarienentwicklung
- Zuständigkeit für Strategieentwicklung festlegen
- Ist-Stand-Analyse durchführen
- Entwicklungsziele definieren
- Abstimmung mit Hochschulentwicklungsplanung

[49] Ausführlich berichtet werden E-Learning-Strategien von acht Universitäten in „E-Learning-Strategien deutscher Universitäten" (HIS 2005b). Weitere Darstellungen zu den E-Learning-Strategien an einzelnen Hochschulen finden sich in Bremer/Kohl 2004

- Aufgaben festlegen
- Process Owner einbeziehen (Round Table)
- Finanzierung klären
- Road Map/ Meilensteinplanung entwickeln
- Strategie intern und extern kommunizieren
- Zuständigkeit für Steuerung der Umsetzung klären
- Umsetzung steuern/formativ evaluieren[50]

Um eine Gesamtstrategie für eine Hochschule zu entwickeln mussten zunächst die Kräfte gebündelt und Verantwortliche und Aktive quer durch die Hochschulen zusammengebracht werden. In vielen Hochschulen wurden daher zentrale Einrichtungen entweder durch Neugründung oder durch Reorganisation von bestehenden Einheiten gebildet. Diese agieren als Anlaufstelle für E-Learning-Aktivitäten der gesamten Hochschule und arbeiten mit anderen dezentralen Organisationseinheiten zusammenarbeiten. Das Aufgabenspektrum dieser zentralen Einrichtungen bzw. Kompetenzzentren beschreibt Wannemacher, der hierzu dreißig hochschulische Kompetenzzentren ausgewertet hat (vgl. Wannemacher 2004, S. 159-163), folgendermaßen:

- Hochschulinterne Verankerung von E-Learning und Netzwerkbildung: Zusammenarbeit mit bestehenden zentralen Einrichtungen wie Bibliothek, Rechen- bzw. Medienzentrum, Multimedia Forschungsgruppen und hochschuldidaktischem Zentrum sowie die Moderation von Abstimmungsprozessen, Kontaktpflege zu Fachbereichen und teilweise auch die Mitarbeit bei der strategischen Hochschulentwicklungsplanung organisieren.

- Qualifizierungsangebote: Individuelle Beratungs- und Supportleistungen für Lehrende bei der Konzeption, Gestaltung und Produktion im Bereich Mediendidaktik und Unterstützung bei der Beantragung von Förderprojekten anbieten.

- Medieninformatik und Produktion: Bei der Bereitstellung und Administration von Hard- und Software wie z.B. Multimedia-Hörsäle, Videokonferenztechnologie, Learning Management Systeme, Software für Grafikbearbeitung und Autorenwerkzeuge sind die E-Learning-Zentren in der Regel auf die Dienstleistungen der Rechen- und Medienzentren angewiesen.

[50] siehe Abbildung "E-Learning-Strategien deutscher Universitäten" HIS, 2005b, S. 4

- Öffentlichkeitsarbeit und Marketing: E-Learning-Kompetenzzentren nutzen verschiedene Instrumente wie Homepages, Pressemeldungen, Broschüren, Messeauftritt und Vorträge, um intern und extern auf ihr Angebot aufmerksam zu machen. Außerdem werden hochschuleigene Projekte bei der Beteiligung an Wettbewerben unterstützt und Fundraising betrieben.
- Evaluation: Summative oder formative Evaluation von eigenen Dienstleistungen und hochschulinternen Projekten durchführen.

16.4 Zum Entwicklungsstand von E-Learning an deutschen Hochschulen

„E-Learning ist zwar Bestandteil, aber nicht Alltag in der Hochschullehre" (mmb Institut für Medien- und Kompetenzforschung & Multimedia Kontor Hamburg 2004, S. 1). Zu diesem Ergebnis kommt eine Studie die im Frühjahr 2004 vom mmb Institut für Medien und Kompetenzforschung in Zusammenarbeit mit dem Multimediakontor Hamburg durchgeführt wurde. Befragt wurden alle deutschen Hochschulen, die Rücklaufquote betrug 29% und lässt Trends in der Nutzung von E-Learning erkennen.

An etwa 90% der antwortenden Hochschulen wird E-Learning in Veranstaltungen eingesetzt, die Art und Weise, in der dies geschieht, ist allerdings sehr unterschiedlich und reicht von der Anreicherung von Präsenzveranstaltungen (mit einem Online-Anteil von 5% - 40%) über Blended-Learning-Angebote (40% - 80% Online-Anteil) bis zu Online-Studiengängen (80% - 100% Online-Anteil). Nicht überraschend ist, dass der Einsatz von E-Learning in Form einer Anreicherung der Präsenzveranstaltung (ca. 80%) überwiegt, während nur etwa ein Viertel der Hochschulen Online-Studiengänge anbieten.

Hochschulspezifische Unterschiede hinsichtlich Umfang und Art der Angebote bestehen nur in geringem Maße: Staatliche und große Hochschulen bieten mehr E-Learning an, speziell gilt dies für die aufwändiger zu realisierenden Online-Studiengänge.

Eine Differenzierung nach Fächern ergibt, dass E-Learning verstärkt in computeraffinen (z.B. Informatik und Mathematik, Wirtschaftswissenschaften, Ingenieurwissenschaften) und zahlenmäßig stark besuchten Studiengängen zum Einsatz kommt.

Auch wenn kaum Unterschiede zwischen Hochschultypen bestehen, so sind die Unterschiede zwischen einzelnen Hochschulen beträchtlich, in der Studie wurden hierzu die Hochschulen hinsichtlich der Dimensionen „Bedeutung“ und „Verbreitung“ von E-Learning eingeteilt (4-Felder-Schema) und dabei folgende Beobachtungen gemacht:[51]

- Vorreiter (15 von 83 Hochschulen, d.h. 18%): Zu den Vorreitern gehören die Hochschulen, bei denen E-Learning eine hohe Bedeutung beigemessen wird und die auch schon über eine höhere Zahl von Angeboten in allen genannten Formen verfügen. In diese Kategorie fallen vor allem staatliche und große Universitäten und Fachhochschulen, die bereits über eine strukturelle Verankerung des E-Learning-Support (E-Learning-Beauftragte, zentrale Einrichtungen) verfügen.
- Theoretiker (52 von 83 Hochschulen, d.h. 63%): Zu den Theoretikern werden Hochschulen gezählt, die dem E-Learning große Bedeutung beimessen, allerdings E-Learning der unterschiedlichen Formen nur in wenigen Veranstaltungen bislang einsetzen. In dieser zahlenmäßig stärksten Gruppe befinden sich schwerpunktmäßig mittlere und kleinere Hochschulen.
- Skeptiker (15 von 83 Hochschulen, d.h. 18%): Als Skeptiker werden in der Studie diejenigen Hochschulen bezeichnet, die dem E-Learning geringe Bedeutung zuschreiben und auch nur über vergleichsweise wenige Veranstaltungen mit E-Learning-Elementen verfügen. Gehäuft treten hier Musik- und Kunsthochschulen sowie theologische Hochschulen auf, die dem E-Learning zumindest auch aus fachlichen Gründen skeptisch gegenüber stehen.
- Pragmatiker (1 von 83 Hochschulen, d.h. 1%): Eine einzige Hochschule misst dem E-Learning eine eher geringe Bedeutung bei, verfügt allerdings über ein vergleichsweise umfangreiches E-Learning-Angebot. Da es sich um einen Einzelfall handelt, ist es nicht sinnvoll, verallgemeinernde Aussagen zu treffen.

Insgesamt messen also 81% der Hochschulen dem E-Learning eine große Bedeutung zu. Die hohe Zahl von Hochschulen in der Gruppe der Theoretiker deutet auf einen großen Bedarf an E-Learning-Entwicklungen in den nächsten Jahren hin.

[51] Von den befragten Hochschulen konnten die Antworten von 83 Hochschulen für diese Klassifikation verwendet werden.

16.5 E-Learning-Szenarien an Hochschulen

Die bisher an deutschen Hochschulen entwickelten E-Learning-Szenarien orientieren sich meist an vertrauten Formen des Lehrens und Lernens an Hochschulen. Es ist daher nicht verwunderlich, dass zu den ersten Formen von E-Learning an den traditionellen Präsenzhochschulen die Übertragung von Vorlesungen von einem Standort zu einem anderen gehörten (Tele-Vorlesungen) bzw. die Aufzeichnung von Vorlesungen zum zeitunabhängigen Abruf (E-Lectures). Eine andere Variante des E-Learning hat ihr Vorbild in den vorlesungsbegleitenden Skripten und Semesterapparaten der Bibliotheken. Diese Szenarien des E-Learning, bei denen Präsenzlernen und Online-Lernen in unterschiedlicher Form kombiniert werden, werden als Blended-Learning bezeichnet. Die rein virtuelle Variante des E-Learning konnte sich bislang nur in Ausnahmefällen durchsetzen (z.B. bei Fernstudiengängen, Online-Masterstudiengängen und Weiterbildungsangeboten).

Diese drei Grundszenarien werden in den folgenden Abschnitten näher beschrieben.

16.6 Tele-Vorlesungen und E-Lectures

Ende der 90er Jahre wurde in verschiedenen Projekten die Umsetzung von Tele-Vorlesungen erprobt. Dabei wurden Vorlesungen aus einem so genannten Teleteaching-Hörsaal über das Internet oder andere breitbandige Netze an eine Empfangsstelle (z.B. eine andere Hochschule) übertragen. Diese Form des E-Learning ermöglicht sowohl einfache Szenarien wie das Einbeziehen externer Experten in bestehende Hochschulveranstaltungen aber auch komplexe Szenarien wie die hochschulübergreifende Durchführung von Vorlesungen bis hin zu ganzen Studiengängen. Beispielhaft sei hier das von drei Thüringer Universitäten getragene Verbundstudiengang Werkstoffwissenschaft genannt.[52]

Die Live-Übertragung von Vorlesungen erfordert allerdings eine erhebliche technische Ausstattung der Hörsäle und stellt hohe Anforderungen an die für die Übertragung zur Verfügung stehende Bandbreite. Übertragungsprobleme waren daher gerade bei den frühen Tele-Vorlesungsprojekten an der Tagesordnung.

Schwierigkeiten ergaben sich aber auch bei Lehrenden und Lernenden. Während auf der Seite der Lehrenden die zusätzlich erforderliche Konzentration auf die Technik häufig als Belastung emp-

[52] http://www.tu-ilmenau.de/uni/Werkstoffwissenschaf.1415.0.html

funden wird, scheint auf der Seite der Studierenden die fehlende Anwesenheit des Lehrenden zu einem geringeren Aufmerksamkeitsniveau und einer geringeren Bereitschaft zur aktiven Beteiligung zu führen.

Je nach der zur Verfügung stehenden Technik können Tele-Vorlesungen, die live ausgestrahlt werden, zusätzlich aufgezeichnet und für den späteren Abruf zur Verfügung gestellt werden (eLecture). Für Studierende ergibt sich damit die Gelegenheit, Versäumtes nachzuholen oder einzelne Passagen zum besseren Verständnis zu wiederholen. Ottmann und Trahasch (2005) sehen den Vorteil von eLectures darin, dass Lehrende eine ihnen vertraute Form des Lehrens weiterhin praktizieren können und dabei auf bereits vorhandene Materialien wie Folien, Texte, Bilder, Videos usw. zurückgreifen können. Vorlesungsaufzeichnungen werden dabei von Hochschulen zunehmend als eine interessante Möglichkeit der Produktion von Lerninhalten gesehen. Entsprechend entstehen derzeit an verschiedenen Hochschulen bzw. Fakultäten im Rahmen von Projekten Sammlungen von e-Lectures, so wurden an der Fachtagung „Grenzenloses elektronisches Lernen für alle“ (26.-27.1.2006) verschiedene Anwendungsbeispiele vorgestellt die als eLecture abgerufen werden können.[53]

16.7 Formen des Blended Learning

An Präsenzhochschulen liegt es nahe die Vorteile des Präsenzunterrichts mit denen des E-Learning zu verknüpfen. Für diese didaktische Mischform hat sich der Begriff Blended Learning etabliert, in älteren Veröffentlichungen ist auch die Rede von hybriden Lernarrangements. Diese Form des E-Learning dürfte auch in den nächsten Jahren das an den Hochschulen favorisierte Modell mediengestützten Lernens sein. Darauf deuten auch die Ergebnisse einer im Frühsommer 2006 von dem Essener mmb Institut für Medien- und Kompetenzforschung durchgeführten Expertenbefragung an Hochschulen hin.[54]

E-Learning-Elemente werden dabei mit unterschiedlichen Motiven eingesetzt: Beispielsweise um Präsenzveranstaltungen zu entlasten, um die Phasen des Selbststudiums zu unterstützen, um die Qualität der Lehre insgesamt zu erhöhen oder um die Lehre flexibler zu gestalten.

[53] http://www.tele-task.de

[54] Pressemeldung „Experten-Befragung „Learning-Delphi für die Hochschulen 2011) des mmb Institut für Medien- und Kompetenzforschung vom 30. Juni 2006. URL: http://mmb-institut.de

Die einfachste und am weitesten verbreitete Form der Kombination von Präsenz- und Online-Lernen ist die Anreicherung der Präsenzveranstaltung durch Online-Elemente (z.B. elektronische Skripten, elektronische Präsentationen, Fallsammlungen, Linklisten). Etwa 75% der in der Studie „E-Learning an deutschen Hochschulen – Trends 2004“ (mmb Institut für Medien- und Kompetenzforschung & Multimediakontor Hamburg 2004) erfassten Hochschulen geben an, diese Art des E-Learning zu realisieren. Das Leitmedium ist in diesem Fall weiterhin die Präsenzveranstaltung. Diese Form des angereicherten Blended Learning (vgl. Bachmann/Dittler, 2004) ist eine moderne Weiterführung der bislang durch gedruckte Skripten oder Semesterapparate ergänzten Lehrveranstaltungen.

Mitunter übernehmen E-Learning-Elemente aber auch tragende didaktische Funktionen in Lehrveranstaltungen. In diesem Fall sprechen Bachmann/Dittler (2004) von einer integrierten Form des Blended Learning. Online-Elemente werden beispielsweise genutzt, um Vorlesungen von der Funktion der Wissensvermittlung zu entlasten (vgl. Weber/Lippitsch/Weibelzahl, 2004) oder Vorlesungen vorzubereiten. E-Learning-Elemente werden teilweise aber auch zur Unterstützung der Nachbereitung (Übung, Wiederholung, Vertiefung) eingesetzt. Geht man davon aus, dass der E-Learning-Anteil bei dieser Form des Blended Learning bei 40 bis 60% der Lernzeit liegt, entspricht dies dem „Blended Learning Arrangement“ aus der Studie „E-Learning an deutschen Hochschulen – Trends 2004), das von 47% der erfassten Hochschulen bereits umgesetzt wird.

Gerade in berufsbegleitenden Studienangeboten (z.B. Online-Master) bietet es sich an, Präsenzlernen mit E-Learning-Phasen zu kombinieren. E-Learning-Phasen können dabei sowohl zur Vorbereitung als auch zur Nachbereitung der Präsenzveranstaltungen genutzt werden und damit den Umfang der notwendigen Präsenzzeiten erheblich reduzieren.

16.8 Virtuelle Studienangebote

Bei einem rein virtuellen Studienangebot müssen folgende Studienbestandteile durch den Einsatz von Telemedien realisiert werden: Studienberatung, Studienadministration (Einschreibung, Studien- und Prüfungsverwaltung), Lehr-, Übungs- und Praktikumsangebot, Betreuung der Studierenden, Gruppen- und Projektarbeiten, Kommunikation und soziale Kontakte sowie Prüfungen

Rein virtuelle Studienangebote liegen bislang nur in Ausnahmefällen im Fokus der Hochschulen. Auch die aus dem Bundesleitprojekt „Virtuelle Fachhochschule“ hervorgegangenen Studiengänge werden „nur“ zu 80% virtuell durchgeführt.

Gleiches gilt für den ältesten Online-Studiengang Wirtschaftsinformatik, der vom Bildungsnetzwerk „Winfoline“ durchgeführt wird. Auch hier erfolgt die Wissensvermittlung und Betreuung überwiegend über das Internet, allerdings werden Einführungsveranstaltungen, Projekttreffen und Klausuren in Präsenz durchgeführt.

Unterhalb der Studiengangsebene wird mittlerweile eine Vielzahl von Lehrveranstaltungen bereits rein virtuell durchgeführt. Portale wie die Virtuelle Hochschule Bayern oder der Virtuelle Campus Rheinland-Pfalz ermöglichen den Studierenden den Zugang zu diesen Veranstaltungen.

Rein virtuelle Angebote, bei denen alle der zuvor genannten Studienbestandteile virtuell realisiert werden, liegen vor allem im Bereich der Kontaktstudiengänge (Zertifikatslehrgänge), d.h. der wissenschaftlichen Weiterbildung vor. Es handelt sich dabei um Lernangebote von vergleichsweise kurzer Dauer (wenige Wochen bis zu einem Jahr), die mit einem Zertifikat abschließen: An der tele-akademie[55] der Hochschule Furtwangen wurde im Frühjahr 1996 das erste rein virtuelle Weiterbildungsangebot unter dem Titel „Lernen im Internet“ durchgeführt. Zahlreiche weitere Präsenzhochschulen sowie die Fernuniversität Hagen bieten inzwischen ebenfalls rein virtuelle Veranstaltungen in der Weiterbildung an.

In diesem Sinne virtuelle Studienangebote wurden nach der Studie „E-Learning an deutschen Hochschulen – Trends 2004“ (mmb Institut für Medien- und Kompetenzfoschung & Multimediakontor Hamburg 2004) an ca. 25% der erfassten Hochschulen durchgeführt.

16.9 Zentrale Erfolgskriterien von E-Learning Modellen

Der Erfolg der verschiedenen E-Learning-Konzepte und -Modelle kann anhand unterschiedlicher Kriterien gemessen werden. Bei der Auswahl der im Folgenden beschriebenen Modelle wurden als Erfolgskriterien berücksichtigt:

- Akzeptanz durch Studierende,
- Akzeptanz durch Experten in Form von Auszeichnungen, sowie
- kommerzieller Erfolg.

[55] http://www.tele-ak.de

16.9.1 Akzeptanz durch Studierende

E-Learning Modelle, die von Studierenden regelmäßig und in größerem Umfang genutzt werden, können als erfolgreich bezeichnet werden. Wie die HISBUS-Umfrage aus dem Jahr 2005 gezeigt hat, trifft dies vor allem auf *ein* Szenario zu: Veranstaltungsbegleitende Zusatzangebote zur Präsenzvorlesung, die auf einer virtuellen Lernumgebung zur Verfügung gestellt werden (im Sinne des Blended Learning). Darunter kann die Bereitstellung von Online-Bibliotheken, Links zu externen Ressourcen, Powerpointfolien aus der Präsenzveranstaltung sowie Skripte, die zur Vor- oder Nachbereitung der Vorlesung oder des Seminars online zur Verfügung stehen, gezählt werden. Diese Form von E-Learning ist mit relativ wenig Aufwand zu erstellen, worin auch die relativ weite Verbreitung dieses Modells begründet ist. Die HISBUS Umfrage (HIS 2005a) ergab, dass 83 % der Studierenden auf solche Angebote zugreifen; an deutschen Hochschulen gehört dieses Modell somit schon zum Standard.

Als weiteres erfolgreiches Modell können interaktive Selbstlernmaterialen bezeichnet werden, die es den Studierenden ermöglichen, sich individuell mit dem Lernstoff zu beschäftigen und sich auf bevorstehende Prüfungen vorzubereiten. Diese Materialen sind besonders in Fächern interessant, in denen es gilt, viel Stoff „zu pauken". Insgesamt nutzen laut HISBUS Studie 23 % der Studierende solche Selbstlernmaterialen, besonders hoch ist der Anteil in der Medizin (47%) und in den Wirtschaftswissenschaften (32 %). (vgl. ebd., S. 33).

16.9.2 Akzeptanz durch Experten – Träger von E-Learning-Preisen

Unter diese Kategorie fallen E-Learning Szenarien, die durch eine Jury von Experten aufgrund ihrer Qualität mit einem Preis ausgezeichnet wurden. Im Bereich E-Learning werden mittlerweile verschiedene Preise vergeben. Seit dem Jahr 2000 wird jährlich von der Gesellschaft für Medien in der Wissenschaft e.V. (GMW)[56] der trinationale MedidaPrix-Wettbewerb für herausragende mediendidaktische Konzepte und Entwicklungen ausgeschrieben. Dieser Preis wird gemeinsam von den Kultus- und Bildungsministerien in Österreich, Schweiz und Deutschland finanziert. Erklärtes Ziel dieses Wettbewerbs ist es, die „nachhaltige und beispielgebende Verankerung digitaler Medien in Hochschullehre und Hochschulentwicklung (zu) fördern."[57]

[56] http://www.gmw-online.de
[57] http://www.gmw-online.de/ver/medida.html

Auf europäischer Ebene gibt es zudem seit 2003 den durch die baden-württembergische Landesregierung initiierten und vergebenen European E-Learning Award eureleA, mit dem ein zentraler Impuls für die Entwicklung innovativer Aus- und Fortbildungsangebote im Internet ausgehen soll.[58]

Betrachtet man die Finalisten und Gewinner des MedidaPrix-Wettbewerbs, so zeigt sich, dass besonders solche E-Learning-Angebote in die Endrunde aufgenommen wurden, die sich durch Interdisziplinarität (in mehreren Fächern einsetzbar), Innovation, hohe Interaktivität sowie anschauliche und ansprechende Darstellung von Inhalten auszeichnen.

Hier einige Beispiele:

1. Das Projekt WEBGEO der Universität Freiburg, Finalist des MedidaPrix -Wettebwerbs 2005 und Gewinner des European E-Learning Award eureleA 2006[59], ein WBT zum Thema „Klima- Klima verstehen“,
2. Das Projekt Prometheus aus Tübingen, ein Learning Management System für die medizinische Aus und Weiterbildung, das die klinische Ambulanzsituation durch virtuelle Simulationen abbildet[60] und
3. Das Projekt „Statistiklabor: Interaktive & explorative Statistik-Grundausbildung“, der Gewinner des MedidaPrix -Wettbewerbs von 2003 von der FU Berlin[61].

Bei diesen Preisträgern handelt es sich stets um E-Learning Modelle, die nur mit großem Aufwand umzusetzen sind.[62]

16.9.3 Kommerziell erfolgreiche Modelle

Als dritte Kategorie sollen hier Angebote genannt werden, die gebührenpflichtig sind. Hier handelt es sich in der Regel um kostenpflichtige postgraduale Studiengänge wie Masterprogramme oder Kontaktstudiengängen innerhalb der wissenschaftlichen Weiterbildung.

Aufgrund der immer wieder formulierten Notwendigkeit eines „Lebenslangen Lernens“ wird dem internetbasierten Studiums als

[58] http://www.eurelea.org/
[59] http://www.webgeo.de/
[60] http://www.prometheus.uni-tuebingen.de/player/eingang.jsp
[61] http://www.statistiklabor.de/
[62] Einen Überblick über die Preisträger des MEDIDA-PRIX findet man unter http://www.medidaprix.org

Möglichkeit, sich berufsbegleitend weiterzuqualifizieren, eine zunehmende Bedeutung vorausgesagt.

Das Angebot an derartigen Weiterbildungsprogrammen ist in den letzten Jahren stetig angestiegen. Das Portal www.studieren-im-netz.de, das im Jahr 2000 als Projekt von Bund und Ländern entstanden ist, soll eine zentrale Anlaufstelle für überregionale Studiengänge, Studienmodule und Lehrveranstaltungen im Internet bieten. Insgesamt gibt es dort 2441 Einträge.[63] Diese Angebote sind in der Regel als internetbasierte Fernstudien oder Fernlehrgänge aufgebaut mit Selbstlernmaterialien und internetbasierten Kommunikationsmöglichkeiten. Der Präsenzanteil kann dabei variieren. Bei einer Suchanfrage nach einem „Masterabschluss" (ohne spezielle Themenangabe) liefert die Datenbank beispielsweise aktuell 150 Treffer.

16.10 Fazit

Die eingangs angesprochene Notwendigkeit zum stärkeren Einsatz elektronischer Lehr- und Lernmedien in Bachelor- und Master-Studiengängen bietet – wie gezeigt werden konnte – den Hochschulen verschiedenen Modelle und Einsatzszenarien zur Unterstützung und Qualitätssicherung in den grundständigen Studiengängen – aber auch in der Weiterbildung. Neben der angesprochenen notwendigen strategischen Verankerung und dem überlegten Einsatz der vorgestellten E-Learning-Szenarien sind parallel zum Aufbau der technischen Infrastruktur vor allem auch akzeptanz- und kompetenzschaffende Massnahmen durchzuführen um eine nachhaltige Integration der elektronischen Lehr- und Lernformen zu ermöglichen (siehe hierzu auch Dittler/Jechle, 2004).

16.11 Literatur

[1] Bachmann, G., Dittler, M. (2004) *Integration von E-Learning in die Hochschule: Umsetzung einer gesamtuniversitären Strategie an der Universität Basel*. In: E-Learning-Strategien und E-Learning-Kompetenzen an Hochschulen, Bremer, C., Kohl, K. E. (Hrsg.) Bielefeld: W. Bertelsmann Verlag.

[2] Bremer, C., Kohl, K. E: (Hrsg.). (2004). *E-Learning-Strategien und E-Learning-Kompetenzen an Hochschulen*, Bielefeld: W. Bertelsmann Verlag.

[63] Stand 03.07.2006

[3] Bundesministerium für Bildung und Forschung (2000): *Anschluss statt Ausschluss. IT in der Bildung*. Bonn.

[4] Bundesministerium für Bildung und Forschung (2004a): *Kursbuch eLearning 2004 – Produkte aus dem Förderprogramm.* Bonn.

[5] Bundesministerium für Bildung und Forschung (2004b): *Richtlinien über die Förderung der Entwicklung und Erprobung von Maßnahmen der Strukturentwicklung zur Etablierung von eLearning in der Hochschullehre im Rahmen des Förderschwerpunkts „Neue Medien in der Bildung".* Bonn.

[6] Dittler, U., Jechle, T. (2004). *Das ServiceCentrum E-Learning der Fachhochschule Furtwangen – Consulting, Training & Production.* In: E-Learning-Strategien und E-Learning-Kompetenzen an Hochschulen, Bremer, C., Kohl, K. E. (Hrsg.) Bielefeld: W. Bertelsmann Verlag.

[7] Dittler, U., Kahler, H., Kindt, M., Schwarz, Ch. (2005). *E-Learning in Europe – Learning Europe: How have new media contributed to the development of higher education*. Münster: Waxmann.

[8] Hochschulinformationssystem (2005a). *E-Learning aus Sicht der Studierenden.* Kurzbericht Nr. 10. Hannover: HIS GmbH.

[9] Hochschulinformationssystem (2005b). *E-Learning-Strategien deutscher Universitäten.* Heft B4. Hannover: HIS GmbH.

[10] mmb Institut für Medien- und Kompetenzforschung & Multimediakontor Hamburg (2004): *E-Learning an deutschen Hochschulen – Trends 2004*.

[11] Ottmann, Th.; Trahasch, S. (2005): *Multimediale Vorlesungsaufzeichnungen und netzbasierte Übungen*. In: B. Lehmann & E. Bloh (Hrsg.): Online Pädagogik. Referenzmodelle und Praxisbeispiele. Band 3. Baltmannsweiler: Schneider, S. 119-132.

[12] Wannemacher, K. (2004). *E-Learning-Support-Einrichtungen an deutschen Hochschulen: ein Überblick*. In. E-Learning-Strategien und E-Learning-Kompetenzen an Hochschulen, Bremer, C., Kohl, K. E: (Hrsg.). Bielefeld: W. Bertelsmann Verlag.

[13] Weber, G., Lippitsch, S. & Weibelzahl, S. (2004). *Virtuelle Lernkurse zur Einführung in die Psychologie für Pädagogik- und Lehramtsstudierende.* In U. Rinn & M. Meister (Hrsg.) Didaktik und Neue Medien (pp. 149-166). Münster: Waxmann

17 Projektbeispiel: tele-versity – Eine virtuelle Seminarplattform für live-eLearning

Finalist im European E-Learning Award 2004

Prof. Dr. Ullrich Dittler, Dr. Thomas Jechle
Hochschule Furtwangen

In der Diskussion um die Modernisierung des Bildungswesens wird die Bedeutung von elektronischen Lernformen sowohl für die Hochschullehre als auch die Weiterbildung zunehmend herausgestellt. Neben den klassischen Formen des E-Learning (z.B. Computer-Based-Training, Web-Based-Training usw.) gewinnt live-E-Learning in Form von virtuellen Präsentationen und Seminaren zunehmend an Bedeutung (siehe auch Dittler, U., 2003; E-Learning: Einsatzkonzepte und Erfolgsfaktoren des Lernens mit interaktiven Medien, München: Oldenbourg, S. 203ff), da dieses eine synchrone, aber ortsunabhängige Schulung mehrerer Teilnehmer erlaubt.

Virtuelle Seminare werden hierbei entwickelt, um die Vorteile des klassischen mediengestützten Lernens mit den Vorteilen von Präsenzlernens zu verbinden: Zu den Vorteilen des Lernens mit Computer-Based-Training (CBT) und Web-Based-Training (WBT) gehört zweifellos die Möglichkeit, auch größere Zielgruppen über ein Lernmedium anzusprechen und sowohl zeitnah als auch relativ preiswert zu schulen. Darüber hinaus bieten CBT und WBT die Möglichkeit, Inhalte multimedial aufzubereiten und damit auch komplizierte Zusammenhänge zu visualisieren und verständlich zu machen.

Zu den Vorteilen von Präsenzlernen zählt hingegen die Möglichkeit zur direkten Kommunikation zwischen Dozenten und Lernenden: Die Lernenden können Rückfragen zum Inhalt stellen und der Dozent kann seinerseits Fragen an die Lernenden richten. Diese direkte Kommunikation – die im vorproduzierten CBT und WBT nicht umgesetzt werden kann – bildet die Basis für einen Unterricht, der Fragen der Lernenden berücksichtigt und deren Erfahrungen und Beiträge in das Seminar mit einbezieht.

Virtuelle Seminare laufen in der Regel so ab, dass ein Dozent den Lerninhalt vorbereitet und entsprechendes digitales Anschauungsmaterial (Folien, Bilder, Videosequenzen usw.) für das Live-E-Learning zusammenstellt. Zu einem verabredeten Zeitpunkt wählen sich die Lernenden unter der Web-Adresse des virtuellen Seminars ein und nehmen live am virtuellen Seminar teil. Sie sehen auf ihrem Bildschirm (siehe folgende Abbildung) neben dem Videobild des Dozenten auch Visualisierungen zum Lerninhalt.

Bedingt durch die digitale Übertragung der Inhalte ist es möglich, alle Inhalte und Anschauungsmaterialien, die digital vorliegen, in die Veranstaltung einzubinden; die multimediale Aufbereitung der Inhalte muss daher derjenigen in CBTs und WBTs in nichts nachstehen. Dadurch, dass die Teilnehmer des virtuellen Seminars weltweit verteilt sein können und für den Zugang zum Seminar lediglich einen Internet-Zugang benötigen, ist die Anzahl der Teilnehmer nicht durch äußere Faktoren (beispielsweise die Größe eines Seminarraums) vorgegeben; die Teilnehmerzahl kann bei virtuellen Vorlesungen, theoretisch beliebig groß sein. Eine Grenze ergibt sich jedoch zum einen durch die eingesetzte Streaming-Technologie (und die dadurch entstehenden Kosten für die Infrastruktur), zum anderen sind die Interaktionsmöglichkeiten in einem virtuellen Seminar mit einer zu großen Teilnehmerzahl drastisch eingeschränkt, so dass der Vorteil eines virtuellen Seminars gegenüber einer reinen Vorlesung, die auch als Aufzeichnung zur Verfügung gestellt werden kann, nicht mehr gegeben ist.

Ein wesentlicher Vorteil von virtuellen Seminaren liegt im Vergleich zu anderen Formen des E-Learning – wie bereits angesprochen – in der direkten Kommunikation zwischen Dozent und Teilnehmern: Da der Dozent in der Regel von Teilnehmern nur den Namen (allenfalls bei Teilnehmeraktivität ein Stand- oder Videobild) auf seinem Monitor sieht, fehlen ihm – im Vergleich zu einem Präsenzseminar – wesentliche Informationen, wie körpersprachliche und mimische Hinweise der Teilnehmer, die Interesse oder Desinteresse am Thema zum Ausdruck bringen.

Durch die mediengestützte Kommunikation mit den Teilnehmern, beispielsweise über einen Textchat, einfache Abstimmungs- oder Rückmeldungswerkzeuge oder über einen Audiokanal, kann der Dozent die Teilnehmer und ihre Anfragen in das Seminar integrieren und so auch den Verlauf des virtuellen Seminars an den Erwartungen der Teilnehmer orientieren. Die Teilnehmenden können ihrerseits bei inhaltlichen Rückfragen den Dozenten direkt in seinen Ausführungen unterbrechen, der Dozent kann die Rückfragen direkt beantworten und somit sicherstellen, dass die Lernenden seinen weiteren Ausführungen folgen können. Durch die Nähe zu klassischen Präsenzseminaren eignen sich virtuelle Seminare auch für Zielgruppen, die bisher nur geringe Erfahrungen im Umgang mit E-Learning haben.

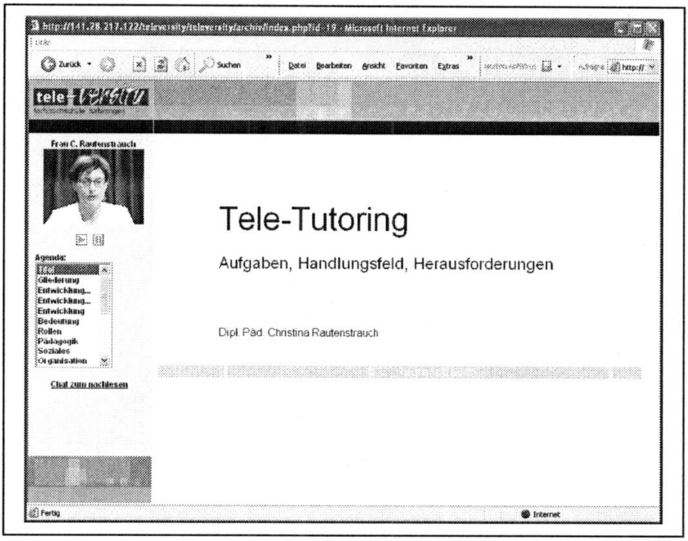

Abbildung 1: Startscreen der tele-versity-Schulung zum Thema Tele-Tutoring mit Frau Rautenstrauch

Die Hochschule Furtwangen verfügte bereits 2003 über verschiedene Intranets, um das Lernen mit digitalen Lernmaterialien anzureichern, und plante die Einführung einer zentralen Lernplattform. Als Ergänzung hierfür wurde in Zusammenarbeit mit sechs Studierenden der Medieninformatik unter dem Titel *tele-versity* im Sommersemester 2003 in nur acht Monaten eine virtuelle Seminarplattform für gestreamte Live-Seminare konzipiert und programmiert. Diese Plattform wurde, bedingt durch den großen Erfolg der ersten virtuellen Seminare in der Hochschullehre und der einfachen Übertragbarkeit und Anwendbarkeit der eLearning-Maßnahme, nicht mehr nur hochschulintern eingesetzt, sondern zunehmend auch als Ergänzung im Rahmen der Angebote zur wissenschaftlichen Weiterbildung der tele-akademie.

17.1 Ablauf einer *tele-versity*-Schulung

Das Tool *tele-versity* verfügt über ein differenziertes Rollenkonzept, das die üblichen Funktionen und Rollen (beispielsweise: Kursleiter, Referent, Moderator, Teilnehmer) telemedialer Bildungsangebote aufgreift und nahtlos in den Workflow bei der Konzeption und Durchführung von telemedialen Bildungsmaßnahmen integriert. Als Vorbild diente dabei der Workflow bei einem telemedialen Weiterbildungsangebot der tele-akademie. In einem konkreten Fall läuft die Durchführung eines virtuellen Seminars folgendermaßen ab:

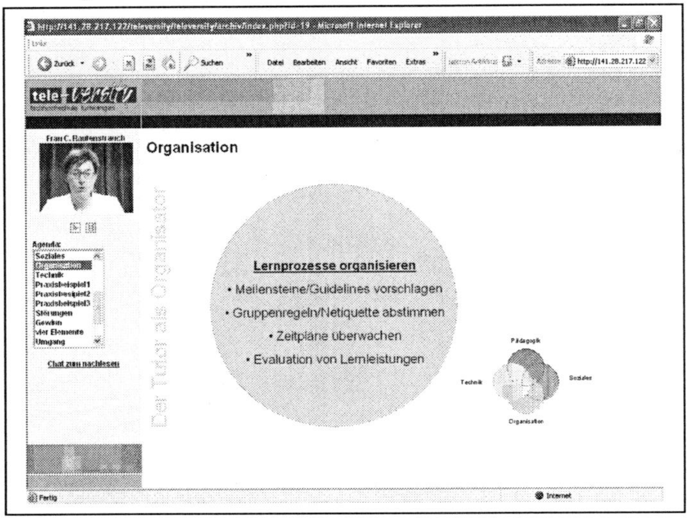

Abbildung 2: Screen der tele-versity-Schulung zum Thema Tele-Tutoring

- Der Kursleiter legt einen neuen Kurs an und benennt einen Referenten und ggf. einen Moderator.
- Der Referent spielt seine Folien, HTML-Seiten und andere benötigte digitale Daten auf dem *tele-versity*-Server ein und erstellt über Formulare die Fragen bzw. Fragebögen, die während oder im Anschluss an das virtuelle Seminar angezeigt werden sollen (die Auswertung erfolgt serverseitig während des Seminars).
- Zu Beginn des virtuellen Seminars kann der Referent die zuvor angemeldeten Teilnehmer „einladen", d.h. sie erhalten Zugang zum virtuellen Seminarraum und können damit den live-Stream (Audio und Video) des Referenten und dessen Folien sehen. Während der Referent seinen Vortrag hält und die Folien (oder andere digitale Materialien) den Lernenden synchron zur Verfügung stellt, können die Teilnehmer über die Kommunikationsfunktionen mit dem Referenten, einem Moderator oder untereinander in Diskussionen einsteigen.
- Mit Beendigung des virtuellen Seminars wird dieses halbautomatisch im Archiv der *tele-versity* zur Verfügung gestellt (der Kursleiter kann anschließend bestimmen, ob die Aufzeichnung des Seminars und des Chats öffentlich zur Verfügung gestellt wird).

Die *tele-versity* wurde in grundständigen Studiengängen der Hochschule Furtwangen eingesetzt, da dort auf das Thema „E-Learning" ein thematisch großes Gewicht gelegt wird. Es zeigte sich bereits jetzt, dass sich die auf der Basis der *tele-versity* veranstalteten virtuellen Seminare einer hohen Akzeptanz erfreuen. Durch die einfache Übertragbarkeit und Anwendbarkeit der *tele-versity* auf andere Inhalte und Organisationen konnte die virtuelle Seminarplattform auch zur Vermittlung berufsqualifizierenden Wissens im Rahmen der Angebote der tele-akademie eingesetzt werden. Speziell die Möglichkeit zur Aufzeichnung und nachträglichen Bearbeitung der aufgezeichneten Inhalte erweitert das Repertoire an aktuellen und medial attraktiven Lernmaterialien, die den Lernenden zur Verfügung gestellt werden können.

Die mit *tele-versity* durchgeführten Veranstaltungen und erstellten Aufnahmen bilden an der tele-akademie eine interessante Ergänzung zu anderen synchronen Lernwerkzeugen (z.B. dem virtuellen Arbeitsraum VITERO).

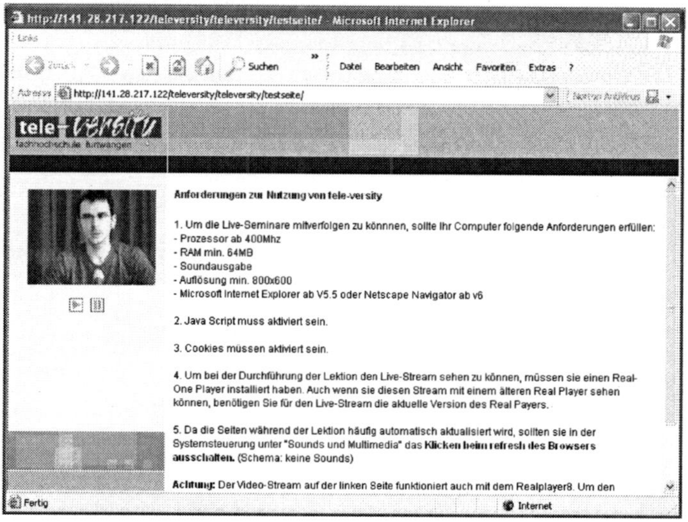

Abbildung 3: Screen einer tele-versity Schulung

17.2 Kommunikations- und Interaktionsformen

Als zentrale Kommunikations- und Interaktionsformen der videobasierten Seminarplattform *tele-versity* wurden definiert:

- Synchroner Video-/Audio-Stream des Dozenten

- „Koppelung“ von Visualisierungen an die Ausführung des Dozenten
- synchroner Rückkanal von den Teilnehmern zum Dozenten
- Unterstützung von Kommunikations- und Kooperationsformen zwischen Teilnehmern und Dozenten und zwischen den Teilnehmern

Tabelle 1: Kommunikations- und Interaktionsformen

	Dozentenseite	**Teilnehmerseite**
Kommunikation	• Videostream • Audiostream • Einzelchat • Gruppenchat	• Gruppenchat der Teilnehmer • Fragen an den Dozenten oder Moderator (Einzelchat)
Interaktion	Pushen von : 1. Single-/ Multiple-Choice 2. Zuordnungsaufgaben 3. ...	1. Geschwindigkeitskontrolle 2. Interaktion mit den gepushten Inhalten
Information	Pushen von : 1. “Folien” mit beliebigen Inhalten 2. Flashanimationen 3. PDFs 4. JPGs usw. 5. HTML 6. Teilnehmerliste	1. Teilnehmerliste 2. Archivierung der Seminare 3. Teilnehmerprofil

17.3 Video-Stream im Rahmen des virtuellen Seminars

Ein wichtiger Bestandteil der Seminarplattform *tele-versity* ist das Videobild des (Tele-) Trainers, das zu den Teilnehmern gestreamt wird. Die Streaming-Technologie verlangt im Wesentlichen drei Komponenten: Der Encoder stellt eine Software dar, welche die Daten komprimiert. Ein Streamingserver schickt die Ereignisse ins Internet. Beim Empfänger/ Schulungsteilnehmer ist lediglich eine Clientsoftware erforderlich, die den Kontakt zum Server aufbaut, dessen Daten empfängt, dekomprimiert und anzeigt.

17.4 Die drei Rollen: Administrator, tele-Trainer und Client

Es gibt für die Anmeldung an der *tele-versity* drei unterschiedliche Rollen: Administrator, tele-Trainer und Client. Der Administrator verwaltet User und Kurse incl. deren Folien. Der tele-Trainer hält den Kurs und hat verschiede Interaktionsmöglichkeiten gegenüber dem Client. Der Client ist der Rezipient des Kurses und kann seinerseits mit dem Tutor und anderen Clients in Interaktion treten.

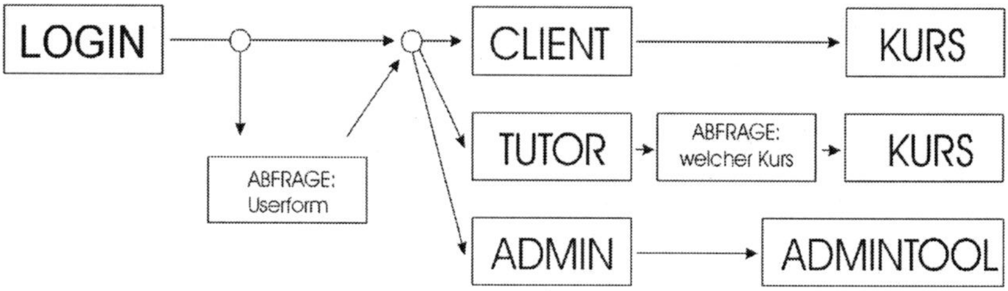

Abbildung 4: Möglichkeiten die durch die Userform bestimmt werden

17.4.1 Die Möglichkeiten des Administrators

Hat sich ein User als Administrator eingeloggt, so stehen ihm drei Module zur Verfügung:

17.4.1.1 User-Verwaltung

Das Usermodul bietet die Möglichkeiten zum Anlegen, Bearbeiten und Löschen von Benutzern. User müssen zunächst händisch angelegt werden, später ist eine Schnittstelle zur Datenbank der jeweils eingesetzten Lernplattform angedacht.

17.4.1.2 Kurse-Verwaltung

Die Folien für die Kurse bestehen zunächst nur aus Dateien, welche vom Webbrowser des Client angezeigt werden. Um einen neuen Kurs zu erstellen, müssen die anzuzeigenden HTML-Seiten erstellt werden. Diese Dateien müssen anschließend in ein entsprechendes Verzeichnis auf dem Webserver kopiert und mit einem entsprechenden Admintool aktiviert werden.

Das Kursmodul bietet hierbei folgende Möglichkeiten:

1. Neuen Kurs loggen: Für jeden Kurs muss ein Name vergeben und der Ordner für die Inhalte angelegt werden.
2. Kurse bearbeiten: Hier kann die Folienreihenfolge verändert werden, es können Titel für die einzelnen Folien angegeben, Folien deaktiviert oder freigegeben werden. In diesem Modul ist selbstverständlich ein Testmodus integriert, um die gemachten Änderungen überprüfen zu können.

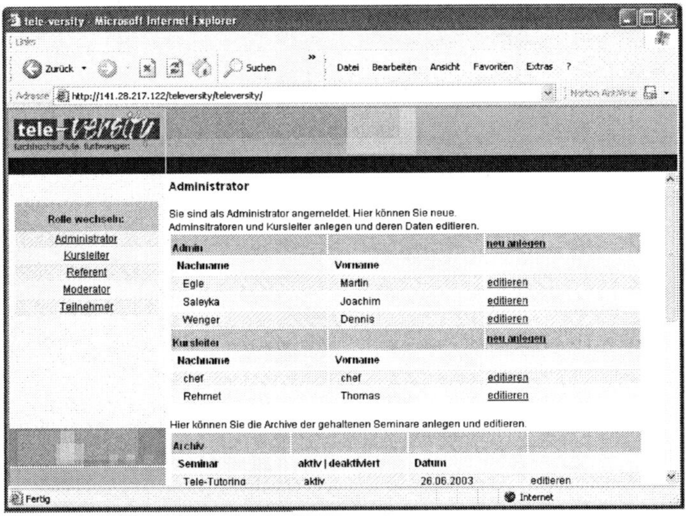

Abbildung 5: Administrator-Oberfläche

17.4.1.3 Fragen und Interaktionen

Fragebögen für Multiple-Choice-Umfragen sollen (wenn sie einmal erstellt sind) wie normale Folien gehandhabt werden können. Hierfür ist ein Fragebogen-Modul vorhanden, mit dem Dozenten Fragebögen erstellen können. Das Fragebogenmodul bietet folgende Abfolge zur Erstellung:

- Fragebogen anlegen
- Zuordnung zu einem Kurs
- Angaben zur Anzahl der Fragen und zur geplanten Beantwortungszeit
- Angabe der Antwortenanzahl für jede einzelne Frage, Definition, ob eine oder mehrere Antworten möglich sind.

Nachdem alle Teilnehmer den Fragebogen abgeschickt haben bzw. nachdem die vorgegebene Zeit abgelaufen ist, erscheint für alle sichtbar eine Auswertung der Antworten. Eine Auswertung nach einzelnen Clients ist hierbei nicht möglich.

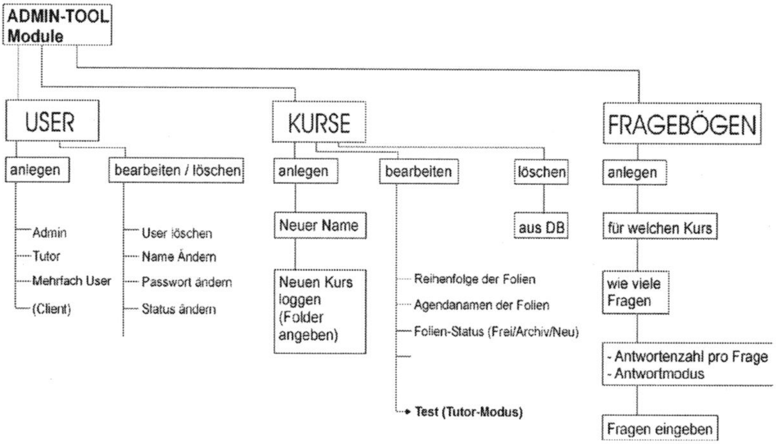

Abbildung 6: Funktionen die einem Administrator zur Verfügung stehen

17.5 Die Möglichkeiten eines Tele-Trainers

Hat sich ein Anwender als tele-Trainer eingeloggt, so gelangt er zur Abfrage, welchen Kurs er halten möchte, und ob ein Chat aktiviert sein soll. Anschließend gelangt der Trainer in das Herz von *tele-versity*, zu der eigentlichen Vorlesungsoberfläche. Die Oberfläche hat folgende Struktur:

1. Rückfragen: Hier erscheinen die von den Clients abgeschickten Rückfragen chronologisch in einer Liste.
2. Online User: Eine Liste mit den Namen der User, die online sind, und zu jedem Namen eine Anzeige, ob der Schneller- oder Langsamer-Button gedrückt wurde.
3. Agenda: Alle Folien werden hier anhand ihres Titels nach Ablaufreihenfolge sortiert angezeigt. Durch direkte Anwahl in der Agenda kann der Tutor einen Folienwechsel bei sich und den Clients hervorrufen.
4. zurück / vor: Springen zu vorheriger / nächster Folie

5. Überschrift: Hier wird der Titel der aktuell angezeigten Folie angezeigt
6. Chat: Der Chat ist, wenn er aktiviert wurde, am unteren Ende des Contentbereichs angehängt und kann in seiner Höhe verändert werden.

17.5.1 Die Möglichkeiten des Client

Nach einem Login als Client landet der Lernende im Vorlesungsraum zu dem vom Tutor gewählten Kurs. Ist noch kein Tutor angemeldet, so wird der Client auf einer Warteseite „geparkt".

Die Clientoberfläche hat folgende Struktur:

- Stream: Gestreamt werden Bild und Ton des Dozenten. Bei geringen Bandbreiten wird nur der Ton des Tele-Trainers übertragen
- Rückfrage: An dieser Stelle kann eine Rückfrage an den Trainer geschickt werden
- User online: Eine Liste mit den Namen der User, die online sind
- Agenda: Die vom Trainer angewählte Folie wird als aktuell markiert, die Folien, die vom Trainer schon behandelt wurden, können vom Client jederzeit nochmals angeschaut werden
- schneller / langsamer: Hier kann der Lernende sich bemerkbar machen, wenn es ihm zu schnell oder zu langsam voran geht
- Überschrift: Hier wird der Agendaname der aktuell angezeigten Folie angezeigt
- Chat: Der Chat ist, wenn er aktiviert wurde, am unteren Ende des Pushbereiches angehängt und kann vom jeweiligen User in seiner Höhe verändert werden.

17.6 Ablauf eines Kurses in der *tele-versity*

Bevor ein Kurs gehalten werden kann, müssen vorher die anzuzeigenden Inhalte erstellt werden. „Inhalte" für *tele-versity* sind HTML-Dokumente; sie dürfen alle Elemente enthalten, die von den benutzten Webbrowsern dargestellt werden können. Ob diese Seiten von Hand programmiert, in einem WYSIWYG-Editor erstellt oder dynamisch generiert worden sind, ist hierfür unerheblich. Alle HTML-Dateien müssen im selben Verzeichnis abgelegt werden. Integrierte Objekte wie z.B. JPG-, GIF- oder SWF-Dateien können in Unterverzeichnissen abgelegt werden.

Der erstellte Kurs muss von einem Administrator in das *tele-versity*-System eingeloggt und benannt werden, d.h. man gibt den Kursnamen und den Pfad zum Kursverzeichnis in den entsprechenden Eingabefeldern an.

Ab diesem Zeitpunkt ist das Kursmaterial für *tele-versity* zugänglich und in die Datenbank aufgenommen. Der Kurs kann gehalten werden, sobald er freigegeben wurde. Dieser Schritt ist notwendig, da die Folien noch auf Benennung und Reihenfolge geprüft werden müssen. Die Standardreihenfolge ist die alphabetische Sortierung der HTML-Dateien, es ist somit empfehlenswert, die Dateinamen mit fortlaufender Nummerierung anzulegen. Für die Agenda werden, wenn nicht anders angelegt, die Dateinamen verwendet. Benennung und Reihenfolge können jederzeit verändert und getestet werden. Ist der Kurs einmal getestet, kann er freigegeben oder auch wieder deaktiviert werden. Nachdem diese Schritte ausgeführt sind, ist der Kurs für den Tutor verfügbar.

Nach dem Login eines Tutor-Users erscheint eine Auswahlliste mit allen für Tutoren verfügbaren Kursen. Nach der Kurswahl kann der Tutor mit einem Klick auf einen Startbutton im Contentbereich den Kurs starten. Mit diesem Klick wird dem Client die erste Folie präsentiert und die Übertragung des Livestreams wird freigegeben. Von diesem Zeitpunkt an müssen vom Tutor die Folien gewechselt, Stoff vorgetragen und die Interaktionen angewandt werden.

17.7 Erfahrungen mit Live-eLearning

An einer Präsenzhochschule ist der Einsatz von live-eLearning nur dann sinnvoll, wenn sich für die Lernenden ein klarer Nutzen ergibt. Dies ist dann der Fall, wenn Studierende aufgrund zeitlicher Überschneidungen, Auslandsaufenthalten oder Praxissemestern nicht an den gewünschten Veranstaltungen teilnehmen können. Ein Nutzen ergibt sich aber auch dann, wenn die Veranstaltungsaufzeichnungen zur späteren Verwendung durch die Studierenden (z.B. zur Wiederholung) zur Verfügung gestellt werden, im günstigsten Fall in bearbeiteter Form. Die Erfahrungen an der Hochschule Furtwangen zeigen, dass die oft geäußerte Befürchtung, die Übertragung oder Aufzeichnung von Vorlesungen würde dazu führen, dass die Hörsäle leer bleiben, nicht zutreffend ist. Nach wie vor wird von den Studierenden der unmittelbare Kontakt zu den Lehrenden einer virtuellen Teilnahme vorgezogen, sofern dies möglich ist.

Vorlesungsaufzeichnungen eröffnen aber auch die Möglichkeit, über die Grenzen der eigenen Hochschule hinaus Lerninhalte mit anderen Hochschulen oder Bildungseinrichtungen auszutauschen. So konnten Aufzeichnungen aus verschiedenen tele-versity-Veranstaltungen als Lernmaterial im Rahmen von Weiterbildungsangeboten der teleakademie verwertet werden. Für diese Zwecke wurden die Aufzeichnungen bearbeitet. Das heißt, veranstaltungsspezifische Informationen wurden entfernt, die Aufzeichnungen wurden in kurze, inhaltlich homogene Sequenzen zerlegt und mit zusätzlichen Zugriffsmöglichkeiten (z.B. interaktivem Inhaltsverzeichnis) versehen. Die so entstandenen eLectures können dann als multimediale Elemente erfolgreich in Lernmodule integriert werden.

18 Projektbeispiel: Virtuelle Hochschule Bayern

Effizienzgewinne durch die landesweite Organisation internetgestützter Hochschullehre

Prof. Dr.Dr. Godehard Ruppert, Dr. Paul Rühl
Virtuelle Hochschule Bayern

18.1 Nicht vollständige Studiengänge, sondern punktueller Ersatz von Präsenzlehre – die Positionierung der vhb im „Markt“ für internetgestützte Hochschullehre

Für den Einsatz internetgestützter Hochschullehre standen – abgesehen vom Sonderfall der FernUniversität Hagen – in Deutschland bislang zwei Modelle im Vordergrund:

Modell A: E-Learning wird als tragende Säule eines Fernstudiengangs eingesetzt. Dieser enthält meist auch Präsenzelemente („blended learning“) und wendet sich an zahlende Kunden.

Modell B: Einzelne Lehrende stellen zur Ergänzung ihres Präsenzangebots Vorlesungsmitschnitte oder andere Materialien ins Netz. Dieses Material ist nur den eigenen Hörern zugänglich bzw. kann in der Regel nur von diesen sinnvoll genutzt werden.

Die Virtuelle Hochschule Bayern (vhb) geht einen anderen Weg. Als Verbundinstitut aller Universitäten und Fachhochschulen des Freistaats Bayern sowie weiterer staatlich anerkannter Hochschulen in Bayern koordiniert und fördert die Entwicklung und die Durchführung internetgestützter Lehrangebote, die den Studierenden aller Trägerhochschulen entgeltfrei zur Verfügung stehen. Sie bietet keine vollständigen Studiengänge an, sondern einzelne internetgestützte und von Teletutoren betreute Lehrangebote (Vorlesungen, Seminare oder Übungen) im leistungspunkfähigen Umfang nach dem European Credit Transfer System (ECTS). Diese Angebote wenden sich in erster Linie an Studierende des grundständigen Studiums, die durch den punktuellen Ersatz einzelner Präsenzveranstaltungen ihr Studium örtlich und zeitlich flexibler gestalten wollen. Die Trägerhochschulen können durch den systematischen Einsatz von vhb-Kursen in ihren Curricula Lehr-Kapazitäten für andere Bereiche der Präsenzlehre freimachen.

Die Frage, ob die vhb auch vollständige Studiengänge anbieten solle, wurde in der Gründungsphase eingehend diskutiert. Ausschlaggebend für die Entscheidung war nicht zuletzt ein Vergleich des deutschsprachigen Markts mit den großen angelsächsischen, aber auch denen der nordischen Staaten. Wesentliche Unterschiede wurden deutlich: Dort gibt es traditionell und bedingt durch die geringe Siedlungsdichte einen großen Markt für Fernstudienangebote einschließlich einer hohen Bereitschaft zur privaten Investition in Aus- und Weiterbildung. Die Gegebenheiten im deutschsprachigen Raum sind anders: Hier erschien den vhb-Verantwortlichen der Aufbau einer weiteren Fern-Hochschule angesichts des vergleichsweise kleinen Markts und der erheblichen Markteintrittskosten als nicht zweckmäßig. Die vhb tritt folglich nicht in Konkurrenz zur FernUniversität Hagen, zum Fachhochschulverbund „oncampus“ oder zu anderen vergleichbaren Bildungsanbietern.

18.2 Nichttraditionelle Studierende, steigende Studierendenzahlen und weitere Herausforderungen - Ziele und Aufgaben der vhb

Auch in Bayern stehen die Hochschulen vor großen Herausforderungen. Angesichts der Situation der öffentlichen Haushalte ist die vielleicht bedeutendste Herausforderung die Versorgung einer wachsenden Zahl von Studierenden mit qualitativ guter Lehre: Bis zum Jahr 2012 wird mit einer Zunahme von gegenwärtig rd. 250.000 auf ca. 310.000 Studierende gerechnet[64]. Zugleich steigt der Anteil der nichttraditionellen Studierenden, d.h. solcher Studierender, die auf die Vorteile des Präsenzstudiums nicht verzichten wollen, ihr Studium aufgrund ihrer Lebenssituation (v.a. Berufstätigkeit/Jobben, Betreuung von Kindern oder anderen Angehörigen) aber nur dann innerhalb eines vertretbaren Zeitraums absolvieren können, wenn sie einen Teil ihrer Studienleistungen außerhalb des herkömmlichen Präsenzbetriebs erbringen können.

In dieser Situation spielt die vhb eine wesentliche Rolle, und zwar in mehrfacher Hinsicht:

Netzgestützte und von Tutoren betreute Kurse können gerade in Standard- und Massenfächern die Hochschulen spürbar entlasten. Diese Entlastung betrifft nicht nur die Raumkapazitäten, sondern vor allem die personellen Möglichkeiten: Hochschullehrer und ihre Hochschulen gewinnen Zeit, um sich in der Lehre auf solche Themen zu konzentrieren, mit denen sie ihr Profil schärfen können.

---

[64] S. Expertenkommission Wissenschaftsland Bayern 2020 (Hg.): Wissenschaftsland Bayern 2020. München 2005, Anlage 8

Zugleich kann durch den – von der vhb finanziell unterstützten – Einsatz von Tutoren die Betreuungsqualität für die Studierenden entscheidend verbessert werden. Das heißt durchaus nicht, dass Entlastung der Hochschulen nur in solchen Fächern möglich ist, in denen es um große Teilnehmerzahlen geht. Die Umstellung auf Bachelor- und Master-Studiengänge zwingt in vielen Fällen dazu, insbesondere Masterstudiengänge in Kooperation zwischen mehreren Hochschulen anzubieten. Dies kann nur dann gelingen, wenn ein Teil des Curriculums netzgestützt angeboten wird, da nicht alle Kurse an sämtlichen beteiligten Hochschulen in Präsenz durchgeführt werden können.

Ein weiteres Beispiel für den besonders erfolgreichen Einsatz von vhb-Kursen ist der Bereich der sogenannten „Allgemeinwissenschaften" an den bayerischen Fachhochschulen. Die Kurse in diesem Bereich werden zu einem großen Teil über Lehraufträge angeboten – die Mittel dafür werden aber immer knapper. Was liegt näher, als den Studierenden zu ermöglichen, diesen Bereich mit Kursen der vhb abzudecken? Die Hochschule kann kostbare Mittel anderweitig einsetzen, und die Studierenden können aus einem wesentlich umfangreicheren Angebot wählen.

Bislang war vorwiegend vom Nutzen der vhb für die Hochschulen die Rede. Der Nutzen für die Studierenden ist nicht weniger augenfällig. Die Kurse der vhb ermöglichen den Studierenden

1. die zeitliche und örtliche Flexibilisierung ihres Studiums
2. gesicherte Qualität der Lehre dank regelmäßiger externer Evaluation der Kurse
3. individuelle tutorielle Betreuung, die in den meisten Fällen deutlich intensiver ist als in der Präsenzlehre,
4. und zusätzlich die Einübung in das netzgestütze Erarbeiten von Wissen – eine Schlüsselqualifikation im modernen Berufsleben.

Dies alles ist – das verdient, hervorgehoben zu werden – für die Studierenden der Trägerhochschulen entgeltfrei.

Von besonderem Nutzen ist die vhb für die „nichttraditionellen" oder „Nicht-Vollzeit"-Studierenden. Immer mehr Studierende gehen neben ihrem Studium einer zeitintensiven Arbeit nach und müssen ihr Studium häufig den Erfordernissen dieser Tätigkeit anpassen. Viele Studierende sind aufgrund von Kindererziehung oder Betreuung anderer Angehöriger in einer Situation, die ihnen ein Präsenzstudium nur mit fühlbaren Einschränkungen erlaubt. Zudem erleichtern die Angebote der vhb den Studierenden, Praktika oder Auslandsaufenthalte ohne Zeitverlust zu absolvieren.

Für all diese Nutzer ist die vhb ein unersetzliches Instrument, ihr Studium erfolgreich und innerhalb eines vertretbaren Zeitraums zu absolvieren, ohne auf die sozialen Komponenten des Präsenzstudiums verzichten zu müssen. Über die vhb ermöglichen die Trägerhochschulen ihren Studierenden die sinnvolle Verbindung von Präsenzstudium und netzgestütztem Lernen. Diese beiden Komponenten können innerhalb **eines** Kurses eingesetzt werden, es sind aber gerade auch solche vhb-Kurse besonders stark nachgefragt, die ohne Präsenzanteile auskommen. Wir können folglich feststellen: Die vhb praktiziert „Blended Learning" gerade auch auf der Makro-Ebene, und dies mit großem Erfolg.

Zusammengefasst: Ziel des Verbundinstituts vhb ist es, qualitativ hochwertiges internetgestützes Lehren und Lernen hochschulübergreifend zu organisieren und zu fördern und damit zu einer Entlastung der Trägerhochschulen ebenso beizutragen wie zur Förderung der Studierenden. Es geht folglich um die Nutzung des didaktischen, des qualitativen, des sozialen und des bildungsökonomischen Potenzials von E-Learning.

18.3 Orientierung an Bedarf und Nachfrage - die Angebote der vhb und deren Nutzung

In der Anfangsphase gab es unter den Mitwirkenden der vhb durchaus unterschiedliche Zielvorstellungen. Sollte es vor allem – oder sogar ausschließlich – um die qualitative Verbesserung der Lehre gehen, also darum, die innovativen didaktischen Möglichkeiten von E-Learning zu nutzen? Welches Gewicht sollte das bildungsökonomische Potenzial netzgestützten Lehrens und Lernens erhalten, das sich dann ergibt, wenn Kurse nur an **einer** Hochschule entwickelt, aber von Studierenden **vieler** Hochschulen (in unserem Fall: von Studierenden **aller** bayerischer Hochschulen) genutzt werden? Dieses bildungsökonomische Potenzial jedoch kann sich erst dann entfalten, wenn für die Kurse auf studentischer Seite eine Nachfrage bzw. auf der Seite der Hochschulen ein Bedarf besteht.

Die vhb hat zunächst auch solche Kurse gefördert, die wohl zur Kompetenzentwicklung an einzelnen Lehrstühlen geführt haben und für kleine Gruppen von Studierenden ohne Zweifel nützlich sind, die aber nicht zu einer wirklich fühlbaren Entlastung der Hochschulen beitragen konnten. Die Programmentwicklung vollzog sich zunächst über Ausschreibungsverfahren, in denen der Anstoß zur Kursentwicklung ausschließlich von Lehrenden ausging, die daran interessiert waren, den jeweiligen Kurs selbst bzw. an ihrem Lehrstuhl zu entwickeln. Die Frage, welche anderen Hochschulen an dem jeweiligen Kurs Bedarf hätten oder wie viele Studierende ihn nutzen würden, spielte damals zumeist eine untergeordnete Rolle.

Im Ergebnis eines längeren Diskussionsprozesses und bestärkt durch die Ergebnisse einer internationalen Evaluation der vhb[65] gelten für die weitere Programmentwicklung andere Grundsätze. Den Anstoß geben jetzt Bedarfsmeldungen, mit denen wenigstens zwei Trägerhochschulen Interesse an einem internetgestützten Lehrangebot bekunden und sich zugleich verpflichten, dieses Lehrangebot im Pflicht- oder Wahlpflichtprogramm eines Curriculums verbindlich einzusetzen. Unter diesen Bedarfsmeldungen wählt die vhb dann diejenigen aus, die zur Erarbeitung ausgeschrieben werden. Falls es möglich ist, einen gemeldeten Bedarf durch die Lizenzierung oder Bearbeitung eines bereits vorhandenen Angebots kostengünstig abzudecken, wird dieser Lösung gegenüber einer Eigenentwicklung der Vorzug gegeben. Das neue Ausschreibungsverfahren soll folglich auch dazu dienen, die vhb verstärkt für die Nutzung von anderenorts entwickelten Kursen zu öffnen. Zugleich lässt das Verfahren nach wie vor breiten Raum für die Initiative von Lehrenden, die selbst an der Entwicklung von Kursen interessiert sind – vielfach sind sie es, die ihre Hochschulleitungen auf Entlastungsmöglichkeiten durch netzgestützte Lehre hinweisen.

Im Wintersemester 2006/07 bietet die vhb Kurse in folgenden Fächergruppen an (in Klammern die jeweilige Anzahl der Kurse):

1. Informatik (17)
2. Ingenieurwissenschaften (25)
3. Lehramt (16)
4. Medizin (27)
5. Rechtswissenschaft (20)
6. Schlüsselqualifikationen (26)
7. Soziale Arbeit (12)
8. Wirtschaftswissenschaften (24).

Das Kursangebot zeichnet sich durch didaktisch-methodische Vielfalt aus: Die Bandbreite reicht von Selbstlernumgebungen mit optionaler tutorieller Betreuung über (gleichfalls von Tutoren betreute) Vor-

[65] Der Evaluationsbericht kann abgerufen werden unter http://www.vhb.org/dokumente/downloads/evaluationsbericht.pdf

lesungen mit interaktiven Tests, internetgestützte Übungen und Klausurenkurse bis zu virtuellen Seminaren mit intensiver Zusammenarbeit zwischen den Teilnehmern.

Die Nachfrage nach den Kursen der vhb hat sich in den vergangenen Jahren von Studienjahr zu Studienjahr verdoppelt, wie die folgende Tabelle veranschaulicht:

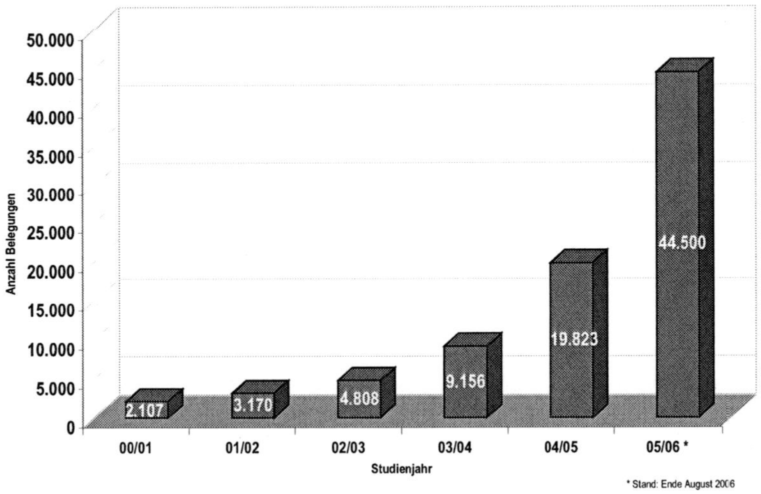

Tabelle 1: Entwicklung der Kursbelegungen nach Studienjahren

Dieses exponentielle Wachstum ist nur zum Teil auf die Erweiterung des Kursangebots zurückzuführen (von 46 Kursen im Wintersemester 2000/01 über 55 Kurse im WS 2003/04 und 113 Kurse im WS 2004/05 auf 167 Kurse im WS 2005/06). Auch die durchschnittliche Anzahl der Teilnehmer je Kurs hat sich im Lauf der Jahre deutlich erhöht. Da das durchschnittliche Semesterwochenstunden-Äquivalent eines vhb-Kurses bei gut 2,5 SWS liegt, leistet die vhb heute bereits ein „Studienvolumen", das demjenigen einer mittelgroßen Hochschule entspricht.

Angesichts dieses dynamischen Wachstums wurde die Frage gestellt, inwieweit den erfreulichen Belegungszahlen auch ein tatsächliches Lehr-/Lerngeschehen entspricht, oder ob nicht der größte Teil der Belegungen sich im reinen Belegungsvorgang erschöpft („einmal reingeklickt – und das war's"). Die vhb ermittelt daher seit einigen

Semestern, wie viele Studierende am abschließenden Leistungsnachweis ihres jeweiligen Kurses teilnehmen. In den Semestern, für die abgeschlossene Ergebnisse vorliegen, lag der Anteil zwischen 56% und 60%. Die Kurse der vhb brauchen folglich auch in dieser Hinsicht den Vergleich mit der Präsenzlehre nicht zu scheuen.

Hinsichtlich der Nutzung der Kurse bestehen zwischen den einzelnen Fächergruppen zum Teil erhebliche Unterschiede. Innerhalb der großen Entwicklungsdynamik sind bislang von Semester zu Semester unterschiedliche Tendenzen zu beobachten, so dass Aussagen über Präferenzen nur als Momentaufnahme zu verstehen sind.

Mit dieser Einschränkung lässt sich feststellen, dass gegenwärtig gerade Kurse aus den Bereichen Rechtswissenschaft und Medizin besonders stark nachgefragt sind. In beiden Fällen handelt es sich um Staatsexamensfächer, in denen die Studierenden sich am Ende ohnehin einer streng kontrollierten Prüfung über den Gesamtbereich des Fachwissens stellen müssen. Dies macht in den vhb-Kursen den Einsatz von online-Leistungsnachweisen möglich, die vom häuslichen Arbeitsplatz aus erbracht werden können.

Andererseits werden die Kurse des Bereichs Lehramt, der dritten Staatsexamens-Fächergruppe, vergleichsweise wenig genutzt. Die Ursachen für diese Unterschiede sind vermutlich in dem unterschiedlichen Nutzen der Kurse für die Studierenden zu suchen. Im Bereich Jura scheinen die vhb-Kurse Lücken im Präsenzangebot der Trägerhochschulen zu schließen und willkommene zusätzliche Übungs- oder Wiederholungsmöglichkeiten zu bieten. Diese zusätzlichen Arbeitsmöglichkeiten stehen auch in der Medizin im Vordergrund; zudem ist an einigen Trägerhochschulen die Teilnahme an bestimmten vhb-Kursen Voraussetzung für die Zulassung zu bestimmten Praktika. Die Kurse fürs Lehramt sind durchweg dem Bereich der Wahlangebote zuzuordnen, der nach Aussage von Fachvertretern von den Studierenden grundsätzlich zurückhaltend angenommen wird.

In den Fächergruppen mit studienbegleitenden Prüfungen gelten für die in den vhb-Kursen zu erbringenden Leistungsnachweise dieselben Anforderungen wie in den entsprechenden Präsenz-Angeboten. Die vhb-Kurse schließen daher mit einer Präsenz-Klausur ab, sofern der Leistungsnachweis nicht (wie z.B. in den virtuellen Seminaren) aufgrund anderer umfangreicher und dokumentierter Leistungen erteilt wird. In den Kursen dieser Fächergruppen hängt die studentische Nachfrage in hohem Maß davon ab, ob der abschließende Leistungsnachweis am Ort des Studierenden erbracht werden kann. Dies ist aus unterschiedlichen Gründen nicht für alle Kurse möglich. In den Fällen, in denen – meist im Rahmen eines kollegialen Netzwerks – Kursteilnehmer den Leistungsnachweis an ihrer Heimathochschule erbringen können, ist eine gute und steigende Nachfrage die Regel. In diesen Fällen ist zumeist auch die Anerkennung des jeweiligen Kurses und Leistungsnachweises gesichert.

Im Übrigen ergibt sich die vergleichsweise geringe Nachfrage für eine Reihe von Kursen aus der Tatsache, dass diese Kurse im Rahmen der anfangs geltenden Ausschreibungsregeln rein angebotsorientiert entwickelt wurden (s.o.). Für diese Kurse ist eine Anerkennung an anderen Hochschulen nur schwer zu erreichen.

Die strikte Ausrichtung der Programmentwicklung am Bedarf der Hochschulen löst auch diese Anerkennungsproblematik. Es geht nicht mehr darum, an den Trägerhochschulen dafür zu werben, fertige Kurse anzuerkennen; vielmehr werden nur noch solche Kurse entwickelt, die von mehreren Hochschulen gewünscht werden.

18.4 Mehrstufige, kontinuierliche Qualitätssicherung

Das gesamte Kursprogramm der vhb unterliegt einer ständigen Qualitätssicherung, die auf mehreren Ebenen abläuft:

- Neue Kurse werden vor der Aufnahme ins Programm von bayerischen und außerbayerischen Experten fachlich und mediendidaktisch geprüft. Im Rahmen des neuen Ausschreibungsverfahrens (s. Abschnitt 18.3) werden sämtliche Trägerhochschulen, die sich einer Bedarfsmeldung angeschlossen haben, am Freigabeverfahren beteiligt.
- Zu jeder Kursdurchführung findet eine studentische Evaluation statt, deren Ergebnisse den Kursanbietern mitgeteilt werden, um erforderliche Verbesserungen möglichst rasch umsetzen zu können.
- Nach jeweils fünf Semestern werden diejenigen Kurse, für die keine Verbesserungen dokumentiert sind, erneut von außerbayerischen Experten mediendidaktisch und fachlich begutachtet.

Für die Begutachtung der Kurse verwendet die vhb einen Kriterienkatalog, der mit Unterstützung zahlreicher Experten innerhalb und außerhalb Bayerns erarbeitet wurde[66].

---

[66] Das Dokument steht zur Verfügung unter http://www.vhb.org/dokumente/downloads/vhb-QS-Kriterienkatalog.pdf

Mit Hilfe dieses kontinuierlichen Verbesserungsprozesses wird sichergestellt, dass die Angebote der vhb in fachlicher Hinsicht den neuesten Stand der Erkenntnis widerspiegeln und in ihrer mediendidaktischen Umsetzung den aktuellen Anforderungen entsprechen. Für die Verbesserung von dauerhaft gut nachgefragten Kursen sind im Haushalt der vhb Mittel vorgesehen.

18.5 Schlanke Strukturen, enge Verzahnung mit den Trägerhochschulen – der organisatorische Aufbau der vhb

In der Anfangsphase waren die Strukturen der vhb der klassischen Gremienuniversität nachgebildet. Die Vielzahl der sich daraus ergebenden Kommissionen und Räte bot Mitwirkungsmöglichkeiten für eine große Zahl von Personen. Dies war jedoch nur begrenzt nützlich für die Weiterentwicklung der vhb zu einer handlungsfähigen, effektiven Organisation, die ihre Trägerhochschulen bei der Bewältigung der anstehenden Herausforderungen wirkungsvoll unterstützten kann. Wie von der bereits erwähnten internationalen Evaluationskommission empfohlen hat die vhb ihre Strukturen zum Jahreswechsel 2005/06 wesentlich vereinfacht[67]. Mit der Mitgliederversammlung verfügt sie seither über ein Gremium, in dem sämtliche Trägerhochschulen mit ihren vhb-Beauftragten vertreten sind und über die Grundlinien der Entwicklung der vhb entscheiden. Umgekehrt kümmern sich die vhb-Beauftragten an ihrer jeweiligen Hochschule um die Belange der vhb. Hierbei geht es unter anderem um die bestmögliche Nutzung der vhb-Angebote einschließlich deren Anerkennung sowie um die Bildung von Konsortien im Rahmen neuer Ausschreibungsverfahren.

Das dreiköpfige Präsidium bestimmt die Richtlinien der vhb-Politik und fällt – bei Grundsatzfragen in Rückbindung an die Mitgliederversammlung – alle wesentlichen Entscheidungen.

Eine aus acht Personen bestehende Programmkommission, die überwiegend mit Prorektoren bzw. Vizepräsidenten für Lehre besetzt ist, berät das Direktorium bei der Programmentwicklung. Hier geht es vor allem um die Frage, welche neuen Vorhaben gefördert und welche vorhandenen Kurse dauerhaft gepflegt werden sollen, um eine bestmögliche Unterstützung und Entlastung der Trägerhochschulen zu bewirken.

Alle Gremienmitglieder sind ehrenamtlich tätig, zusätzlich zu ihren Ämtern in ihrer jeweiligen Trägerhochschule. Dies sorgt zwar für eine

[67] Vgl. dazu die Verordnung über die vhb http://www.vhb.org/dokumente/downloads/verordnung_vhb_2005.pdf

zum Teil erhebliche Mehrbelastung des Einzelnen, ist aber ein unersetzliches Element der außerordentlich wichtigen Verzahnung zwischen dem Verbundinstitut vhb und den Trägerhochschulen.

Für die tägliche Arbeit unterhält die vhb eine Geschäftsstelle mit den Arbeitsbereichen Haushalt, Projektmanagement, Öffentlichkeitsarbeit, Technik und Teilnehmerverwaltung. Eine wichtige Aufgabe der Geschäftsstelle besteht zudem in der Kommunikation mit den nahezu 200 Mitwirkenden der vhb in den 36 Trägerhochschulen.

Das folgende Organigramm veranschaulicht noch einmal den Aufbau der vhb:

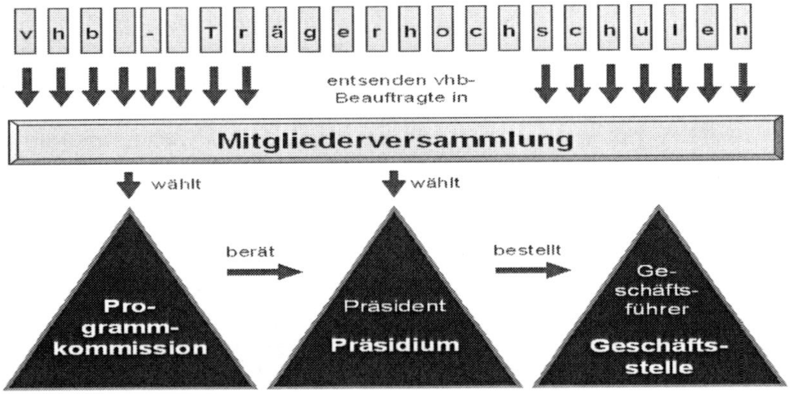

Tabelle 2: Organigramm der vhb

Ergebnis und Ausdruck der engen Verbindung von Trägerhochschulen und vhb ist die nachdrückliche Unterstützung seitens der Universität Bayern e.V. – Bayerische Rektorenkonferenz und seitens der Hochschule Bayern e.V. – Konferenz der Präsidentinnen und Rektoren der bayerischen Fachhochschulen. Einen besonders deutlichen Ausdruck hat diese Unterstützung in den im Frühjahr 2006 gefassten Beschlüssen beider Konferenzen gefunden, sich ab dem Sommersemester 2007 an der Finanzierung der vhb zu beteiligen. Schon zuvor hatten die Trägerhochschulen bei der Entwicklung und Durchführung der Kurse mit ihrer Infrastruktur erhebliche Eigenleistungen erbracht.

In technischer Hinsicht ist die vhb vorwiegend dezentral organisiert. Die einzelnen Kurse liegen auf Servern der anbietenden Trägerhochschulen, zentral sind nur der Kurskatalog und die Registrierung der Nutzer. Der inhaltlich-thematischen und methodisch-didaktischen

Bandbreite des Angebots entsprechend werden innerhalb der vhb mehrere Lernmanagement-Systeme bzw. Lernplattformen genutzt, aus dem Open-Source-Bereich ebenso wie Eigenentwicklungen einiger Anbieter. Kommerzielle Systeme spielen bislang eine untergeordnete Rolle. Diese Vielfalt ist nach den bisherigen Erkenntnissen, insbesondere aus den studentischen Evaluationen, so lange unschädlich, wie die einzelnen Systeme für sich genommen ergonomisch gut und möglichst intuitiv sind. Für die Zukunft wird dennoch eine gewisse Reduzierung der gegenwärtigen Vielfalt angestrebt; auch gibt es Überlegungen, künftig für ein (noch festzulegendes) System einen Support durch den Technik-Bereich der Geschäftsstelle anzubieten.

18.6 Leistungen und Finanzierung der vhb

In den vorausgegangenen Abschnitten wurden die Tätigkeitsbereiche und Leistungen der vhb erläutert. Zusammengefasst handelt es sich um die Bereitstellung internetgestützter Lehr- und Lernangebote, um die Verbesserung und Aktualisierung dauerhaft nachgefragter Kurse und um die Förderung der tutoriellen Betreuung in den Kursen einschließlich der Finanzierung von Schulungen für Teletutoren. Zu den in diesen Bereichen entstehenden Kosten kommen die Aufwendungen für den technischen Betrieb sowie für die Geschäftsstelle.

Die Frage, auf welche Weise eine Einrichtung wie die vhb zu finanzieren ist, lässt sich nur mit Blick auf ihre Aufgaben beantworten. Kernaufgabe der vhb ist die Unterstützung und Entlastung ihrer Trägerhochschulen in der Lehre des grundständigen Studiums. Die Frage, ob und inwieweit die vhb sich auch im Bereich des weiterbildenden Studiums engagieren solle, wurde eingehend diskutiert und auch von der Evaluierungskommission untersucht. Nach den bisherigen Erfahrungen ist nicht abzusehen, dass Investitionen in eigene Weiterbildungsangebote auch nur mittelfristig zu Überschüssen führen würden, die für die Mitfinanzierung der grundständigen Angebote herangezogen werden könnten. Im Gegenteil: Investitionen in Weiterbildungsangebote würden auf absehbare Zeit zu Lasten des grundständigen Bereichs gehen und damit die Erfüllung der Kernaufgabe der vhb beeinträchtigen. Die vhb entwickelt daher keine eigenen Weiterbildungsangebote, wodurch zugleich eine potenzielle (und unerwünschte) Konkurrenz zu den Trägerhochschulen vermieden wird. Allerdings können Weiterbildungsinteressierte die Angebote der vhb gegen Entgelt nutzen. Die Einnahmen aus dieser Nutzung bewegen sich jedoch in einem bescheidenen Rahmen.

Aus der Aufgabendefinition der vhb ergibt sich zugleich eine Konsequenz für die Finanzierung: Da die vhb Angebote für das grundständige Studium bereitstellt, muss sie in gleicher Weise finanziert werden wie das grundständige Studium im Allgemeinen. Solange das grundständige Studium im Wesentlichen aus dem Staatshaushalt finanziert wird, muss dies folglich auch für die Angebote der vhb gelten – andere Modelle wären nicht systemkonform. Die internationale Evaluierungskommission hat der bayerischen Staatsregierung eine Finanzierung der vhb in Höhe von jährlich 3,6 Mio. Euro pro Jahr empfohlen. Die Haushaltsverhandlungen für den Doppelhaushalt 2007-2008 waren beim Redaktionsschluss für diesen Beitrag noch nicht abgeschlossen.

In Bayern gibt es vom Sommersemester 2007 an Studienbeiträge. Kann die vhb aus diesen Studienbeiträgen (mit)finanziert werden? Mit Blick auf die gesetzlich geregelte Zweckbestimmung der Studienbeiträge in Bayern scheint diese Art der Finanzierung nicht unproblematisch; zudem wäre sie politisch ein falsches Signal. Die Trägerhochschulen haben jedoch beschlossen, sich nach der Einführung von Studienbeiträgen an der Finanzierung der vhb zu beteiligen, da diese Beiträge ihnen insgesamt mehr Handlungsspielraum geben und sie über die vhb eine spürbare Entlastung insbesondere im Bereich der Lehraufträge erreichen können.

Die Möglichkeiten der vhb, sich durch eigene Einnahmen mitzufinanzieren, sind sehr begrenzt, wie auch die Evaluierungskommission in ihrem Gutachten festgestellt hat. Zwar werden seit einiger Zeit Einnahmen aus der Lizenzierung von vhb-Kursen durch andere Bildungsanbieter sowie aus der Teilnahme individueller Bildungsinteressierter erzielt; allerdings wächst dieses Geschäftsfeld nur langsam. Bei der Beurteilung der Zukunftsperspektiven dieses Bereichs ist zu berücksichtigen, dass die Kurse der vhb ganz bewusst für den Bedarf des grundständigen Studiums entwickelt wurden und nicht unbedingt in gleicher Weise für das weiterbildende Studium geeignet sind.

Die vhb wird folglich auch in Zukunft nach dem Modell „staatliche Grundfinanzierung + Beitrag der Hochschulen" zu finanzieren sein. Investitionen in die hochschulübergreifende internetgestützte Lehre rechnen sich jedoch für den Staat wie für die Trägerhochschulen, weil sie es ermöglichen, ein wesentlich größeres Volumen an qualitativ hochwertiger Lehre bereitzustellen, als mit gleich hohen Investitionen in Präsenzlehre zu erreichen wäre.

19 Strategische Überlegungen zum Einsatz von eLearning an Hochschulen

Prof. Dr. Helmut Hoyer, Thomas Berkel
FernUniversität Hagen

Ausgehend von den aktuellen Rahmenbedingungen diskutiert der vorliegende Beitrag die strategischen Überlegungen und Probleme beim Einsatz des eLearning, d.h. der Unterstützung der Lehre durch Neue Medien und die I&K-Technologien. In Form von Thesen werden die Bereiche Technik, Kompetenzen/Akzeptanz, Dauerhaftigkeit, Hochschulentwicklung, Hochschulstrategie und Marktstrategie beleuchtet.

Ebenso aufgegriffen wird die Thematik, wie sich Hochschulen im aktuellen und zukünftigen Bildungsmarkt behaupten können. Die Herausforderungen durch die Entwicklungsnotwendigkeit individueller Strategien und deren Umsetzung werden zum Abschluss behandelt.

19.1 Einleitung

eLearning ist an Hochschulen auf dreierlei Weise ein hoch aktuelles Thema. Einerseits ist es ein Gegenstand der Forschung, etwa im Bereich Computer Supported Collaborative Learning (CSCL) [7]. Zum Zweiten entstehen in der Lehre neue Studienangebote, wie z. B. „Bachelor /Master in Bildungswissenschaft" mit dezidierter Berücksichtigung des eLearning als Gegenstand. Als dritte Aktionslinie geht es um den praktischen Einsatz von eLearning als technische und didaktische Infrastrukturleistung zur Unterstützung für alle Fachrichtungen.

In der ersten und zweiten Aktionslinie stehen die Lehrstühle in der Verantwortung. In der dritten Aktionslinie ist der Aufbau einer zentralen Infrastruktur von Seiten der Hochschulleitung her zu verantworten und durch zentrale Einrichtungen (Medienzentren, Rechenzentren, Bibliotheken) im Zusammenspiel mit den Lehrstühlen operativ zu betreiben. Der Aufbau einer solchen Infrastruktur stellt somit einen strategischen Beitrag zum Hochschulentwicklungsprozess dar.

19.2 Rahmenbedingungen

Die Hochschulen setzen in den letzten Jahren parallel zum laufenden konventionellen Studienbetrieb verstärkt auf virtuelle Angebote. Die Investitionskosten hierfür waren allerdings je nach Ausgestaltung nur mit externer Förderung handhabbar, die Betriebskosten sind nur schwer zu schätzen. Diese Einschätzung wird durch internationale Untersuchungen [22] erhärtet. Ein Kostenvorteil lässt sich nur dann erzielen, wenn eLearning-Angebote wieder verwendbar sind, mehrfach von einer großen Studierendenzahl genutzt werden und wenn im gleichen Augenblick die Betreuungsleistung nicht steigt oder die Betreuung durch Selbstorganisierung der Studierenden sogar partiell zu einer Entlastung führt.

Dies gilt umso mehr, da durch die finanzielle Lage in den öffentlichen Kassen auch die Hochschulen stark betroffen sind. Nationale (Bund, Land) und internationale (EU) Fördermittel fließen seit 2004 in deutlich spärlicherem Maße.

Eine weitere Tatsache ist, dass die Erarbeitung und Umsetzung einen Hochschulstrategie, die eLearning als entscheidenden Faktor berücksichtigt, an vielen Hochschulen derzeit nur ansatzweise vorhanden ist. Die durchdringende Kraft von eLearning wird vielfach unterschätzt bzw. auch noch nicht wahrgenommen.

Dies alles spiegelt sich auch wider im Verlauf des so genannten eLearning Hype Cycles in der folgenden Graphik. Der Report der Gartner Group [12] zeigt den Höhepunkt des Interesses und der Förderung in den Jahren 1998/1999. Nach dem steilen Aufstieg und einer auch Überschätzung der realen Möglichkeiten folgt ein nahezu ebenso rasches Nachlassen des Interesses mit einem Einschwingen ab 2002 auf einem deutlich niedrigeren Niveau. Nach der angeheizten Euphorie beginnt somit jetzt der Alltag der schrittweisen Einbeziehung von eLearning-Konzepten in die Hochschulentwicklung auf einer realistischen Basis.

Begleitet wird dies durch aktuelle Entwicklungen in der nationalen und internationalen Hochschulpolitik. So wird z.B. durch die neuen Instrumente staatlicher Bildungspolitik die Konkurrenz der Hochschulen untereinander auf eine neue Stufe gehoben. Einführung von Studiengebühren und das Hochschulfreiheitsgesetz [21] im Land Nordrhein-Westfalen seien hier exemplarisch genannt.

eLearning Hype Cycle

[Gartner e-Learning Hype Cycle,

Neue Freiheitsgrade für die Hochschulen bei Finanz-, Personal- und Organisationsentscheidungen geben den Hochschulen Freiraum für den verschärften Konkurrenzkampf zwischen ihnen selbst und auf einem zunehmend sich globalisierenden Bildungsmarkt. Darüber hinaus stellt der Bolognaprozess mit der Umstellung auf die gestuften Studiengänge sie vor weitere neue Herausforderungen und verändert sie nachhaltig.

Vor diesem Hintergrund ist die Diskussion der nachfolgenden Thesen zu sehen:

19.2.1 These 1: Technikentwicklung ist Mittel, nicht Ziel

Zu Beginn des Einsatzes von eLearning an Hochschulen lag die Betonung auf dem „e". Aus den technischen Fachbereichen (Informatik, Elektrotechnik, ...) kamen die ersten Prototypen von umfassenden Systemen [4], die die Lehre durch den gezielten Einsatz der neuen Medien unterstützten. Aufbauend auf den Erfahrungen mit der Erstellung von multimedialem Lehrmaterial (z.B. CBT´s) wurde das Internet zur dominierenden Technologie. In den Gesellschafts- und Geisteswissenschaften gab es zunächst eine gewisse Zurückhaltung ob der geballten Flut von Technik. Gekennzeichnet war diese Phase auch dadurch, dass z.T. mit erheblichen Mitteln eine Vielzahl von Projekten mit einer Vielzahl von unterschiedlichsten Ansätzen gefördert wurde. Exemplarisch wurden Lehrveranstaltungen [10] und die notwendige technische Infrastruktur (Learning Management Systeme [8], Content Management Systeme [9]) untersucht und entwickelt, vielfach allerdings nur aus Anbieter- und Anwendersicht. Die Nutzer blieben bei den Entwicklungen oft außen vor.

Heute, also 10 Jahre später, hat sich die Technik stabilisiert und ist Gegenstand von wissenschaftlichen Arbeitsgruppen und zentralen Einrichtungen (Rechenzentren, Medienzentren, Bibliotheken) für den operativen Einsatz der Neuen Medien in allen Fachbereichen. Didaktik und Nutzersicht sind zu wichtigen Kriterien geworden. Die Technik ist somit nicht mehr isolierter Baustein des Einsatzes von eLearning in den Hochschulen, sondern wird zu einem probaten Hilfsmittel für die Realisierung erprobter, aber auch Gerüst für die Entwicklung neuer Lehr- und Lernszenarien in allen Fachrichtungen.

19.2.2 These 2: eLearning liegt im Kernkompetenzbereich der Hochschulen

Der Teil „Learning“ des eLearning ist unbestritten Kernkompetenz einer jeden Hochschule, die allerdings durch das eLearning eine Änderung und Weiterentwicklung erfährt. Schon der in der Bezeichnung enthaltene Wechsel von Lehre zu Lernen deutet einen einschneidenden Paradigmenwechsel an. Die Studierenden rücken mit Ihren Anforderungen stärker als bisher in den Vordergrund. Der Schwerpunkt verschiebt sich vom reinen Präsentieren („Vorlesen“) zum dialog- und interaktiv geführten Diskurs mit allerdings auch steigenden Anforderungen an die Studierenden in Bezug auf Selbstlern-Aktivitäten.

Um sich für diesen Wechsel zu rüsten, ist ein gezielter Kompetenzaufbau [19] bei Lehrenden und Lernenden dringend angeraten. Die Lehrenden sind nicht mehr nur für die fachliche und inhaltliche Gestaltung des Lehrbetriebs verantwortlich, sondern auch für die Adaptierung von geeigneten multimedialen Lehr-/Lernszenarien [11] und der Nutzung von vielfältigen eLearning-Komponenten in technisch-didaktischer Hinsicht (Lernplattformen [8], Content Management Systeme [9], Übungssyteme, Video Streaming, ...). Für die Lernenden bedeutet dies, sich mit der Nutzung der Systeme vertraut zu machen, vermittelt ihnen aber auch gleichzeitig wichtiges Know How und Medienkompetenz. Für die Hochschulen gilt es, dies in ihren Personalentwicklungskonzepten zu berücksichtigen.

19.2.3 These 3: Vom Projektstatus zum Dauerbetrieb

Der überwiegende Teil von Projekten im Themenfeld eLearning wurde von engagierten Wissenschaftlerinnen und Wissenschaftlern im Rahmen ihrer individuellen Forschungs- und Lehraktivitäten realisiert. Die Nachhaltigkeitssicherung der mit hohem Ressourceneinsatz betriebenen Projekte [2] [3] ist allerdings in vielen Fällen eine kritische Aufgabe. Aus der Sicht der Hochschule muss eine langfristige und personenunabhängige Bereitstellung der Projektergebnisse gewährleistet sein, um die kreative Arbeit von Pionieren in den Alltagsbetrieb zu überführen.

Angesichts des Wegbrechens von nationalen und internationalen Fördermitteln ist daher ein Wechsel von fremdfinanzierten Projekten hin zu Aktivitäten, die im Rahmen von Dienstaufgaben der Lehrenden und der zentralen Einrichtungen zu erledigen sind, unabdingbar. Begleitet werden muss dies allerdings auch mit der Einbeziehung von eLearning in die last- und leistungsorientierte Mittelverteilung in den Hochschulen. Ersetzt eLearning konventionelle Lehre, so muss sich dies auch auf das Lehrdeputat angerechnet werden.

19.2.4 These 4: eLearning als Faktor in Hochschulentwicklungsprozessen

Bei der Einführung neuer Bachelor- und Masterstudiengänge im Rahmen des Bologna-Prozesses ist unter anderem die „materielle Ausstattung" gefragt. In den aktuellen Akkreditierungsverfahren [1] für Studiengänge gewinnt ein schlüssiges Konzept [18] [5] zum Einsatz von Medien und IT zunehmend an Bedeutung als Vorraussetzung für die Erstakkreditierung. In der Reakkreditierung ist die Umsetzung des Konzeptes gefragt. Hierbei gilt es, Medien und IT als geschlossene Unterstützung des Studienbetriebs [15] aufzubauen. Dies ist Aufgabe der Fakultäten, setzt aber voraus, dass diese das Thema eLearning in ihre Entwicklungspläne einbeziehen.

Medien und IT verändern nicht nur die Fakultäten, sondern auch die zentralen Betriebseinrichtungen (Bibliothek, Rechenzentrum und Medienzentrum) stehen auf dem Prüfstand. Es gilt hier für jede Hochschule eine für sie geeignete Organisationsform zu finden [18]. Der Zusammenschluss z.B. von Rechenzentrum und Medienzentrum zu einer Einrichtung kann zur Nutzung von Synergien führen, ebenso wie die Nutzung gemeinsamer Ressourcen auf den Gebieten Finanzen, Personal und Technik. Jede Umstrukturierung ist allerdings im deutschen Hochschulwesen mit einem erheblichen Aufwand verbunden und muss daher im jeweiligen Einzelfall abgeklärt werden. Dies gilt auch für eine eventuelle Einbeziehung der Bibliotheken, die einerseits in einem hohen Maße durch die Neuen Medien und IT beeinflusst werden, aber natürlich nach wie vor auch ihren traditionellen Aufgaben verpflichtet sind. In jedem Fall ist eine detaillierte Untersuchung der Geschäftsprozesse und des Produktkatalogs unabdingbar, denn nur ein sichtbarer und von den Beteiligten auch erfahrener Mehrwert wird Akzeptanz finden.

19.2.5 These 5: Eine umfassende Hochschulstrategie zur Einführung und Durchsetzung von eLearning ist notwendig

Versetzt man sich in die Situation von Studierenden, die teilweise aus ihrem privaten Nutzungsverhalten, zum Teil aber auch aus den Erfahrungen im Schulalltag mit ihren Laptops in die Hochschule kommen, so erwarten diese Studierenden keine isolierten eLearning-Aktivitäten, sondern ein integratives Gesamtkonzept im und um das eLearning herum. Zu Beginn betrifft dies eine Erstinformation sowie die anschließende Möglichkeit einer netzgestützten Immatrikulation. Als Studentin und Student erwarten sie dann anschließend entsprechende Informationen zum Studienverlauf und zu aktuellen curricularen Abläufen, aber natürlich insbesondere auch den Zugang zum eigentlichen eLearning bis hin zum Abruf persönlicher Leistungsdaten, um schließlich nach Beendigung des Studiums als Alumni auch weiterhin von der Hochschule informiert und eingebunden zu werden.

Um dies alles vom Laptop, quasi als „study on your fingertip" realisieren zu können, bedarf es einer umfassenden Strategie [BHHMU04] [20] in den Bereichen Technik, Didaktik, Organisation, Finanzierung, Kompetenzaufbau, Öffentlichkeitsarbeit, Rechtemanagement und Qualitätssicherung [17, b]. Hier sind alle organisatorischen Einheiten der Hochschule gefordert. Es muss erkannt und akzeptiert werden, dass die Einführung von eLearning und die damit auch über das eigentliche eLearning hinausgehenden Erwartungen an das System Hochschule keine isolierten Aktivitäten darstellen, dies alles durchdringt sowohl direkt als auch indirekt die gesamte Hochschule.

Ansätze, die unter den Begriffen Virtuelle Universität [4] [14] [23], Cooperate University und Virtuelle Unternehmen firmieren, zeigen deutlich und jeweils auch beispielhaft, dass der Veränderungsschub durch eLearning immer auch auf die Gesamtorganisation wirkt und dies unabhängig vom Typ der Hochschule und auch unabhängig von der Verortung.

Um vorhandene Ressourcen diesbezüglich zu nutzen, müssen somit hochschulweite Anstrengungen unternommen werden. D.h. aber auch, die aktuellen Organisationsstrukturen müssen auf den Prüfstand, und neue Wege der Zusammenarbeit innerhalb der Hochschule müssen vorurteilslos diskutiert und gefunden werden.

Jede Hochschule muss ihren eigenen Weg zum gezielten Einsatz von eLearning selbst entwickeln und fortschreiben, hierzu gibt es keine Alternative.

19.3 Ausblick

Wurde zu Beginn des neuen Jahrtausends eLearning als ein geeignetes Mittel zur Kosteneinsparung im Hochschulbereich vielerorts diskutiert, so zeigt sich heute: eLearning ist nicht billig, es hat seinen Preis, es ist aber auch seinen Preis wert.

Geht man davon aus und artikuliert quasi als neue These, dass zeitnah die in den vorangehenden Thesen dargestellten Punkte umfassend umgesetzt werden, so stellt sich naturgemäß die Frage nach den weiteren Entwicklungen.

Die akademische Aneignung des Wissens wird in Zukunft stärker als heute durch Informations-, Kommunikations-, Simulations- und Visualisierungsfeatures des eLearnings gezielt unterstützt werden. Methoden und Werkzeuge des CSCL (Computer Supported Collaborative Learning) werden flächendeckend in betreuten Lehr/Lernveranstaltungen und im selbstorganisierten Studienbetrieb der Studierenden ihren Niederschlag finden. Der selbstorganisierte Studienbetrieb stellt allerdings eine weitere große Herausforderung dar, da die Hochschulen hier vor der Frage stehen, wie sie dieses Engagement curricular einbinden und vor allem wie sie in der Praxis erbrachte Leistungen anrechnen sollen. Schon heute übt hier die Europäische Union Druck aus, sich diesen Problemen zu stellen.

Auch die Qualitätssicherung [15] des Studienbetriebs wird sich stärker als heute auf multimediale Studienmaterialien und eine archivierte Dokumentation der Kommunikation zwischen Studierenden und Lehrenden beziehen. Neben den Lerninhalten wird auch die Betreuung transparent. Die Präsentation des Lehrstoffes gilt nicht mehr alleine, sondern auch die den Studierenden angebotenen und genutzten Kommunikations- und Kooperationsdienste sind Teil des Qualitätssicherungsprozesses.

Nach wie vor wird jedoch gelten, dass im hochschulspezifischen Mix zwischen klassischen Lehrmethoden und eLearning jede Hochschule ihr individuelles Profil [14] schärfen und ihre Position finden muss, um im Wettbewerb um Studierende und Ressourcen zu bestehen. Die immanente Antriebskraft von e-learning kann und wird hier einen entscheidenden Beitrag leisten.

19.4 Links und Literatur

[1] Akkreditierungsrat: *Beschlüsse – Leitfaden für Gutachter/innen in Akkreditierungsverfahren*, http://www.akkreditierungsrat.de/b_gutachterleitfaden.htm, 2001.

[2] Becking, D.; Berkel, T.; Betermieux, S.; Clossen, M.; Feldmann, B.; Haimerl, C.; Horz, H.; Rademacher, G.; Schlageter, G.: *Evaluation strategy and results in a CSCL-environment: The database practical training at the FernUniversität.* 21st ICDE World Conference on Open Learning and Distance Education in Hong Kong, February 2004.

[3] Becking, D.; Berkel, T.; Betermieux, S.; Clossen, M.; Feldmann, B.; Rademacher, G.; Schlageter, G.: *Social and Subject-Related Learning Targets in a Virtual Database Practical Training*. 21st ICDE World Conference on Open Learning and Distance Education in Hong Kong, February 2004.

[4] Berkel, T.; Buhrmann, P.; Kaderali, F.; Schlageter, G.: *Virtuelle Universität - FernUniversität Online*. Wissenschaftsmagazin der FernUniversität in Hagen 1, 8-16 (1996).

[5] Berkel, T.; Haferburg, A.; Hoyer, H.; Möllers-Oberück, G.: *Von der Leitentscheidung zur netzbasierten Universität - Migrationsstrategie "E-Learning" der FernUniversität Hagen.* GI Jahrestagung (2) 2001: 1099-1104.

[6] Berkel, T.; Haferburg, A.; Hoyer, H.; Möllers-Oberück, G.; Unger, C.: *Our University of the Future: The Strategic Educational Framework of the FernUniversität.* 21st ICDE World Conference on Open Learning and Distance Education in Hong Kong, February 2004.

[7] Berkel, T.; Hellwig, R.; Schlageter, G.: *EventMiner: A Tool to Support the Evaluation of CSCL Virtual Lectures and Practical Trainings in the Virtual University at FernUniversität*, 21st ICDE World Conference on Open Learning and Distance Education in Hong Kong, February 2004.

[8] Baumgartner, P.; Häfele, H.; Maier-Häfele, K.: *E-Learning Praxishandbuch: Auswahl von Lernplattformen. Marktübersicht - Funktionen - Fachbegriffe*. Innsbruck-Wien, Studien-Verlag, 2002.

[9] Baumgartner, P.; Häfele, H.; Maier-Häfele, K.: *Content Management Systeme in e-Education. Auswahl, Potenziale und Einsatzmöglichkeiten.* Innsbruck-Wien, StudienVerlag, 2004.

[10] Berkel, T.; Mittrach, S.: *Internet Technologies for Teleteaching - Report on an Internet-Based Seminar in the Virtual University* -. ICCE97-Konferenz in Malaysia, 12/97.

[11] Becking, D.; Schlageter, G.: *Mobiles Desaster Recovery Training in einem Praktikum für Datenbankadministration.* DeLFI 2005: 327-338.

[12] Gartner Group: *Hype Cycle for E-Learning*, Stamford, 2004.

[13] Hoyer, H.: *Virtual University: Challenge and Chance*. Proceedings of the 1998 EDEN Conference, Volume 2, Bologna, Juni 1998.

[14] Hoyer, H.: *Das Multimedialisierungskonzept der FernUniversität in Hagen.* In: LernOrt Universität : U*mbruch durch Internationalisierung und Multimedia* / Georg Simonis ; Thomas Walter (Hrsg.). - 1. Aufl.. - Wiesbaden: Verl. für Sozialwiss., 2006.

[15] HRK, Hochschulrektorenkonferenz: *Akkreditierung und Evaluation- Zwei Ziele, ein Verfahren?* Beiträge zur Hochschulpolitik 3/2005, Bonn, März 2005.

[16] HRK, Hochschulrektorenkonferenz: *Metaevaluation - Evaluation von Studium und Lehre auf dem Prüfstand – Zwischenbilanz und Konsequenzen für die Zukunft.* Beiträge zur Hochschulpolitik 5/2004, Bonn, August 2004.

[17] Workshopreihe "*Von der Qualitätssicherung der Lehre zur Qualitätsentwicklung als Prinzip der Hochschulsteuerung*", die von dem Projekt Qualitätssicherung der Hochschulrektorenkonferenz zwischen Juni 2004 und Januar 2006 in Zusammenarbeit mit verschiedenen deutschen Hochschulen durchgeführt wurde, Bonn, Januar 2006.

[18] HRK, Hochschulrektorenkonferenz: *Leitfaden für Hochschulstrategien zur Informations- und Kommunikationsstruktur.* Beiträge zur Hochschulpolitik 5/2006, Bonn, Mai 2006.

[19] Kerres, M.; Euler, D.; Seufert, S.; Hasanbegovic, J.; Voss, B.: *Lehrkompetenz für eLearning-Innovationen in der Hochschule – Ergebnisse einer explorativen Studie zu Maßnahmen der Entwicklung von eLehrkompetenz*, in SCIL-Arbeitsbericht 6, Herausgeber Prof. Dr. Dieter Euler, Dr. Sabine Seufert, St. Gallen, 2005.

[20] Kleimann, B.; Wannemacher, K.: *E-Learning an deutschen Hochschulen : von der Projektentwicklung zur nachhaltigen Implementierung*. Hochschulplanung, Bd. 165, 2004.

[21] Ministerium für Innovation, Wissenschaft, Forschung und Technologie des Landes Nordrhein-Westfalen: *Gesetzesentwurf des Hochschulfreiheitsgesetz. (HFG)* http://www.innovation.nrw.de/Hochschulen_in_NRW/Recht/HFG.pdf Düsseldorf 2006.

[22] OECD: *E-learning in Tertiary Education – Where do we stand?.* ISBN 92-64-00920-05, oder http://www.oecd.org/dataoecd/55/25/35961132.pdf, Paris 2005.

[23] Schulmeister, R.: *Virtuelle Universität - virtuelles Lernen.* Oldenbourg Verlag, München, Wien 2001.

20 Autorenverzeichnis

Jasmine **Ait-Djoudi**, Cornelsen Verlag, Mecklenburgische Str. 53, 14197 Berlin, jasmine.ait-djoudi@cornelsen.de

Thomas **Berkel**, FernUniversität in Hagen, ZMI, Feithstraße 152 58097 Hagen, thomas.berkel@fernuni-hagen.de

Prof. Dr. Ullrich **Dittler**, Hochschule Furtwangen, Robert-Gerwig-Platz 1, 78120 Furtwangen, dittler@hs-furtwangen.de

Maren **Dors**, Ernst Klett Verlag, R otebühlstraße 77, 70178 Stuttgart, m.dors@klett.de

Dipl-Betriebswirtin(FH) Sünne **Eichler**, Geschäftsführerin der WEBACAD GmbH, Postfach 56 29, 65731 Eschborn, eichler@webacad.de

Prof. Dr. Peter A. **Henning**, Institute for Computers in Education I.C.E an der Hochschule Karlsruhe, Moltkestraße 30, 76133 Karlsruhe, peter.henning@medialab-karlsruhe.de

Prof. Dr. Helmut **Hoyer**, Rektor der FernUniversität in Hagen, Feithstraße 152, 58097 Hagen, rektor@fernuni-hagen.de

Dipl.-Ing. Rainer **Illing**, ILT Integrierte Lern-Technologie GmbH, Schanzenstraße 35, 51063 Köln, illing@ilt-training.de

Dr. Thomas **Jechle**, Hochschule Furtwangen, Robert-Gerwig-Platz 1, 78120 Furtwangen, jechle@hs-furtwangen.de

Elke **Kobbert**, GOAB (Gemeinnützige Offenbacher Ausbildungs- und Beschäftigungsgesellschaft mbH), Kaiserstr. 66, 63065 Offenbach, kobbert@goab.de

Katrin **Lehmann**, imc information multimedia communication AG, Altenkesseler Str. 17/ D3, 66115 Saarbrücken, katrin.lehmann@im-c.de

Dr. Peter **Littig**, DEKRA Akademie GmbH, Handwerkstrasse 15, 70565 Stuttgart, peter.littig@dekra.com

Karen **Markowski**, Hochschule Furtwangen, Robert-Gerwig-Platz 1,78120 Furtwangen, markowski@hs-furtwangen.de

Helmut **Poppe**, Stresemannstraße 1 g, 61462 Königstein, interactive@poppe-media.de

Prof. Dr. Bettina **Reuter**, Institut ed-media an der Fachhochschule Kaiserslautern, Amerikastraße 1, 66482 Zweibrücken, reuter@ed-media.org

Dr. Paul **Rühl**, Geschäftsführer der Virtuellen Hochschule Bayern, Alfons-Goppel-Platz 1, 95028 Hof, geschaeftsstelle@vhb.org

Matthias **Rupp**, Ernst Klett Verlag GmbH,Rotebühlstraße 77, 70178 Stuttgart. m.rupp@klett.de

Prof. Dr. Dr. habil. Godehard **Ruppert**, Präsident der Virtuellen Hochschule Bayern und Rektor der Universität Bamberg, Alfons-Goppel-Platz 1 95028 Hof, geschaeftsstelle@vhb.org

Gise **Ruprecht,** Lern.ON, Lange Str. 38, 58089 Hagen, gise.ruprecht@lernon.de, www.lernon.de

Charlotte **Sandquist**, Freudenberg IT Customer Call Center, Höhnerweg 2 – 4, 69469 Weinheim, Charlotte.Sandquist@freudenberg.de

Uwe **Schöpe**,Bonner Akademie, Rabinstraße, 53111 Bonn, uwe.schoepe@bonnerakademie.de

Jörg **Schumacher**, Landesmedienzentrum Baden-Württemberg, Moltkestraße 64, 76133 Karlsruhe, schumacher@lmz-bw.de

Uwe **Seidel**, Innenministerium Baden-Württemberg, Dorotheenstraße 6, 70173 Stuttgart, uwe.seidel@im.bwl.de

Astrid **Tietgens**, perspektive3 GmbH, Wilhelmstraße 34D-65183 Wiesbaden, Astrid.Tietgens@perspektive3.de

21 Autorenprofile

Prof. Dr. Ullrich Dittler

hat die Professur für Interaktive Medien an der Fakultät Digitale Medien der Hochschule Furtwangen inne. Er ist in dieser Funktion mit der Konzeption, Gestaltung und Entwicklung von E-Learning befasst. Weitere Arbeitsschwerpunkte liegen im Bereich Mediendidaktik und Medienpsychologie. Nach dem Studium der Pädagogik, Psychologie und Soziologie in Frankfurt, Salzburg und München war er mehrere Jahre Leiter der Abteilung "Neue Medien" in dem ausgegliederten Weiterbildungsunternehmen eines großen deutschen Finanzdienstleistungsunternehmens. Dort war er verantwortlich für die Entwicklung und Einführung verschiedenster ELearning-Module (CBT, WBT, Virtuelle Seminare und Lernplattform) für die rund 40.000 Mitarbeiter des Konzerns. In seiner Funktion als Professor für Interaktive Medien vertritt er seit 2000 die genannten Arbeitsschwerpunkte in den beiden Studiengängen Medieninformatik und OnlineMedien sowie im Master-Studiengang Computer Science in Media - Master of Science (MSc). Seit 2004 ist Dittler Prodekan der Fakultät und ebenfalls seit 2004 Leiter des MedienServiceCentrums der Hochschule Furtwangen sowie Vorsitzender der tri-nationalen Gesellschaft für Medien in der Wissenschaft.

Sünne Eichler

ist Diplom-Betriebswirtin (FH) und Geschäftsleiterin des Anfang 2000 gegründeten Online Training-Anbieters WEBACAD in Eschborn. WEBACAD ist ein selbstständiger Unternehmensbereich der Management Circle AG und einer der führenden Anbieter von Online Trainings im deutschsprachigen Raum. Sünne Eichler war zuvor mehrere Jahre als Bereichsleiterin bei der Management Circle AG tätig und für die inhaltliche Konzeption und Umsetzung von Präsenzseminaren, Konferenzen und Kongressen verantwortlich.

Prof. Dr. Peter A. Henning

wurde 1958 geboren, studierte Physik an der TU Darmstadt (Diplom 1983, Promotion zum Dr. rer. nat. 1987). Von 1984-1996 forschte er bei der Gesellschaft für Schwerionenforschung GSI Darmstadt und an mehreren ausländischen Hochschulen. 1994 habilitierte er sich für das Fach Theoretische Physik. Von 1996 – 1998 arbeitete Prof. Henning für verschiedene Tochtergesellschaften der Deutschen Börse AG und wurde 1998 auf eine Professur für Informatik an die Hochschule Karlsruhe – Technik und Wirtschaft berufen.

Für seine Arbeiten zum Thema Internet und Gesellschaft wurde er 2002 mit dem Akademiepreis der Evangelischen Akademie Baden ausgezeichnet.

Prof. Henning ist Sprecher des Arbeitskreises Neue Medien der Hochschulen des Landes Baden-Württemberg, Leiter des Arbeitskreises eLearning im Bundesverband Digitale Wirtschaft e.V. (BVDW), Vorsitzender der Jury des European e-Learning Award eureleA, Leiter des bundesweiten Forums Bildungstechnologie und Mitglied der Programmkommission der Virtuellen Hochschule Bayern. Zu seinen Interessengebieten zählen Didaktik und Technik des eLearning, der Einsatz von fortgeschrittenen XML-Technologien bei der Visualisierung sowie Quanteninformatik.

Prof. Dr. Helmut Hoyer

Jahrgang 1950, studierte Elektrotechnik an der Universität (TH) Karlsruhe mit Abschluss als Dipl.-Ing. der Fachrichtung Regelungs- und Steuerungstechnik. Nach Tätigkeiten als wissenschaftlicher Assistent promovierte er 1984 zum Dr.-Ing., übernahm die Leitung der Gruppe „Regelung und Mehrrobotersysteme“ am Institut für Roboterforschung (IRF), Universität Dortmund und wurde 1988 zum Professor für „Prozesssteuerung und Regelungstechnik“ an der FernUniversität in Hagen berufen. 1993 – 1997 wirkte er als Prorektor für Planung und Finanzen, seit 1997 ist er Rektor der FernUniversität in Hagen.

Prof. Hoyer ist seit 1999 Vizepräsident des International Council for Open and Distance Education (ICDE). Seine Forschungsschwerpunkte liegen im Bereich der Robotik und der unterstützenden Technologien für ältere Menschen und Menschen mit Behinderungen, seine Programmschwerpunkte im Rektorat liegen in den Bereichen Neue Medien in der Lehre, Virtuelle Universität.

Rainer Illing

beschäftigt sich seit 1991 mit der Entwicklung und Einführung von interaktiven Lernszenarien in der Industrie und öffentlichen Organisationen. Zunächst erfolgte dies hauptsächlich in den Bereichen Qualitätsmanagement und Sprachentraining. Heute hat sich die Leistungs- und Beratungspalette auf alle möglichen Bildungsbereiche ausgedehnt. Der Produktorientierung ist über die Jahre die exakte Anpassung von Bildungsmethoden an die Rahmenbedingung der Zielgruppe sehr erfolgreich gewichen. Die Grundlage für das praxisorientierte Arbeiten hat Rainer Illing in artfremden Studiengängen zum Dipl. Verwaltungswirt beim Bundesgrenzschutz und zum Dipl. Ingenieur der Produktionstechnik geschaffen. Er verwirklicht seit nun über 10 Jahren in der ILT GmbH, Köln, mit äußerster Konstanz und Anerkennung Bildungsprojekte bei Firmen wie der Bayer AG, MAHLE GmbH, Toyota GmbH und der TÜV Rheinland Group. Die initialen Projekte haben in der Regel zu einer Modernisierung der Bildungsarbeit und gesteigerter Medienkompetenz in den Organisationen geführt.

Dr. phil. Thomas Jechle

studierte Erziehungswissenschaft, Germanistik und Informatik an der Albert-Ludwigs-Universität Freiburg. Von 1987 bis 1993 war er im Sonderforschungsbereich "Mündlichkeit und Schriftlichkeit" tätig, promovierte mit einer Dissertation zum Thema "Kommunikatives Schreiben" und lehrte anschließend am Seminar für Erziehungswissenschaft der Universität Freiburg in den Bereichen "Allgemeine Didaktik und Mediendidaktik", "Weiterbildung und Fernlernen" sowie "Lehr-Lerntheorien". Seit 1996 war er an der tele-akademie der Hochschule Furtwangen für die didaktische Konzeption verschiedener internetbasierter Weiterbildungsangebote und den Inhaltsbereich "Mediendidaktik" verantwortlich. Im Jahr 1998 übernahm er die Studienleitung der teleakademie der Hochschule Furtwangen

Elke Kobbert

Seit 2004 Projektleiterin des Projektes „Innovationsverbund Pflege-Wissen". Berufliche Tätigkeit als Krankenschwester, Fachkrankenschwester für Intensivpflege und Anästhesie, Lehrerin für Pflegeberufe. 1997-2003 Studium: Magisterstudiengang für Erziehungswissenschaft, Psychologie, Soziologie an der Universität Heidelberg.

Katrin Lehmann

ist Senior Consultant bei der imc AG. Katrin Lehmann studierte Wirtschaftsmathematik an der Universität Dortmund. Seit 2000 ist sie bei der imc AG als Senior Consultant beschäftigt. Ihre Arbeitsschwerpunkte sind Personalentwicklung, Erwachsenenbildung und Training Management.

Sie betreute hochrangige Projekte unter anderem bei Unternehmen wie BMW AG (Präsenz- und Online-Trainingkonzepte), UBS AG (E-Tests STEP), DaimlerChrysler AG (DaimlerChrysler Corporate University Online), Fresenius Health Care Group (Fresenius Learning Center), Merck KGaA (Merck Online Campus - Platon), regioiT Aachen (iTac.teach&learn), Swisscom Mobile AG (Training Management), Metro AG (House of Knowledge), Festo AG&Co (Festo Virtual Academy), Deutsche Sparkassenakademie (S-WiN).

Dr. Peter Littig

Jahrgang 1948, nach dem Studium der Mathematik und Physik mit dem Abschluss als Diplom-Mathematiker, mehrere Jahre hauptberufliche Tätigkeit als Gymnasiallehrer und in der Schulleitung einer reformpädagogischen Schule. Seit 1984 ist er in der Erwachsenenbildung aktiv, zuerst als Trainer, Institutsleiter und Geschäftsbereichleiter Berufsbildung eines bundesweit tätigen Weiterbildungsanbieters. Seit 1995 arbeitet Peter Littig für die DEKRA Akademie GmbH, zunächst als Leiter der Produktentwicklung und des Produktmanagements und ist seit 2000 pädagogischer Leiter und Direktor Bildungspolitik und /-strategie der DEKRA Akademie. Im Jahr 2003 schloss er sein berufsbegleitendes Studium der Erziehungswissenschaften, Sozialwissenschaften und Psychologie mit der Promotion zum Dr. phil. ab.

Dr. Littig ist Mitglied zahlreicher nationaler und internationaler bildungsorientierter Gremien der Politik und der Wirtschaft, wie zum Beispiel als Mitglied des Gesamtvorstandes und Leiter der Fachgruppe Aus- und Weiterbildung des Bundesverbandes Digitale Wirtschaft (BVDW). – Littig ist u. a. Autor zahlreicher Bücher und Artikel zu Fragen der Bildung bzw. der beruflichen Aus- und Weiterbildung.

Karen Markowski

studierte Diplompädagogik, Fachrichtung Erwachsenenbildung, berufliche Fortbildung und Kommunikationswissenschaft an der Pädagogischen Hochschule in Freiburg i.Br. Seit 2000 ist sie an der teleakademie der Hochschule Furtwangen verantwortlich für die Konzeption und Durchführung von Blended Learning Angeboten für die Weiterbildung. Darüber hinaus berät sie seit 2004 Hochschullehrende bei der Entwicklung von mediengestützten Lehr-Lernangeboten für das grundständige Studium an der Hochschule

Helmut Poppe

Jahrgang 1951, verfügt über 20 Jahre Erfahrung in leitenden Funktionen in Mediamarketing, Lern- und Kommunikationsforschung. Stationen waren u.a. die Gong-Gruppe, Ltg. Marketing elektronische Medien IPA und IP Multimedia Verkaufsdirektion, Geschäftsführung eines internationalen Marktforschungsunternehmens, Leiter eines Medienzentrums. Helmut Poppe betreibt mehrere Forschungsprojekte, die innovative, aus der Webanalyse, der Kommunikationsforschung und aus der Konsumgüterwirtschaft stammende Technologien und Methoden mit denen der modernen Betriebsführung kombiniert. Fragestellungen sind hierbei Kategorisierung von Lernarrangements, die Feststellung der jeweiligen Marktgrößen, Ermittlung der Einsetzbarkeit von innovativen Messtechnologien zur Ermittlung des Nutzungsverhaltens ausgewählter Bevölkerungsgruppen, die Ermittlung von Erfolgskriterien. Helmut Poppe befasst sich insgesamt mit der Förderung der eLearningbranche, der Schaffung von Qualitätskriterien und Standards.

Prof. Dr. Bettina Reuter

ist seit 1995 an der Fachhochschule Kaiserslautern für den Studiengang Technische Betriebswirtschaft, insbesondere für das Fach Logistik berufen. Nach dem Studium der Wirtschaftsingenieurwissenschaften an der Universität des Saarlandes arbeitete sie als Unternehmensberaterin bei der IDS Scheer und promovierte an der Universität des Saarlandes.

Seit der Konzeption und Einrichtung des Fernstudiengangs Vertriebsingenieur 1997 beschäftigte sie sich intensiv mit e-Learning und multimedialem Einsatz in der Lehre. Dabei war sie u. a. verantwortlich für die Entwicklung und Einführung verschiedener E-Learning-Module und Lernplattformen für die Studierenden.

Als Folge davon gründete sie 2000 das Institut ed-media e.V. an der Fachhochschule Kaiserslautern am Standort Zweibrücken, welches sich unter ihrer Leitung als kompetenter, preisgekrönter Ansprechpartner für Lern-Management-Systeme und Weiterbildungen für Industrie und Hochschulen entwickelte.

Auf der Verknüpfung von e-Learning und Logistik liegt der Schwerpunkt der derzeitigen Studien und Projekte von Frau Prof. Dr. Bettina Reuter, wie die Thematik der Supply Chain Communication zeigt.

Prof. Dr. Dr. Godehard Ruppert

Jahrgang 1953, studierte Theologie, Philosophie, Pädagogik und Publizistik an den Universitäten Bochum, Münster und Würzburg. 1984 Dr. theol. Universität Würzburg, 1990 Dr. phil. habil. Universität Hannover.1979 – 1991 wirkte er als Wissenschaftlicher Mitarbeiter, Assistent und Hochschuldozent an der Universität Hannover, seit 1991 ist er Professor für Religionspädagogik an der Universität Bamberg. 1996 – 2000 Prorektor, seit 2000 Rektor der Universität Bamberg.

Prof. Ruppert ist Vorsitzender des Kuratoriums der Hochschul-Informations-System GmbH (HIS) Hannover, Mitglied der Ständigen Kommission „Neue Medien und Wissenstransfers“ der Hochschulrektorenkonferenz (HRK) und seit 2002 Präsident der Virtuellen Hochschule Bayern.

Gise Ruprecht

ist seit 2004 mit der Unternehmung Lern.ON – Bildung mit System mit Sitz in Hagen selbstständig. Das Angebot reicht von Bildungsberatung und Konzeptentwicklung für Lernmedien über die Konzeption und Durchführung von Online- und Präsenz- Bildungsmaßnahmen bis hin zu Blended-Learning Projekten. Mit klaren Konzepten und innovativen Lernmethoden realisiert Lern.ON individuelle Lösungen und zeigt neue Bildungs-Wege auf. Nach dem Studium der Politikwissenschaft und Germanistik an der Universität Tübingen, war Gise Ruprecht vier Jahre als freiberufliche Bildungsreferentin in der politischen Jugend- und Erwachsenenbildung tätig. Es schlossen sich Aufgaben als Redakteurin für Print-Bildungsmedien, als Buchautorin und als Projektmanagerin für E-Learning an, die das breite Fundament für das praxisorientierte Arbeiten von Lern.ON bilden.

Dr. Paul Rühl

Jahrgang 1951, studierte von 1973 bis 1978 Slavistik und Anglistik an der Ruhr-Universität Bochum. Von 1975 bis 1986 wirkte er dort in verschiedenen Projekten zur Sprachlehrforschung, zur vergleichenden Bildungsforschung und zur Osteuropaforschung mit. 1983 promovierte er mit einer Dissertation zu psycholinguistischen Fragen des gesteuerten Fremdsprachenerwerbs.

Im Jahre 1986 übernahm er als Cheflektor die Leitung einer Redaktion des Langenscheidt-Verlages in München. Seit August 2000 ist er Geschäftsführer der Virtuellen Hochschule Bayern.

Matthias Rupp

Jahrgang 1971, Magister Artium in Betriebswirtschaft, Germanistik und Geschichte an der Albert-Ludwigs-Universität, Freiburg und der University of Reading. Der Bildungsmanager (Steinbeis Hochschule Berlin) und Berater für alle Formen der Beruflichen Bildung verantwortet derzeit die berufliche Englischentwicklung im Ernst Klett Verlag. Als Senior Consultant der ATHEMIA GmbH und der KlettSatcom GmbH war er Berater für maßgeschneiderte Qualifizierungslösungen wie der Aufbau von Unternehmensakademien bzw. Corporate Universities. Als Produktmanager und Programmbereichsleiter Wirtschaft/Deutsch im Kieser Verlag GmbH betreute er neben der Entwicklung unterschiedlichster Lehr- und Lernmaterialien den Einsatz von E-Learning unter crossmedialen Gesichtspunkten.

Charlotte Sandquist

Jahrgang 1964, Master of Arts in Translation Spanish/English am Monterey Institute of International Studies, Bachelor of Arts International Politics und Bachelor of Arts Spanish an der Pennsylvania State University. Nach dem Studium beschäftigte sie sich 2 Jahre als freiberufliche Übersetzerin mit Schwerpunkt EDV. Anschließend war sie bei Entropic Communications als Forschungsassistentin im Bereich Spracherkennungstechnologie tätig. Danach arbeitete sie mehrere Jahre bei Brandon Hall Research als Projekt Managerin im Bereich e-Learning. Sie wechselte zu e-Freudenberg in 2000, wo sie als Unternehmensberaterin mit Schwerpunkt e-Business und SAP Portale tätig war. Seit 2002 leitet sie den internationale Service Desk der Unternehmensgruppe Freudenberg IT.

Uwe Schöpe

ist ausgebildeter Wirtschaftsinformatiker, seit 1978 in der Zurich Gruppe tätig und seit 2001 Geschäftsführer der Bonner Akademie GmbH (einem Unternehmen der Zurich Gruppe Deutschland), deren Vorsitz er 2006 übernommen hat. Die Bonner Akademie ist einer der großen Weiterbildungsanbieter in Deutschland. Er ist Mitglied des Berufsbildungsausschusses des DIHK Berlin sowie Mitglied des Vorstandes des Berufsbildungswerks der Versicherungswirtschaft e. V. im Rheinland (BWV). Im Rahmen seiner Tätigkeiten im Großraum Bonn ist er Vorstandsvorsitzender des Verein LerNet Bonn/Rhein-Sieg, einem Zusammenschluss der Weiterbildungsanbieter der Region Bonn/Rhein-Sieg. Als Vater von zwei Kindern liegt ihm das Thema Bildung in Schulen und Hochschulen sowohl als Tätigkeitsbereich der Bonner Akademie als auch aus persönlichem Interesse besonders am Herzen.

Jörg Schumacher

geboren 1955, studierte Französisch, Deutsch und Philosophie an der Pädagogischen Hochschule Karlsruhe. Nach dem Examen zum GHS-Lehrer (1986) folgte eine Fortbildung zum Lernsystemanalytiker bei der Nixdorf Computer AG mit den Schwerpunkten Produktion interaktiver Medien (CBT, interaktives Video) und Integration neuer Medien in die Erwachsenenfortbildung. Im Anschluss an diese Ausbildung arbeitete Jörg Schumacher als Autor für Computerlernprogramme (CBT) sowie in nationalen und internationalen Forschungsprojekten. Es folgte eine fünfjährige Tätigkeit als Lehrer in einer Grund- und Hauptschule. 1997 wurde Herr Schumacher pädagogischer Referent des Landesmedienzentrums Baden-Württemberg (LMZ-BW), wo er nun alle in den verschiedensten Etappen des beruflichen Lebens erworbenen Kenntnisse und Erfahrungen in dieser neue Tätigkeit zusammenbringen kann. Im LMZ-BW leitete Schumacher zahlreiche nationale und internationale Projekte wie etwa „European MediaCulture online“ oder das aktuelle Projekt „Schulpartnerschaften online – eTwinning am Oberrhein“, in denen es vorangig um die Anwendung neuer Medien im interkulturellen und fremdsprachlichen Lernen geht.

Astrid Tietgens

ist Gründerin und Geschäftsführerin der perspektive3 GmbH in Wiesbaden und München. Seit mehr als sieben Jahren unterstützt sie Unternehmen bei der Einführung oder Optimierung von Qualifizierungsstrategien. perspektive3 ist Partner der HQ Gruppe und berät Unternehmen und Organisationen bei der Entwicklung und Implementierung von Bildungsstrategien. Außerdem entwickelt perspektive3 in enger Zusammenarbeit mit den Kunden innovative Trainings- und Wissensmanagementkonzepte sowie -lösungen. Schwerpunkt sind internationale Trainings- und Beratungsprojekte im Sales, Aftersales und IT-Umfeld.